青少年最应了解的

世界名人

QINGSHAONIANZUIYINGLIAOJIEDE

SHIJIEMINGREN

主编／张曙光

青岛出版社

目录

柏拉图

（约前 427—前 347）

古希腊思想家

> 不知道自己的无知，乃是双倍的无知。
>
> ——柏拉图

　　柏拉图是古希腊著名的哲学家、思想家和教育家，西方哲学史上第一个使唯心论哲学体系化的人，西方哲学的精神导师。他的哲学思想、文艺理论和美学观点对欧洲有重大而深远的影响，成为西方各种思想的理论源头，而他的政治论著对世界的影响更是持续了 2000 多年。

　　柏拉图是苏格拉底的学生，又是亚里士多德的老师。他在哲学、文艺和美学等方面的理论主张主要体现在他的 40 多部对话体著作里，主要有《理想国》、《法律篇》、《美诺篇》、《会饮篇》、《伊安》、《大希庇阿斯》等。在哲学观上，他是典型的客观唯心主义者，认为在现实世界之上，还有一个超经验的、客观永恒的绝对理念世界，现实世界是理念世界的不完善的影子和摹本，而人的知识则源于灵魂对理念的回忆。柏拉图认为最完美的国家形式是论资格、论才能的贵族式国家。他的理由是我们做一双鞋子还要找一个手艺好的人，生了病还要请一位良医，而治理国家这样一件大事竟交给随便什么人，岂不是荒唐？因此他认为根据一定原则挑选出的统治阶级成员或"法定执政人"，应该在审定资格和能力的基础上，把合格的人吸收到自己的阶层中来治理国家。他认为，国家是放大了的个人，个人是缩小了的国家。柏拉图的思想对西方有较大的影响。至今美国宪法中的某些条款仍规定：国家应该设法发现并尊重人民意愿，选拔最聪明、最杰出的人为国家效力。柏拉图的教育思想十分丰富，主要集中在《理想国》一书中，亦散见于其他对话体著作如《美诺篇》、《会饮篇》里。他主张由国家组织教育，不论男女，所有的人都应该得到受教育的机会。由此可见，柏拉图是主张男女平等的第一位哲学家。他还建议国家对儿童进行严格全面的训练，并在各阶段进行广泛的考试。《美诺篇》是柏拉图的中期著作，它以对话的形式探讨了美德的本质和定义、美德与知识的关系，提出了美德就是知识、学习就是回忆、灵魂不朽等重要论断。在《会饮篇》中，柏拉图通过对爱情的本质及爱情与美的形式、关系的讨论阐发了他的美学观。柏拉图对逻辑思维很有研究。他认为，要使人的思维严密，具有规律，善于思考和探索，没有扎实的几何学功底不行。因此他极力推崇几何学，并特地在他的学园门口挂了一块牌子，上面写道：不懂几何学的人，请勿入内。

柏拉图于公元前 427 年 5 月 7 日出生在雅典附近的伊齐那岛。他的父亲阿里斯通和母亲珀克里提俄涅都出身名门望族。父亲家族的谱系可以上溯到雅典最后一位君王科德鲁斯。母亲出自梭伦家族，柏拉图属于梭伦的第六代后裔。

柏拉图原名阿里斯托克勒，在家中排行老四，他有两个哥哥——阿得曼图和格劳孔，他们在柏拉图的对话中经常出现；他还有一个姐姐，名叫波托妮。柏拉图早年丧父，他的母亲改嫁给她的堂叔皮里兰佩，生子安提丰。皮里兰佩和雅典民主派领袖伯里克利关系密切，柏拉图在《卡尔米德篇》中以颂扬的口吻提到过他的这位继父。

柏拉图从小在继父家受到良好的教育。他有三位启蒙老师，一位教文法、修辞和写作，一位教美术、音乐，还有一位教体育。柏拉图的写作老师经常讲故事给他听，有时还让他模仿书中的故事写一些小故事，渐渐地，柏拉图对写作产生了浓厚的兴趣。柏拉图不仅热爱写作，在美术、音乐老师的培养下，对美的鉴赏能力也越来越强，后来他在美学上的卓越建树，和他童年时代所受到的美学启蒙有很大的关系。

柏拉图在青年时代是个学有所成的学生，他热衷于文艺创作，写过赞美酒神的颂诗和其他抒情诗,富有文学才能。他差点儿就当了一名诗人——20 岁的时候,他在完成了一部诗剧准备交上去的时候,听了苏格拉底在一个公共场所的演讲,之后就烧掉诗集,一心想成为哲学家。也许是因为苏格拉底的辩证法中含有的游戏成分吸引了这位以前的摔跤手,也许是因为苏格拉底思想的微妙之处吸引了这位严肃的学生,也许是因为苏格拉底哲学中的宁静与安详,在一个充满政治混乱和背叛、战争与失败、革命和恐怖的时代诱惑了这位古老世系的后裔。他来到苏格拉底的住处,敲开了他的门:"尊敬的苏格拉底先生,我是柏拉图,我想成为您的学生。"

苏格拉底问道:"年轻人,你的名字我早就听说过了,你已经是一个学识很渊博的人了,为什么还要拜我为师呢?"

"您有一句话我记得很清楚,那就是'认识自己',如今我还没有认识自己。"

"你既然知道我这句话,那么你也应该知道我对自己的评价——'我所知道的是我始终一无所知'。"

"神都认为您很聪明,可是您却这样评价自己,这正是我要学习的地方。一个人不知道自己的无知,那才是双倍的无知!这也是我来拜您为师的原因。"

经过这一次谈话以后,苏格拉底答应将柏拉图收为自己的学生。苏格拉底没有看错,柏拉图成了他最好的学生和朋友。从公元前 407 年开始,柏拉图在苏格拉底身边学习了整整 8 年。

柏拉图是个专心的学生,他没有满足于苏格拉底的学说,还研究过几乎所有前辈著名哲学家的著作,对赫拉克里特、毕达哥拉斯、阿那克萨哥拉等,他都进行过深入的研究。他吸收了这些哲学家们的一些观点,形成了自己的唯心主义思想体系。

在此期间,雅典发生了一系列重大事件:伯罗奔尼撒战争以雅典失败而告终;"三十寡头"推翻民主政体短期执政后,民主力量重获政权,他们审判并处死了柏拉图最尊敬的老师苏格拉底。柏拉图痛心疾首,他想不到雅典人民居然以"莫须有"的罪名将他们当中最高贵的人处以死刑。那一年,柏拉图 29 岁,苏格拉底的死让他目睹了现实社会与理想社会之间的冲突。他的内心受到非常大的震动,这件事情影响了他后来的哲学生涯。

柏拉图 70 岁高龄时撰写了自传体著作《第七封信》,从中可以看

出，柏拉图在青年时期热衷于政治，希望能参加政治事务，公正地治理城邦，但是实际经验告诉他，包括雅典在内的所有城邦都不能做到这一点。于是他决心通过哲学改变统治者，改造国家。他要寻找一种理想的社会制度，建立一个理想的国家。为了建立这个理想国家，他于公元前399年离开雅典，外出游历，周游地中海地区——包括小亚细亚沿岸的伊奥尼亚一带及意大利南部的若干希腊殖民地城邦，访问过毕达哥拉斯门徒所组成的学派，还到过北非等地，到公元前387年才返回雅典。他在游历中考察了各地的政治、法律、宗教等制度，研究了数学、天文、力学、音乐等理论和各种哲学学派的学说。在这样广博的知识基础上，柏拉图逐步形成了自己的学说，以及对改革社会制度的见解。他认为只有在正确的哲学指导下才能分辨正义和非正义，只有当哲学家成为统治者或者政治家成为真正的哲学家时，城邦治理才可能是真正公正的。

40岁那年，柏拉图在与叙拉古的君主狄奥尼修谈话时，大胆地谴责独裁制度。狄奥尼修大为震怒，对他说："你说这话形同老朽。"柏拉图反驳说："你的语言是一个暴君的口吻。"狄奥尼修下令逮捕柏拉图，并把他送到奴隶市场卖掉，这将会终结他的哲学生涯。幸运的是，一位有钱的崇拜者安里塞里斯把他赎回，并送回雅典。柏拉图的朋友们募集了3000德拉马克要赔偿安里塞里斯，可他拒绝了。于是朋友们用这笔钱为柏拉图在郊外买了一处房产，他于公元前387年在这里开设了他的学园。

学园的创立是柏拉图一生最重要的功绩之一。这是欧洲历史上第一所综合性的传授知识、进行学术研究、提供政治咨询、培养学者和政治人才的学校。当时希腊各地大批有才华的青年受到它的吸引来到这里，他们聚集在柏拉图周围从事科学研究和学术讨论，为后来西方自然科学和社会科学的发展提供了许多原创性的思想。柏拉图的后半生除了短期去过西西里以外都在这里度过。他在学园里一边教学，一边著述。这个学园是古希腊最重要的哲学研究机构，开设四门课程：数学、天文、音乐、哲学。他把苏格拉底式的对话和讲座结合起来教育学生，对话经常是在来来回回长时间的散步中边走边进行的。柏拉图要求学生不能生活在现实世界里，而要生活在头脑所形成的观念世界里。他形象地说："画在沙子里的三角形可以抹去，可是，三角形的观念，不受时间、空间的限制而留存下来。"柏拉图深知学以致用的道理，在学园里按照他的哲学思想和教育理念培养了各方面的人才。可以说，柏拉图的学园在西方开创了学术自由的传统，是古希腊最重要的思想库和人才库。

走过漫漫人生路，柏拉图晚年生活得相当快乐。这时，他已是桃李满天下，他的学生热爱他正如他热爱他的学生一样。一个学生结婚时，盛情邀请柏拉图参加自己的婚庆喜宴。柏拉图如约而至，兴高采烈地加入到狂欢的人群中。良辰欢快飞逝，这位哲学老人退到安静的角落，坐到椅子上想休息一下，人们没有打扰他。第二天早晨宴会结束，当人们想唤醒他时，才发现他已经在夜里安详平静地告别了人世。整个雅典城万人空巷，将他送到耗费了他半生精力与才华的学园安葬。

亚里士多德

（前 384—前 322）

古希腊哲学家

> 获得智慧是愉快的，所有人都在哲学中感到自由自在，希望花时间研究它而将其他事情搁在一旁。
>
> ——亚里士多德

亚里士多德是世界古代史上最著名的哲学家、思想家、科学家、文艺理论家，是一个百科全书式的学者。他创立了形式逻辑学，丰富和发展了哲学的各个分支学科，对科学做出了巨大的贡献。

在人类文明的早期，有一些智慧的人在许多领域都有建树，他们对充满神秘色彩的自然尝试着进行解释，对尚处于半蒙昧状态的人们进行教诲，亚里士多德就是其中之一。16 世纪的时候，亚里士多德被认为是历史上最了不起的人，连大学教授们都说世界上所有的科学问题都被亚里士多德解决了，因此当学生们提问的时候，老师总是挥挥手说："去看看伟大的亚里士多德的书，在那里有你要找的答案。"学生们只好去查书，把亚里士多德的话当做真理。

亚里士多德的名气很大，大到哲学史上无人可比，但他的身世却没有苏格拉底和柏拉图那么曲折，那么富有戏剧性，他最重要的经历就是他的学术研究。所以，哲学家海德格尔在给学生讲授亚里士多德哲学时，对于他的生平只用了几个词进行介绍："亚里士多德出生，思考，然后死去。"

亚里士多德不是雅典人，公元前 384 年，亚里士多德出生于富拉基亚的斯塔基尔希腊移民区，可是他一生的主要活动却是在雅典城展开的。他父亲尼科马霍斯是马其顿国王的御医、阿斯克勒庇得斯医学会（这是当时十分著名的医学会）的成员。亚里士多德生活在一个对科学和哲学有着浓厚兴趣的家庭，并有机会经常与当时的一些领袖人物和智者接触，这些都启发了他早期的智慧和能力，为日后的发展奠定了坚实的基础。在童年和少年时期，他不但跟从父母和当地最优秀的教师学习，还师从到家中做客的朋友和拜访者，学过医学，并且对生物学和"实用科学"产生了兴趣。17 岁时，亚里士多德被送到雅典著名的柏拉图学园。跟柏拉图学习哲学的 20 年，对亚里士多德来说是个很重要的阶段，这一时期的学习和生活对他一生产生了决定性的影响。苏格拉底是柏拉图的老师，亚里士多德又受教于柏拉图，他们师徒三代都是哲学史上赫赫有名的人物。

　　在雅典的柏拉图学园中，亚里士多德的全部热情都被他倾注到求知上，他不惜重金购买了大量书籍，潜心研读、探究。柏拉图来到他的房间，看到架子上、桌子上、床上都摆满了书籍，不禁感叹道："不愧是读书人的房间。"在柏拉图学园学习期间，亚里士多德表现得很出色，他勤奋刻苦，涉猎广泛，在许多领域都显示了自己过人的才华，很受老师柏拉图看重，被柏拉图称为"学园之灵"。

　　可是，柏拉图认为亚里士多德虽然非常聪明，思想敏捷，但如不加以管教，就不能成为他所期望的人。亚里士多德不是个只崇拜权威，在学术上唯唯诺诺而没有自己想法的人。亚里士多德很尊敬自己的老师，但从一开始，他就是一个勤于思考、富有独立见解的学生，在很多问题上，他都有着自己的见解。同大谈玄理的老师不同，他努力收集各种图书资料，勤奋钻研，甚至为自己建立了一个图书室。在柏拉图学园学习期间，亚里士多德就在思想上跟老师有了分歧，经常和柏拉图争论，有时候，他甚至会把老师问得哑口无言。他曾经颇有深意地说，智慧不会随柏拉图一起死亡。在学园里，他除了对追求学问表现出强烈的兴趣外，对别的事情都不放在心上。当时，柏拉图学园的外国留学生很多，大家总想改变自己外国人的特征，让自己变得像真正的雅典人一样，他们模仿雅典人说话的腔调，学习雅典人的穿着打扮，甚至连雅典人走路的姿势也成了他们模仿的内容。而亚里士多德对这一切似乎视而不见，他总是特立独行，以致同学们给他起了两个绰号，一个叫

"灵魂",这当然是个有些奉承意味的绰号;另一个叫"读书者",这就有些贬义了。在当时的雅典,读书并不是一种高尚的行为,有身份的人总是通过奴隶的朗读来了解书籍的内容,所以,"读书者"往往是指这些专司诵读的奴隶。亚里士多德当然知道这个绰号的贬义,但他对此并不理会。他不仅自己"亲自"读书,而且什么书都读,还做了大量的笔记,把前人著作的要点摘录下来,按专题分类编辑在一起。这些行为都和柏拉图大不一样,柏拉图往往蔑视前人的看法,不屑于读前人的书。很快,亚里士多德就成为柏拉图学园里学问最渊博的人。其他同学都很敬佩他,老师柏拉图也很喜欢他。

柏拉图认为人的理念才是最真实的存在,我们看见的事物是我们脑子里想像的模仿。当时,柏拉图的所有学生都把老师的理论当做真理,从来都没有人怀疑过它。可是,随着思考的不断深入,亚里士多德却越来越怀疑老师的理论的正确性。一棵实实在在存在的树,看得见,摸得着,怎么就不是真实的呢?

亚里士多德向老师柏拉图提出了自己的疑问。柏拉图想了一下,却没有回答亚里士多德的问题,反而说:"我看啊,要给你的思想戴上缰绳,不然,你会越跑越远,思想不受控制会很危险的!"

别的同学也指责他说:"亚里士多德,你怎么能怀疑老师的观点呢?要知道,老师是绝对正确的!你这样做对老师非常不尊敬!"

亚里士多德摇摇头,坚定地说:"我爱老师,但我更爱真理!"

公元前 347 年柏拉图去世,亚里士多德在雅典又待了两年。马其顿的军队此时正在雅典北部攻城掠地,雅典城中,反马其顿情绪高涨。作为马其顿人,而且是和王室交往密切的马其顿贵族,亚里士多德感到自己再待在雅典非常不合时宜。就这样,亚里士多德十分不情愿地离开了雅典。此后,他开始游历各地。亚里士多德去了小亚细亚的阿塔尔纽斯,这里的国王与他是朋友,聘请他做高级行政顾问,为他提供了充足的科研经费和一大群助手。亚里士多德利用这里的条件开展了大规模的科学研究工作。同时,他还在这里赢得了国王侄女的芳心,两人结成恩爱夫妻。

公元前 343 年,马其顿国王慕亚里士多德之名,邀请他担任 13 岁的王子亚历山大的老师。他在给亚里士多德的信中说:"我有一个儿子,但我感谢神灵赐我儿子,还不若我感谢他们让他生于你的时代。我希望你的关怀和智慧将使他配上我,并无负于他未来的王国。"这是当

时全世界最体面的聘书，因为这位给亚里士多德做学生的王子，就是日后开疆拓土，建立了地跨欧、亚、非三洲的大帝国的马其顿国王亚历山大。

公元前335年，亚历山大继承王位后，亚里士多德终于回到了令他魂牵梦萦的第二故乡雅典。不久，亚里士多德在雅典城外吕克昂的阿波罗神庙附近建立了吕克昂学园。吕克昂学园是古希腊科学发展的中心之一。亚里士多德在此讲学、研究、著述，创立了自己的学派。这个学派的老师和学生们喜欢在花园中边散步边讨论问题，因而得名"逍遥派"。

吕克昂学园同柏拉图学园不同，它不是一个封闭的学院，而是一个开放式的教育场所。亚里士多德每天上午在这里给高级班的学生讲授哲学、物理学、辩论术等课程，下午面向一般听众和社会青年发表常识性的演讲。与柏拉图学园相比，吕克昂学园更注重实际，研究问题更注重多方面收集材料，然后进行各种尝试和探索。这一时期是亚里士多德最有成就的时期，他传世的大部分作品完成于此时。

亚里士多德的研究工作得到了亚历山大的赞助。他给老师提供了大量的金钱、物资和土地资助，以方便他进行科学研究。亚历山大让属下为亚里士多德搜集各个城邦的法律、政治资料，还为他提供了800塔兰特的巨款作为研究经费。亚里士多德在学园里建立了欧洲第一个图书馆，里面珍藏了许多自然科学和法律方面的书籍。事实上，亚里士多德浩瀚的著作，实非一人之力所能完成。譬如，他曾对158种政治制度作了概述和分析，这项工作需要搜集整理大量资料，如果没有一批助手的协助，是不可能完成的。亚历山大还通令全国，猎手和渔夫只要抓到稀奇古怪的动物，都要送到吕克昂学园里用于生物学研究。

但是与亚历山大交往是有危险的。虽然亚里士多德反对亚历山大采取独裁的统治方式，但还是因为与亚历山大交往过密而得不到雅典人的信赖。公元前 323 年，当亚历山大去世的消息传到雅典时，那里立刻掀起了反马其顿的狂潮，亚里士多德因被人告发曾做过亚历山大的老师而受到攻击，并被判犯有不敬神罪。亚里士多德想起了 76 年前苏格拉底的命运——当年苏格拉底就是因犯不敬神罪而被判处死刑的。于是，他在学生的帮助下逃离了雅典。他对学生说，他不会给雅典第二次机会来犯下攻击哲学的罪行。亚里士多德逃往他母亲的出生地，一个不知名的小岛，在那里有他家的祖屋。第二年夏天，这位伟大的思想家、哲学家便在郁闷和病痛中死去，终年 63 岁。临死之前，他留下了一份遗书，宣布把自己所有的家奴解放为自由民。这封遗书后来被公认为人类历史上第一个解放奴隶的人权宣言。

在人类思想史上，亚里士多德第一次阐明了各学科的对象、基本概念，对混沌一团的科学分门别类，为科学奠定了注重经验、实验和分析的传统。在某种意义上，他是许多学科的奠基人，他的著作是古希腊文明的百科全书，他也因此被黑格尔称为"人类的导师"，被马克思称为"古代最伟大的思想家"，被恩格斯称为"古代最博学的人物"。如果把古希腊哲学比作古希腊文明的皇冠，那么亚里士多德哲学无疑是这顶王冠上一颗最璀璨夺目的宝石。

亚里士多德全部著作的数量大得惊人，其中有 47 部留存下来，古代书名册上的记录表明他写的书不少于 170 部。但是，令人吃惊的不仅在于他的著作数量众多，而且在于他知识的博大精深。他的著作分为两类：一类是他生前公开发表供一般人阅读的，用的是对话体，这类著作大部分已经散失，只有一些片段流传到今天；另一类著作朴素无华，推论严谨，大概是亚里士多德的讲授提纲、研究札记或学生的听讲笔记，此类著作保存下来一部分。其中，《范畴》、《解释》、《前分析》、《后分析》、《论辩》、《智者的驳辩》，总称《工具论》，主要涉及逻辑问题；《形而上学》，主要涉及抽象的一般理论问题；《物理学》、《论天》、《论生灭》、《论灵魂》，主要涉及自然哲学问题；《尼各马可伦理学》、《欧德谟伦理学》，主要涉及伦理问题。此外还有《政治学》、《诗学》、《修辞学》及其他有关生物、经济方面的著作。

亚里士多德在历史上的重要影响首先表现在逻辑学方面。实际上正是由于亚里士多德的思想具有逻辑性，才使他对如此众多的学科都做出了杰出的贡献。他是形式逻辑学的奠基人，形式逻辑与近代发展起来的数理逻辑，并立为现在各国高等学府逻辑学课程的主要内容。亚里士多德还首创了现代人仍在使用的三段论式，它成了人们重要的思维工具。亚里士多德认为逻辑学是一切科学的工具。

　　亚里士多德的学说虽然有许多已经过时了，但是比其任何一个具体的学说都更为重要的是他研究问题的理性主义方法。他认为人类生活和社会的每个方面都是思考与分析的客体；人类应该对自然世界的每个方面都进行系统的研究；人们在得出结论的过程中既要利用实验观察又要利用逻辑推理。这一研究问题的方法对西方文明有着深刻的影响。

恺撒
（前 100—前 44）
古罗马政治家、军事家

> 唯一好的是知识，唯一坏的是无知。
>
> ——恺撒

恺撒是古罗马共和国末期杰出的军事统帅、政治家。在欧洲，恺撒是英雄的象征，才智的化身。这位罗马的终身独裁官，也许是世界上知名度最高的统治者，他凭借自己的奋斗，一步步走上历史舞台的中心，成为"罗马梦"的成功实践典范。他从未登上过皇位，却常被人以"大帝"相称，许多西方国家甚至以他的名字作为帝王的专有名词；在军事历史学家眼中，恺撒是继亚力山大和汉尼拔之后的又一位军事天才；在文学家笔下，他与"埃及艳后"的情史成为长久不衰的题材，甚至还在好莱坞制片史上创下了豪华拍摄场面的纪录；而在恐怖袭击的研究材料中，对他的刺杀也成为古代史上的典型案例。他的主要著作《高卢战记》和《内战记》，是他记述自己亲身经历的战争回忆录，文笔清新朴素，行文巧妙，是初学拉丁文者的必读之书。现在，他的经历又成为网络游戏的题材……从这位千古奇才身上，不同的人能得到不同的启示，可见其魅力之多样性和吸引力之大。

公元前 100 年 7 月 12 日，恺撒在一个当过外省总督的贵族家里出世时,罗马共和国正走到历史的十字路口,扩张和阶级压迫带来的内外矛盾日益尖锐。组成元老院的几百名显赫贵族沉溺于腐朽生活和嗜血爱好之中,终日泡在洗浴中心耽于淫乐或到角斗场观看奴隶与奴隶、奴隶与野兽的搏斗。作为罗马军团基础兵员的普通自由民,则因生活贫困多不愿服役,大将军马略被迫实行雇佣军制。周边的高卢人和日耳曼人乘机摆脱臣服。公元前73年,角斗士斯巴达克率领几十万奴隶揭竿而起,罗马调动倾国之兵才将这批奴隶镇压下去。奴隶主、贵族和元老们集体议政的共和体制,已难以应付内外交困的形势,社会呼唤着强人执政。

恺撒在父系和母系两个方面都出身于纯粹的贵族之家,由此获得了很好的荫庇。他的叔父曾于公元前91年晋升到执政官的高位,著名军事改革家大将军马略是他的姑父。恺撒的父亲在公元前100年前后担任过财政官、大法官等职务,还曾出任过小亚细亚的总督。恺撒的母亲来自权势很大的奥莱利·科塔家族。恺撒的外祖父也曾在公元前119年担任过执政官。特别是在恺撒事业的开始阶段,外祖父始终如一地支持他,对他有求必应,使恺撒获得了强有力的支持。高贵的出身使他年纪轻轻就获得了在权力场上角逐的资格,但真正使他攀上权力高峰的还是他性格和素质中的一些因素。恺撒自幼受到当过罗马执政官的外祖父及姑父大将军马略的熏陶,他博学多才,聪明能干,精于雄辩,工于心计、权术,且少有大志,曾经感慨亚历山大在自己这样的年纪已经征服了天下,而自己却还一事无成。

和当时任何一个年轻的罗马贵族一样,恺撒也受到了正统的教育。按照传统,在学习完字母、数字以及拉丁文的入门知识之后,恺撒便师从雄辩术教师,学习演讲、辩论和写作技巧;之后,又学习了哲学和法律等基础知识;最后,像所有贵族子弟都要做的那样,他接受了军事方面的教育,包括阅读各种军事著作,参加各种军事体育训练。

公元前86年和公元前84年,元老院民主派领袖马略和秦纳先后去世,前者是恺撒的姑父,后者曾提名恺撒为朱庇特神祭司,而恺撒则由于亲缘等原因被视为马略的当然支持者。虽然恺撒一下子失去了两个保护人,但是也同时获得了从事某种职业并取得巨大成就的自由。公元前84年,恺撒娶秦纳之女科涅莉亚为妻。这桩婚姻不仅给他带来了一个女儿——尤莉娅,而且还使其获得了元老院民主派成员的支持。

公元前 82 年，在内战中取胜并得到元老院精英派成员支持的独裁官苏拉要求恺撒同科涅莉亚离婚。但恺撒拒绝了他的要求，然后离开了罗马。

公元前 82 年至公元前 79 年间，恺撒旅居东方。公元前 81 年他前往小亚细亚，并很快接受了一项使命：前往比蒂利亚寻找船只。初出茅庐的恺撒圆满地完成了这个任务。公元前 80 年，恺撒随军前往米蒂莱，在执行任务中，恺撒显示出了非凡的军事和外交才能，并因为表现英勇而获得花冠。公元前 79 年至公元前 78 年，他还参加了清剿奇里乞亚海盗的战斗。

公元前 78 年，苏拉去世，恺撒回到了阔别数载的罗马，以辩护人的身份在法庭上为拥护者辩护或者起诉。公元前 77 年他因起诉其政敌多拉贝拉贪污而震动整个罗马政界，他也因此在平民和中小奴隶主中赢得了极高的声誉。

公元前 76 年，他再次踏上了前往东方的旅程。公元前 75 年，他在罗得岛拜在雄辩大师阿波洛尼奥斯的门下学习修辞学和哲学。在旅途中，他曾被奇里乞亚海盗劫持。后者要求以 20 塔兰特（古希腊货币名）作为他的赎金。恺撒嘲笑海盗们不知道自己捉到了什么人，并要求他们索取 50 塔兰特，这样才对得起他的身价。在等待赎金的 38 天里，他对海盗们开玩笑说，自己获释后一定要将他们统统送上十字架。他没有食言，获释不过几日就组织了一支舰队，捕获了所有劫持他的海盗。

27 岁时，他担任了首席祭司，在斯巴达克起义时担任了军事保民官，后又任过驻西班牙外省财务官、罗马市政官、大法官。恺撒因不断在演说中为中下层人民说话而受到众多平民拥戴，声望逐渐提高，并逐渐成为民主派的领袖。

当时的罗马处于共和时代的后期，元老院贵族和民主派之间矛盾尖锐。享有公民权的只是罗马城内的奴隶主和自由民，而城区以外，意大利各地和海外行省的自由民享受不到罗马的公民权，却要担负着和罗马自由民一样的义务。恺撒接近平民，经常从事反对元老院贵族的活动，在平民中的声望越来越高，被选举为罗马共和国的首席执政官。由于害怕恺撒成为最高长官之后，如果再有一个和他合作的共同执政官，恺撒就可以无所顾忌、为所欲为，许多贵族为恺撒的主要政治对手——元老院精英派代表马尔库斯·毕布路斯捐款，使其也当选为执政官。对此贵族代表曾坦言，在此情形下，贿选有利于国家。因此，恺撒特别需要组建其政治同盟。幸运的是，他找到了他的政治对手事先未曾料想到的合作伙伴。

这时，两位著名人物——庞培和克拉苏的命运与恺撒发生了紧密的关联，他们都是在苏拉独裁时期就开始显山露水的高级将领。庞培资历较深，曾在北非、西西里等地立下赫赫战功，此时，庞培正在元老院争取安置他的退伍老兵的土地，却遭到失败；克拉苏则凭借自己镇压斯巴达克起义的头号功臣的身份，与庞培平起平坐。当时已经成为罗马最富有的人的克拉苏，也正在为获得对抗帕提亚所需的军队的控制权而犯愁。回罗马之后，恺撒曾策划过与克拉苏合作夺取元老院权力的政变，但没有实施就流产了。敏锐的恺撒利用庞培与克拉苏之间以及他们两人与元老院之间的矛盾，力促庞培和克拉苏握手言和（庞培和克拉苏在公元前70年共同担任执政官时结怨），并与他们两人结成同盟，与元老院贵族相抗衡，史称"前三头同盟"。他们约定罗马的任何一项措施，都不能违背他们之中任何一人的意愿。为巩固这一政治联盟，恺撒还将自己14岁的独女尤利娅嫁给了庞培。"前三头同盟"成为凌驾于元老院之上的政治势力，只要他们三人步调一致，就足以将元老院置于局外，而在三者之中，资历最浅的恺撒无疑是最大的受益者。

三人结盟后，势力大增。有一次，在毕布路斯宣布有不祥征兆欲终止会议的时候，恺撒竟粗暴地动用武力，将这位共同执政官赶了出去，而在次日的元老院会议上，竟然无人敢对此做出什么批评或议论。毕布路斯失望之余，作为执政官的第一项政令，便是退出所有政治活动。

恺撒在完成执政官任期之后担任高卢和伊利里亚总督。在高卢的9年是恺撒一生中最重要的阶段。高卢人生活在今天的法国、比利时等地，当时与罗马人相比他们无疑是半野蛮人。但在战场上，罗马人历来都没能在高卢人身上占到便宜。恺撒到任后，先后对高卢发动了8次大规模的征战。前7次战争7战7捷，最大的挑战发生在公元前52年。这一次在天才的军事家韦辛杰托里斯克领导下，高卢几乎所有部落都起来反对罗马人的统治。在历史的关键时刻，恺撒向世人证明了他是一位冷静而果断的领导者和军事家。他采用分化瓦解的策略，挑起高卢各部落间的矛盾，然后集中力量与韦辛杰托里斯克的大军进行决

战，击溃了骁勇的高卢人。到公元前51年，高卢人已全部屈服于恺撒的统治之下。此外，恺撒还是第一个跨过莱茵河去进攻日耳曼人的罗马统帅。一系列的军事胜利给了恺撒一个稳固的大后方，为罗马搜罗了大量的财富和奴隶，也为自己积攒了丰厚的政治、军事资本，使他有了觊觎罗马最高统治权的资本。

恺撒显赫的战功和卓越的军事才能，使他在罗马人中的威望日益高涨，这使庞培感到嫉妒和不安。随着尤利娅的去世，恺撒和庞培的婚姻联盟解体。这时，克拉苏在远征东方帕提亚人的时候战死，使稳固的三角失去了一个支点。恺撒和庞培之间的对决已不可避免，"前三头同盟"变成了"后两头对抗"。庞培得到了元老院的支持，命令恺撒辞职交权，还宣布他为公敌，命令他立即从高卢返回罗马。

恺撒知道这是庞培的阴谋，决定带领军队打回罗马，讨伐庞培，夺取罗马的最高权力。一路之上，恺撒内心矛盾重重，在军队渡过意大利边境的卢比孔河时，他甚至显出少有的犹豫不决。当时，恺撒牵着自己的战马,低头凝视着河水,对身边的朋友说:"如果不过河,我将遇到种种灾难;如果过河,全人类会有灾难。"随即,恺撒血性中的果决再次发挥了作用,他一边喊着"骰子已经掷了,就这样吧",一边发疯似的翻身上马,冲过渡口。恺撒当时极其复杂的内心活动人们不得而知,但他最终为了个人的荣辱得失,不惜挑起长达 4 年的罗马内战。后来他转战巴尔干,屡屡败在庞培手下,直到公元前 48 年的法萨卢之战,形势才有了转机,恺撒"毕其功于一役",取得大胜,庞培和元老院成员仓皇逃走。恺撒亲率大军一路追赶庞培,从希腊一直追到埃及,埃及国王为讨好恺撒,派人刺杀了庞培。埃及国王把庞培的首级和戒指献给他。看着庞培苍白而熟悉的面孔,恺撒流出既感伤又欣慰的泪水。他为昔日的同盟和女婿、今日的敌人举行了正式的葬礼并追杀了谋害庞培的凶手。在埃及,恺撒还得到了一件意想不到的礼物——"埃及艳后"克里奥帕特拉,恺撒将她扶上了埃及王位,并与她有了爱情的结晶。之后,恺撒又率军进入小亚细亚,只用了 5 天的时间,就平定了庞培部下本都王子的叛乱。他用最简洁的拉丁文字写了一份捷报送回元老院:"我到达了,我看见了,我胜利了!。"这次胜利充分显示了恺撒用兵神速的特点。恺撒在军事上的主要创举,便是集中强大预备队在关键时刻闪电般地攻击对手,恩格斯对此曾给予了高度评价。

公元前 45 年 9 月,恺撒以盛大的凯旋仪式回归罗马。威风凛凛的恺撒高坐在战车上,由抬着缴获来的 2800 顶金冠的部下簇拥着通过凯旋门,接受人民的欢呼致敬。当时,罗马城万人空巷,恺撒的声望在人们的欢呼声中达到顶点。

恺撒获得了至高无上的权力和荣誉,人民大会和元老院授予他终身荣誉头衔——"大将军"和"祖国之父",使他集军、政、司法和宗教大权于一身。当时罗马商人、自由民和军人们都厌恶了只由上层奴隶主发言且议而不决的共和制,拥戴能代表他们利益的恺撒。

公元前 44 年,恺撒第五次当选为执政官,并被任命为终身独裁官。当他的权力和声望达到巅峰时,一种他即将登基称王的说法也在罗马四处流传。当时的罗马是一个城邦制共和国,人们在很早以前就定下不成文的规矩:如果谁想当国王,罗马神、人共戮之。虽然恺撒拒绝了部下献上的王冠和称帝的要求,但随着他个人独裁以及市民自治、财政和文化改革的深入,守旧集团、对改革失望者和宿敌残余结合起来,以保卫"共和"之名密谋对他采取恐怖袭击。

保民官的权力在罗马是神圣不可侵犯的。有一次恺撒由外地返回罗马，他的一些信徒像迎接国王那样欢迎他，保民官逮捕了发起这次欢迎活动的人。恺撒十分恼怒，以保民官"别有用心"为借口，要求把他们开除出元老院，并处以死刑。恺撒的这一举动是对共和制的公然挑战，因此更加剧了一些人对他的不满。元老院准备在 3 月 15 日召开一个会议，一些敌对者决定在会上动手刺杀恺撒，其中的骨干就有恺撒的亲信部将布鲁图和加西阿斯。

3 月 15 日的前一天，恺撒到他的部将雷必达家里赴宴。当话题偶然转到怎样的死法最好的时候，恺撒不假思索地说道："突如其来的！"这天晚上，恺撒的妻子做了一场噩梦，她梦见丈夫在自己的怀里被人刺死。

天亮以后，妻子因梦中出现的"凶兆"，要求恺撒不要离家，取消元老院会议。在妻子的坚持之下，恺撒决定派他的亲信马克·安东尼去通知取消会议。这时，参与密谋行刺的布鲁图来到恺撒家，极力劝说他不要给人以指责他高傲的借口，要他自己去元老院亲自宣布取消这次会议。在布鲁图的再三劝说下，恺撒最后答应由其陪同前往元老院。但他没带卫队，因为他认为那是胆小鬼干的事。

恺撒进入议事厅后，行刺者们按照预定的计划分成两部分，一部分站在恺撒的座椅后面，另一部分迎着恺撒走来，为一个被流放的犯人求情。恺撒坐下后，一名行刺者扯下恺撒的外袍——这是动手的信号。行刺者们把恺撒团团围住，纷纷拔出匕首刺向恺撒。起初恺撒还奋力抵抗,当他看到自己一向深信不疑的义子布鲁图也拿着匕首向他走过来的时候,他说了一句:"你也在内吗,我的孩子?"之后,他便用衣服裹住了头,停止了反抗。早在恺撒打败庞培后,罗马就有"恺撒笑,庞培哭"的说法,而他倒下的地方,恰好安放着一尊庞培的雕像。这难道是一种宿命?

恺撒之所以会死在一批小人物的手中,是因为他常常过于自负,这突出地表现为对人轻信,喜欢听恭维之辞,对伤害过自己的人表现出过分的宽容。恺撒以为只要自己对别人宽容,别人就一定会做出善意的回报,但无原则的宽容使他放松了对政敌的警惕,最终导致了自己的灭亡。

恺撒死后,按照法令他被列入众神的行列,被尊为"神圣的尤利乌斯"。元老院也决定封闭他被刺杀的那个大厅,并将 3 月 15 日定为"弑父日",元老院永不得在这天集会。

恺撒一生充满了矛盾和悲剧色彩:他仗义疏财,交友广泛,宽容政敌,不计前嫌,最终被自己的部下和最亲近的朋友所谋害;他身经百战,在残酷的战争中毫发未损,却在和平时代以"神圣不可侵犯"之躯被刺于乱刀之下,死于非命;他生前拒绝帝王的称号,死时却是被当做暴君诛杀。恺撒使罗马成为古代最负盛名的帝国,今天的西方文明,也是在恺撒的罗马帝国的古老基石上逐渐建立起来的。

恺撒

哥伦布

（1451—1506）

意大利探险家

> 人生因为有了探索，方才具有光彩。
>
> ——哥伦布

　　哥伦布是意大利著名航海家和探险家，是地理大发现的先驱者。他曾四次到达巴哈马群岛、古巴、海地、牙买加、波多黎各以及中南美洲其他地区，带回了大量黄金和珠宝，还带回了玉米和烟草等当地作物，并把它们推向世界。他开辟了从欧洲经大西洋到美洲的新航路，成为名垂青史的航海家。

　　哥伦布所处的时代正是欧洲文艺复兴时期，他身上突出地体现了那个时代的特征。他有坚定的宗教信仰，热爱科学，对地圆说深信不疑。而立之年的他，在本可以轻轻松松过好日子的时候却酝酿了一个惊世骇俗的计划，然后和反对者论战了 8 年的时间，尽管被人取笑为"疯子""骗子"，但还是以大无畏的精神、坚强的意志、一往无前的勇气，用一种木制的帆船，仅仅靠着对风向和洋流的精心把握，就朝着茫茫大洋勇敢地驶去，并最终完成了他的探险计划。尽管后人对他评价不一，有褒有贬，但谁也无法抹杀他的价值和功绩，他始终是一个光彩照人的历史人物。

哥伦布1451年生于意大利的港口城市热那亚，父亲是一名纺织工人，叫多梅尼科·哥伦布，母亲叫芬塔罗莎。他小时候家境贫寒，父母节衣缩食送他到巴比耶学校读书。在学校里，哥伦布系统地学习了几何、地理、天文、航海、拉丁语等方面的知识。哥伦布自幼热爱航海冒险，他读过《马可·波罗游记》，十分向往富庶的印度和中国，也非常崇拜马可·波罗，立志做一名航海家。后来他成为舰长，是一名技术娴熟的航海家。

　　从1477年起，哥伦布开始了一系列航海活动，目的地包括马德拉群岛、爱尔兰、冰岛和几内亚。通过这些航行，他了解了大西洋的风系。30岁时，出身卑微、几年前还穷困潦倒的哥伦布娶了葡萄牙王国一个贵族之家的小姐为妻，本来凭借这种关系他可以平步青云，然而他却开始酝酿一个惊世骇俗的计划——他要向西航行，到达地处欧洲东方的亚洲。

　　从理论上来说，这种想法不足为奇，因为地圆说当时已经开始盛行，哥伦布对此也深信不疑。哥伦布的惊人之处在于他要付诸实际行动。在当时，说向西航行到中国，就好像1960年说人类要登上月球、今天说乘宇宙飞船寻找外星人一样，理论上是可行的，但现有技术手段却使其无法实现。当时哥伦布先后向葡萄牙、西班牙、英国、法国等国国王请求资助，以实现他向西航行到达东方国家的计划。然而从他1484年向葡萄牙国王提出这个建议开始，到1492年西班牙国王同意这一计划付诸实施，哥伦布花了8年的时间，他搜集尽可能多的证据，同各种反对意见作斗争。争论的焦点在于究竟西航多远、多久才能抵达世界的东端。当时，地圆说的理论尚不十分成熟、完备，许多人把哥伦布看成江湖骗子。在西班牙讨论关于哥伦布西行计划的一次会议上，有人问哥伦布：即使地球是圆的，向西航行可以到达东方，然后再回到出发港，那么有一段航行必然是从地球下面向上爬坡，帆船怎么能爬上来呢？面对此类现在看来荒唐透顶的问题，当时一向口若悬河的哥伦布也只有语塞。另一方面，当时西方国家对东方物质产品的需求除传统的丝绸、瓷器、茶叶外，最重要的是香料和黄金。尤其是香料，它是欧洲人起居生活和饮食烹调必不可少的材料，需求量很大，而本地又不生产。经营这些商品的既得利益集团也极力反对哥伦布开辟新航路的计划。1492年初，在西班牙等待了6年的哥伦布被通知西班牙国王已明确否定了他的计划。沮丧的哥伦布给他的骡子上了鞍，把衣

服、世界地图以及激起他西航念头的《世界的形象》和《自然史》装进行囊，朝法国出发，希望法国国王查理八世会帮助他实现自己的计划。正在这时，转机出现了，西班牙王后听从了一个大臣的劝说，及时说服了国王，甚至要拿出自己的私房钱资助哥伦布，使哥伦布的计划得以实施。

1492年8月3日，哥伦布受西班牙国王派遣，以王室的名义寻找通向东方的航路。哥伦布被授予"海军大将"军衔，还被预封为新发现土地的"世袭总督"。他带着西班牙国王给印度君主和中国皇帝的国书，率领三艘百十来吨的轻快帆船——"尼尼亚"号、"平塔"号和"圣玛利亚"号，载着他们一行87人从西班牙巴罗斯港扬帆出发，直向正西方向航去。他们第一站到达位于非洲东海岸附近的卡那利群岛，之后继续向西航行。1492年10月9日，船队已经在茫茫大西洋上向西航行了两个月。这是一个漫长的航程，水手们感到万分恐惧。尽管哥伦布一路上想尽一切办法让船员们安心，甚至故意把航程说短，使船员们认为航程没那么远，他们还有能力返回西班牙，但是包括船长在内的一部分人还是极力劝说哥伦布返航，他们不相信如果继续走下去还能返回西班牙。哥伦布只好召开了一个会议，在会上他说："我对此事毫不担忧，上帝既然赐予我们这种好天气出航，那也必定会赐予另外一种好天气让我们返航……你们是不可能如愿的，因为即使你们把我和我的仆人杀死，也捞不到什么好处。但你们可以做一件事：给我三四天时间，让我沿原航向继续航行，如在此期限内没有发现陆地，就照你们的意思返航。"

10月11日，船队开始发现海上漂着芦苇、树枝等来自陆地的东西。船员们终于相信亚洲就在前面。

10月12日，他们终于看见了一片陆地。登上这片陆地后，他们惊讶地发现这片陆地上的居民裸体生活。哥伦布召集船上所有人员，宣布占领该岛。当地的土著人好奇地围着他们看,他们把哥伦布赠送的小红帽和玻璃珠子视若珍宝。

接下来,哥伦布开始寻找日本和震旦(中国),他相信天堂城市杭州就在附近。他误解了一个当地土著人的意思,以为中国皇帝就在不远的镇上,于是派了一个使团去朝觐"中国皇帝"。当然,最后使团报告说没有发现震旦帝国的宫殿,而仅在小村庄和简陋的棕榈棚屋里受到原始的欢迎。

于是哥伦布以为他到达了印度。这种说法随着消息的传播被公众普遍接受,西班牙国王和教皇也接受了这样的观点。哥伦布的误会随着"印度"这个词被永远地记录下来,直到今天,我们还把美洲大陆的土著人叫做印度人,在译成汉语时,为了有所区别而译为"印第安人"。后来人们知道,哥伦布登上的这块土地,属于现在中美洲巴勒比海中的巴哈马群岛,而哥伦布当时把它命名为"圣萨尔瓦多",意思是"救世主"。

1493年3月15日,哥伦布回到西班牙。这位凯旋的探险家被授予最高的荣誉。随后他又进行了三次横渡大西洋的航行。1493年9月25日,哥伦布率领17艘船,从巴罗斯港出海远航。在这次探险中,他发现了牙买加等700多个岛屿,并在希斯巴诺拉岛建立了第一个欧洲风格的城市——伊沙贝拉市。1498年5月30日,哥伦布从圣卢卡港出发进行第三次航海探险,发现了马加里塔等岛屿。1502年他从加第斯港出发进行第四次航海探险,这次航行走得很远,一直到达哥斯达黎加。哥伦布想要找的是从欧洲直接通往中国或日本的航线,而实际上他登上的是美洲的海岸,但直到1506年逝世,他都认为他到达的是印度。

后来,一个叫做亚美利哥的意大利学者,经过更多的考察,才确定哥伦布到达的不是印度,而是一个原来不为人知的新大陆。哥伦布发现了新大陆,可是,这块大陆却以证实它是新大陆的人的名字命了名:亚美利加洲(美洲)。后来,对于谁最早发现美洲不断出现各种争议,但哥伦布发现新大陆的结论是不容置疑的。

哥伦布的远航是大航海时代的开端。新航路的开辟,改变了世界历史的进程,对欧洲历史具有革命性的影响,甚至比发现美洲大陆的影响还要大。它开创了新大陆开发和殖民的新纪元——当时欧洲人口正在膨胀,这一发现使欧洲人有了两个可以定居的新大陆,也有了能够促进欧洲经济进一步发展的矿藏和其他资源。哥伦布的远航还使海上

贸易的路线由地中海转移到大西洋。总之，从那以后，西方终于走出了中世纪的黑暗，开始以不可阻挡之势崛起于世界，并在这之后的几个世纪中，成就了海上霸业。一种全新的工业文明成为世界经济发展的主流。当然，这一发现导致了美洲印地安文明的毁灭。如果把眼光放得更长远些，哥伦布的发现还使西半球出现了一些新的国家。这些国家与该地区的土著印地安部落截然不同，它们对旧大陆的各个国家产生了极大的影响。

哥伦布所取得的成就，与他的性格和内在的精神气质也有很大关系。哥伦布发现新大陆回到了西班牙之后，在一次欢迎宴会上，忽然有人高声说道："我看这件事不值得这样庆祝。哥伦布不过是坐着船往西走，再往西走，碰上了一块大陆而已。任何一个人只要坐船一直向西航行，都会有这个发现。"宴会上顿时鸦雀无声，大家面面相觑。哥伦布笑着站起来，顺手抓起桌上放着的一枚熟鸡蛋，说："各位请试试，看谁能使熟鸡蛋小头朝下在桌上立住。"大家都拿起面前的熟鸡蛋，但谁也没把它们立起来。哥伦布微笑着把自己手里那枚熟鸡蛋的尖头往桌上轻轻一敲，碎了壳的鸡蛋稳稳地立在桌上。那人高声叫道："这不能算，把蛋壳碰破，鸡蛋当然可以立住了。"哥伦布正色道："对！你和我的差别就在这里，你不敢做的事，我却做了。世界上的一切发现和发明，在一些人看来都是再简单不过的。问题是你们这些聪明人谁也没有在我之前想到应该这样做，却总是在别人指出应该怎样做以后才说出来。"这个故事生动地反映了哥伦布那种敢为人先、富于冒险和勇于迎接挑战的精神。

　　而哥伦布所具有的天文、地理知识在他的航海探险中也发挥了重要作用。当哥伦布在航海途中来到伊斯帕尼奥拉岛时，伊斯帕尼奥拉岛上的人拒绝给船队提供食物。哥伦布就对岛上的人说："如果不给我们食物，上帝就会发怒，以月亮变暗为证。"果然，不久发生了月食，月亮越来越暗。岛上的人非常害怕，求助于哥伦布。哥伦布故意停留片刻，然后走回来说："上帝已饶恕了你们。"过了一会儿，果然月亮重新变亮了。岛上的人看见哥伦布竟有如此的"法力"，只得乖乖地给船队提供食物。原来，哥伦布根据天文知识，经过研究、分析，推断出将要发生月食，于是就导演了这幕戏，使船队能够顺利地继续航行。

达·芬奇

（1452—1519）

意大利画家

> 劳动一天，可得一夜的安眠；勤劳一生，可得幸福的长眠。
>
> ——达·芬奇

　　1482年，一位年轻的艺术家离开佛罗伦萨，以画家兼工程师的身份来到意大利北部城市米兰。在那里，他接受了为一家修道院制作壁画的任务。他每天早晨登上台架，一干就是一天。有时他干得入迷，连吃饭和睡觉都忘记了。可有的时候，他又一连几天不动笔，站在画前苦苦思索，如果突然来了灵感，就立刻爬上台架勾画几笔。他的这种画法是那些对艺术一窍不通的人根本不能理解的。修道院的副院长以为作画就跟在菜地里干活一样，不能停歇。他看见这位画家经常站在画前不动手，就认为是在偷懒，心里非常不满。画家解释说："有天资的人，当他们看上去工作得最少的时候，实际上工作得最多，因为他们是在构思，他们把想法酝酿成熟，这些想法随后就会通过他们的手表达出来。"

　　经过几个月的辛勤创作，这位年轻的画家终于完成了自己著名的代表作——《最后的晚餐》。不论是在文艺复兴时期，还是在世界美术史上，《最后的晚餐》都是一幅伟大作品。

　　这位青年画家名叫达·芬奇，欧洲文艺复兴时期意大利的著名画家。他把科学认识同艺术幻想完美地结合起来，使绘画艺术发展到一个新的历史阶段。

1452年，达·芬奇出生于意大利佛罗伦萨市郊的芬奇镇。他的母亲死得很早，由祖父抚养长大。达·芬奇从小就聪明过人，十分惹人喜爱。在学校里，他学习刻苦，各门功课的成绩都很优异，但他最喜欢的还是绘画，家里和学校的木板上，到处都有他画的彩蝶、蝙蝠等小动物。他的父亲是当地的公证人，原来希望儿子能学习法律，将来成为一名律师，但发现达·芬奇有绘画才能后，父亲便改变了主意，让儿子学习艺术。父亲把儿子的画拿给当时著名的画家、雕塑家维罗基奥看，维罗基奥看了十分喜欢，并决定收下达·芬奇做学生。

维罗基奥画室采用比较先进的科学方法进行教学。数学、透视学和解剖学的知识在那里都得到了极为广泛的应用。维罗基奥对学生要求十分严格，达·芬奇来到画室上的第一节课是学画鸡蛋，而且每天都要画。达·芬奇感到非常奇怪：这有什么必要呢？一笔就可以画出来的，整天这么练既浪费时间又枯燥乏味。维罗基奥看出了他的心思，语重心长地对他说：

"你别以为画蛋很简单、很容易。要是这样想就完全错了，在一千只蛋中从来没有两只蛋的形状完全相同。即使是同一只蛋，只要变换一个角度看它，形状便立刻不同了……所以，如果想在画布上把它准确地画出来，非要下一番苦功不可。多画蛋，是为了训练用眼睛去观察形象，用手去随心所欲地表现事物，等到手眼一致了，那么对任何形象都能应付自如了。"

老师的一席话，使达·芬奇茅塞顿开。他从此安下心来刻苦练习画蛋。他进步很快，几年后，绘画水平就远远超过了他的老师。有一次，维罗基奥画了一幅《基督受洗图》，他自己很满意，便叫达·芬奇在这幅画上再画个小天使。达·芬奇很快便画好了两个天真烂漫、纯情可爱的天使，拿来让老师选用。维罗基奥看后心里暗暗吃惊，这两个天使同自己画的比较呆板的人物形象形成了鲜明的对比。这使他既高兴又惭愧，从此搁笔不再画画，专门从事雕刻工作。

1480年，达·芬奇以优异的学习成绩结束学徒生活，开始了独立的创作活动。

在中世纪的欧洲，基督教具有特殊的地位，它是禁锢人们思想的一道沉重的枷锁。谁如果违犯了教义，就会遭到野蛮的"宗教裁判所"的血腥镇压。因此，欧洲中世纪的艺术，主要以宗教故事为题材，歌颂至高无上的"神"，很少有人敢用艺术来表现"人"。而达·芬奇接受的是新兴资产阶级思想，他视野开阔，思想敏锐，站在当时进步艺术家的最前列。他的作品虽然没有排斥传统的宗教题材，但是，他却赋予作品新的思想和内容。这一时期，他创作了一系列以《圣经》故事为题材的作品，这些作品充满了生活气息和人生乐趣。他绘制的两幅著名的圣母像，表现的完全是普通的人间妇女形象。画面上，年轻漂亮的母亲手里抱着自己的婴儿，温柔甜蜜地微笑着，整幅作品充满了浓郁的人情味。

后来，在这一创作思想的指导下，他又创作了《岩间圣母》、《圣安娜》等名作。《圣安娜》展出时，在佛罗伦萨市引起了巨大的轰动，人们像过节一样怀着兴奋的心情前往参观。直到展览闭幕那天，参观的人群仍络绎不绝。

从此，达·芬奇成了意大利人民熟悉和热爱的画家。

1482年，达·芬奇来到意大利北部城市米兰，投奔当地的统治者斯福查大公的儿子洛达维柯·摩罗。在那里，他开始创作《最后的晚餐》。经过一段时间的精心酝酿，他对这个传统题材进行了匠心独运的处理——耶稣和12个门徒共进晚餐，耶稣十分平静地摊开双手，对门徒们说："你们当中有一个人要出卖我。"画家充分调动自己的联想，根据耶稣的12个门徒的性格、年龄、经历等情况，把他们每个人的反应作了精妙绝伦的描绘：吃惊地跳起来的巴多罗米；满脸疑惑的小雅各；激动地举双手的老雅各；双手抚胸，向老师表白忠心的菲利普；窃窃私语的马太、达太和西门……而犹大听了耶稣的话后，身体惊慌失措地向后一仰，在忙乱中抓钱袋的手碰翻了桌上的小盐壶，那钱袋里装的又恰巧是他出卖耶稣得来的昧心钱。达·芬奇在作品中十分巧妙地将叛徒与其他人区分开来，这种高超的手法使人不禁为之拍案叫绝。

当时，许多画家都曾画过描绘具体人物的肖像画，但由于长期受封建思想的束缚，大都画得拘谨呆板、装腔作势。达·芬奇与一般画家不同，他创作人物肖像画时，总是把主要精力放在表现人物的性格和心理上。从1503年到1506年，经过3年的勤奋创作，他终于完成了世界著名的人物肖像画《蒙娜丽莎》。

《蒙娜丽莎》画的是一位温柔端庄的少妇，她的脸上流露出一丝浅浅的笑意，这种发自内心的微笑，所产生的是千年不衰的永恒的艺术魅力，感染和打动了一代又一代人。据说，达·芬奇在描绘这种微笑时，是从微波荡漾的湖水中受到启发的。他在作画时，特地请来乐师和喜剧演员为模特奏乐、歌唱，想使她保持愉快的心情，让她脸上总是含着笑意。达·芬奇的这种目的终于达到了，《蒙娜丽莎》成为世界美术史上最卓越的人物肖像画之一。

达·芬奇本人也非常珍爱这幅作品，有很长一段时间，他借口这是一件未完成的作品，小心翼翼地把它留在身边。

达·芬奇不仅以他的绘画实践为后来者开辟了一条新的艺术道路，还把透视、解剖、构图等一些技法知识，总结整理为科学的法则，创作了《绘画论》这一重要的美术理论著作，为欧洲美术的发展做出了巨大贡献。他提倡科学，主张向自然、向生活学习，这在美术史上是一个创举。

莎士比亚

（1564—1616）

英国文学家

> 如果不能把握机遇，就有可能蹉跎一生。
>
> ——莎士比亚

　　威廉·莎士比亚是欧洲文艺复兴时期的巨人，世界戏剧史上的泰斗，英国最负盛名的剧作家。他的戏剧是世界文学史上的一座丰碑，历代作家都将它视为不可逾越的艺术高峰。他的作品、笔下的人物、文中精练优美的词句，渗透于英美文化的每一个角落。几百年来，他的作品一直滋润着亿万人的心田，给世人留下了极其宝贵的精神财富。莎士比亚不属于一个时代，而是属于所有的世纪。17 世纪大诗人弥尔顿说"他登上艺术宝座；他创造了整个世界，加以统治"。18 世纪启蒙思想家伏尔泰叹服莎士比亚"有一种无愧为最伟大的天才的崇高思想"。马克思把莎士比亚称为"人类最伟大的天才之一"。

　　莎士比亚的作品有着无与伦比的启蒙价值，这是毋庸置疑的。他的作品如同人类不断走向文明的路途上燃起的永恒的明灯，给摸索于暗夜中的行人指出了方向。作为欧洲文艺复兴时期最伟大的人文主义作家，莎士比亚既满腔热情地肯定人的正当欲望，歌颂人性、青春和爱情，又真诚地赞美高尚的道德，宣扬仁慈博爱的理念。莎士比亚的戏剧既洋溢着现世欢乐，又引导着人们超越凡俗而趋于神圣，超越卑微而达于崇高。

"放弃时间的人，时间也放弃他。"这是莎士比亚的名言，也是他能在艺术天地里自由飞翔，成为一代艺术大师的秘密。尽管莎士比亚只活了不算长的 52 年，但他却留下了 37 部伟大而不朽的剧本，154 首脍炙人口的十四行诗，两首长诗和其他诗歌。当时正值伊丽莎白女王当权时期，也是英国拓展海上霸权的时代，有人甚至称"伊丽莎白时代"为"莎士比亚时代"，由此可以看出莎士比亚受人推崇的程度。直到 400 年后的今天，他的魅力依旧有增无减。

1564 年 4 月，在英国沃里克郡的小镇斯特拉福，当梨树与苹果树绽放出满树的花朵时，一个婴儿呱呱落地，他就是带动世界文学发展的重要人物之———威廉·莎士比亚。莎士比亚家族世代务农，但威廉的父亲约翰·莎士比亚在儿子 4 岁时，登上自己事业的顶峰，成为这个拥有 2000 多居民、20 家旅馆和酒店的小镇镇长。威廉·莎士比亚作为一名市政委员会成员的子弟，在 1570 年他 6 岁的时候免费进入斯特拉福的文法学校，接受正规教育。在这里，他学习并掌握了写作的基本技巧与较丰富的知识。

莎士比亚对于自己所生活的世界以及周围每一件事物都充满了好奇。这种天性在他日后施展戏剧才华时起了极大的作用：小城的社会背景、乡下的传统和迷信生活、少年时代曾耳闻目睹的节日风俗和民间娱乐方式，以及历代国王、贵族的传说和故事等，都被莎士比亚容纳进了他那几乎无所不包的艺术世界之中。实际上，诗人的创造并非来自天启，而是与他的生活体验息息相关。

在斯特拉福镇，艾汶河静静流过，镇子周围有一片绵亘数十公里的茂密森林，莎士比亚在童年时代就听长辈们讲过有关这片森林和小镇的各种民间传说和神怪故事。据说著名的绿林好汉罗宾汉当年就出没在这片森林里。他剑法高超，所向无敌，专门杀富济贫、除暴安良，深受百姓爱戴。后来莎士比亚在喜剧《皆大欢喜》中提到了这片森林和英雄罗宾汉。当地人还传说，这片森林里住着许多神仙和精灵，他们经常在月夜里呼唤路上的行人，使人迷路。莎士比亚在《仲夏夜之梦》中对此做了生动传神的描绘。乡村生活中孕育出的无数的传说、歌谣和故事，使热爱世俗人生的莎士比亚从中获得了丰富的艺术滋养，那些动人的情节和质朴的语言，激发了他丰富的想像力，也引发了他对文学的兴趣和创作灵感。

总之，斯特拉福的风土人情和民间文学为莎士比亚后来的文学创作积累了宝贵的财富。莎士比亚作品中的许多人物、场景和比喻散发着大自然的气息，这和斯特拉福——尤其是那里美丽如画的自然风光以及他的乡间生活密切相关。

那时，小剧场已经开始出现，小剧团在各地巡回演出。莎士比亚在观看演出时惊奇地发现，小小的舞台，少数几个演员，就能把历史和现实生活中的故事表现出来。他觉得神奇极了，深深地喜欢上了戏剧。每次看完演出，他就和伙伴们一起模仿着剧中的人物和情节演起戏来，并希望自己长大后也能从事与戏剧有关的工作。但莎士比亚那时是个聪慧与顽劣兼具的孩子，在对文学表现出强烈兴趣的同时，他也经常惹出些祸来，让大人伤透了脑筋。有人曾"揭发"说：少年莎士比亚颇有些传说中的绿林好汉的味道，曾经到树林里偷偷猎杀过附近贵族放养的鹿。事情的真伪难以分辨，但莎士比亚可能从小就不是一个循规蹈矩的"好孩子"，他对于戏剧创作理论和英语语言文学所做出的革命性的贡献，也许和他身上那种与生俱来的"叛逆基因"不无联系。

14岁那年，因为父亲经商失败，莎士比亚只好离开学校，走上了独自谋生的道路。他当过肉店学徒，也曾在乡村学校教过书，还干过其他各种职业，这使他增长了许多社会阅历。18岁时，他和比他大8岁的安妮·哈瑟维结了婚，不到21岁便已有了3个孩子。莎士比亚对自己的婚事常常感到遗憾，不过，他对辛勤持家、抚养孩子成人的妻子依然关怀备至。

1586年，富于进取精神、勇于追寻自己梦想的莎士比亚随一个剧团步行到了伦敦，并找到一份为剧院骑马的观众照看马的差使。虽然是打杂，但毕竟跟戏剧挂上了钩，莎士比亚尽心尽力地干好这项工作，骑马来看戏的观众都愿意把马交给他。

莎士比亚头脑灵活，口齿伶俐，工作之余他经常悄悄地看舞台上的演出，并坚持自学文学、历史、哲学等课程。当剧团需要临时演员时，因为"近水楼台先得月"，再加上平时的积累和过人的才华，使他有机会扮演了一些配角。莎士比亚认真对待扮演配角的任务，出色的理解力和精湛的演技，使他不久就被剧团吸收为正式演员。

那时候，伦敦的剧团对剧本的需求非常迫切。因为一出戏要是不受观众喜欢，马上就要停演，再上演新戏，所以剧本的需求量非常大。莎士比亚在坚持学习表演艺术的同时，还大量阅读各种书籍，了解了自己祖国的历史和人民不幸的命运，他开始尝试写些历史题材的剧本。那时正是英国海军击败西班牙无敌舰队获得海上霸权的时代，英国各地庆祝仪式不断，戏剧表演成为不可或缺的重要节目，这给了莎士比亚一个崭露头角、打响知名度的好机会。

1591年，莎士比亚完成了他的第一个剧本——历史剧《亨利六世》。在这部作品中，他用词华丽、夸张，获得大众一致好评。1592年新年，《亨利六世》在伦敦最大的剧场之一——玫瑰剧场上演，莎士比亚一跃成为知名剧作家。

1592年夏天，伦敦开始流行鼠疫，一直持续到1594年。瘟疫的大流行，使得剧团不得不停止演出。莎士比亚返回阔别5年的家乡，与妻小、父母相聚了两个寒暑，此时威廉已经成为剧作家，收入丰厚，生活逐渐富裕起来。在这期间，莎士比亚把主要精力放在积累学识和戏剧素材上，他读了很多书，同各阶层的人交往，取得了丰富的社会经验，在文学上做了多方面的尝试。他还大量阅读古典著作，并进行模仿创作，如模仿普罗特斯的《孪生兄弟》写了《错误的喜剧》，接着又写了《驯悍记》、《维洛那二绅士》，在艺术上慢慢走向成熟。在悲剧方面，他模仿古罗马戏剧家塞内加的风格创作了《泰特斯·安德洛尼克斯》。他还在1593年和1594年分别写了两首叙事长诗——《维纳斯和阿都尼》和《鲁克丽丝受辱记》。前者写爱情的美好及其不可抗拒的力量，是对爱的颂扬，表达了作者对非人性的戕害美的行为的痛恨；后者则谴责荒淫强暴的行为。这两首诗都是献给亨利·赖奥恩利的，他是一位年轻的有权势的勋爵，后来成为莎士比亚的保护人。借助勋爵的关系，莎士比亚走进了贵族的文化沙龙，使他对上流社会有了观察和了解的机会，扩大了他的生活视野，为他日后的创作提供了丰富的源泉。

莎士比亚的名气越来越大，连女王伊丽莎白一世也注意到了他，决定授予他爵士称号和族徽。从1594年起，他所属的剧团受到王室和大臣的庇护，称为"大臣剧团"；詹姆斯一世即位后也予以关照，改称为"国王剧团"。因此剧团除了经常进行巡回演出外，也常常在宫廷中演出，莎士比亚创作的剧本也随之蜚声社会各界。

1595年，莎士比亚完成了《仲夏夜之梦》以及感人至深的悲剧《罗密欧与朱丽叶》。在《罗密欧与朱丽叶》中，作家写了自由爱情的可贵，谴责了封建制度对爱情的迫害，歌颂了理想的爱情。它上演后，莎士比亚名振伦敦，观众像潮水一般涌向剧场去看这出戏，并纷纷被感动得

流下了泪水。至此，莎士比亚在英国戏剧界的地位已经无人可以取代。

1599年，莎士比亚所在的剧团建成了一个名叫环球剧院的剧场，他成为这家剧场的股东。他还在家乡买了住房和土地。不久，他的两个好友为了改革政治，发动叛乱，结果，一个被送上绞刑架，一个被投入监狱。莎士比亚悲愤不已，倾注全力写成剧本《哈姆雷特》，并亲自扮演其中的幽灵。

1612年，莎士比亚作为一个有钱的绅士衣锦还乡。但是，再伟大、再幸运的人生都是一个过程，总有终结的时刻。1616年4月的一天，莎士比亚在与来访的旧友忘情地聚会之后，因出汗而着凉生病，不治而终。这一天正是他53岁的生日。4月25日，一场庄严隆重的葬礼在斯特拉福的圣三一教堂举行，52年前在此受洗的诗人，也在此下葬。他的墓坐落在他家乡的一座小教堂旁，每年都有数以千万计的人像朝圣一般前去瞻仰。

莎士比亚的一生是奋斗的一生，是辉煌的一生，也是非常幸运的一生。

在莎士比亚的一生中，不仅有苦难的童年，有多难的中年，也有充满磨难的老年。就在他如饥似渴地苦读成长之时，他却不得不早早地告别了校园，留下了终生的遗憾；就在他向文坛顶峰冲击的途中，他唯一的儿子不幸夭折，他痛不欲生；就在他与同行们竞争得最激烈的时候，他被人诬以谋害罪而接受审讯，他愤慨至极；就在他万事俱备，准备接受贵族勋章的时候，他被人告发，勋章停发，他无可奈何；就在他盛名远播如日中天之时，英国最高法院竟秘密签发了对他的逮捕令，他简直万念俱灰……

然而，莎翁毕竟是一位伟人，而且是一位幸运的伟人。他终于以自己的天赋和意志熬过了这一场场难以忍受的挫折和苦痛，躲过了一场场狂风巨浪的摧残和折磨。风雨过后是晴日。在磨难中前行的莎士比亚更加自信，更加坚强，更加成熟了。他以更大的激情，冲破一切束缚，扫荡一切险阻，呕心沥血，一往无前地投入为之奋斗终生的文学创作大业。

莎士比亚的戏剧是为当时英国的舞台和观众写作的大众化的戏剧，因而它具有悲喜交融、雅俗共赏以及时空自由、极力调动观众的想像来弥补舞台的简陋等特点。从 17 世纪起，莎士比亚戏剧陆续传入德、法、意、俄以及北欧诸国，然后渐及美国乃至世界各地，对各国戏剧发展产生了巨大而深远的影响，并成为世界文化发展、交流的重要纽带和灵感源泉。

莎士比亚是众生相的创造者，这一点其他剧作家无人能出其右。没有哪位剧作家能创造出能够与其相提并论的男男女女，谦卑的与崇高的，严肃的与开心的，喜剧的与悲剧的，高贵的与低贱的：朗斯、巴顿、朱丽叶、米兰达、理查二世、理查三世、约翰王、亨利五世、李尔王、麦克白……这份名单还可以无限延长。

莎士比亚是千变万化的，从一个角色到另一个角色，但他的精神始终在所有剧本中弥漫着，我们阅读剧本不只是为了其中的诗句和人物，更是为了他本人。这，才是莎士比亚的作品如此抚慰人心的原因。我们读剧本是为了他亲切的智慧，他对于人生昭然的洞见，他的欢乐和机智，以及他不可或缺的清醒。

牛 顿

（1642—1727）

英国物理学家

无论做什么事情，只要肯努力奋斗，是没有不能成功的。

——牛 顿

    在著名的英国剑桥大学三一学院牛顿园内，有一棵著名的苹果树。来自世界各地的游人学子，无不以到此一览为快。他们徘徊在树下，深吸着园内的空气，久久不肯离去。

    是这棵树的果实特别香甜吗？是这园内的空气特别宜人吗？不，都不是。这棵苹果树之所以格外引人注意，是因为这棵树和一个著名的传说连在一起，是因为人们相信，这棵树下坐过那个伟大的人物——它启发那个伟大的人物完成了人类科学史上最伟大的发现之一。

    那已经是300多年前的事了。1666年，艾萨克·牛顿才24岁，刚从剑桥大学毕业，为了躲避弥漫欧洲的大瘟疫回到家乡暂住。秋季的一天傍晚，他坐在花园里的苹果树下，思考着一个复杂的数学运算问题。忽然，一阵微风吹过，"啪"的一声，一只苹果掉下来，打断了他的沉思。他刚收拢了思路，又有几只苹果接二连三地落下，有一只甚至砸在了他的头上。牛顿一边笑着摸摸自己的头，一边站起来自语道："看来上帝不让我懒坐在这里傻费心思。"

    忽然，他住了口，笑容也凝固了。他心中一动：为什么这些苹果偏偏要不偏不斜地垂直落向地面？为什么它们不向左也不向右更不向天上飞呢？

据说，由此，牛顿凭直觉意识到地心引力的存在，并进而深入研究，发现了万有引力定律。然而，发现万有引力定律仅仅是牛顿这个伟人对人类的贡献之一。他在 22 岁时就发现并证明了"二项式定理"。他是数学上微积分学的创始人之一。他发现了白光是由色光组成的，为后来的光谱学开辟了道路，后人据此测定了组成太阳的物质，发现了铯、铷、铊、铟、氦等新元素。他提出了力学三大定律，奠定了近代物理学的基础。他的《自然哲学的数学原理》是近代科学史上最重要的著作……

这一切，使牛顿在自然科学史上占有独特的、不朽的地位。牛顿的理论统治自然科学领域达 200 年之久。直到 20 世纪初，爱因斯坦提出相对论，才对古典力学做出了革命性的突破。在今天，牛顿力学仍是机械制造、土木建筑、交通运输等工程技术的理论基础。

艾萨克·牛顿，这个在墓志铭中被誉为"伟大的人类之光"的科学巨星，真的升起在那棵普通的苹果树下吗？答案是肯定的。这个传说载于法国作家、思想家伏尔泰的《牛顿哲学原理》一书。而伏尔泰则是听牛顿的外甥女巴尔顿夫人说的。由于牛顿终身未婚，他晚年的生活一直由这个外甥女照顾，因此这个传说颇为可信。传说中的苹果树，于1814 年——牛顿逝世 87 年后枯死。但它早已被人们用接枝法分植于世界各地。牛顿园里的这棵树则是 1954 年接种来的。今天，伦敦天文学会的玻璃柜里还保存着一段树干，它被认为是直接从牛顿家乡那棵苹果树上砍下来的。

牛顿自己是怎样看待自己的天才的呢？他说："如果我看的要比笛卡儿远一点，那是因为我站在巨人的肩上的缘故。"

事实上，牛顿的确处于一个风云际会的时代。欧洲文艺复兴后的200 年中，自然科学迅速发展，科学巨人层出不穷——哥白尼、布鲁诺、伽利略、开普勒、培根、哈维、笛卡儿等都诞生在这一时期，这使牛顿有条件成为一个集大成者。而从牛顿的家世出身和童年资质来看，他身上并无多少天才的迹象。

牛顿出生在英国林肯郡乌尔斯索普村。他的父亲是个农民，母亲也是穷人出身。他是个遗腹子，父亲在他出世前 3 个月就去世了。

牛顿出生时只有3磅重，出生几个星期后还必须用一条围巾扶持着小脑袋。每个人见了他都摇头，说这孩子养不活。可是他竟活了85岁，死前只掉过一颗牙齿。

牛顿没有优裕的家境，也不像一般孩子那样从小尽享天伦之乐。3岁时，年轻的母亲汉娜改嫁给邻村的一个牧师，牛顿被寄养在外祖母家，在外祖母和舅父乔治的照料下慢慢长大。

6岁到11岁，牛顿在乡村小学念书。这所学校小得只有一间房子。但是督促他学习的另一位舅父威廉牧师却发现外甥的头脑一点儿也不笨，而且双手也要比一般孩子灵巧。于是在他13岁的时候，舅舅把他送到格兰沙姆镇皇家中学去读书。但是开始时却同小学时一样，他的成绩平平。他的心思和兴趣似乎完全没有放在学习上。天才的萌芽一开始就没有发生在功课上，而是发生在那一双小手上。小学时他就对手工制作抱有很浓的兴趣，外祖母给的零花钱他从来舍不得乱花，攒下来全都买了锤子、锯、钳子……成天用它们敲敲打打。格兰沙姆镇离他家有10公里远，为了上学方便，牛顿被寄养在母亲童年女友克拉克夫人家中。克拉克先生是个药剂师，在镇上开了一个药店。他们有一个女儿安妮，比牛顿小两岁。这个家庭进一步促进了牛顿兴趣的发展。他经常帮助安妮装配玩具，修理家什，与她结下了终生的友谊。更让牛顿感兴趣的是克拉克先生五颜六色的化学药品。一有机会，他就凑上前去，睁大眼睛盯着克拉克先生工作，小心翼翼地提出无尽无休的问题。克拉克先生也很喜欢这个好学好问的少年，常教他做一点配方、称量等辅助工作。更重要的是，克拉克先生赠给牛顿一本小册子——《艺术和自然的奥秘》。

这本书让牛顿如获至宝，潜心钻研起来。很快，他从中学会了制作焰火、变戏法、制作有趣的玩具，也学会了调颜色、配油漆、绘画、制图等技术。凡是书中提到的有趣的事情，他都要自己动手去做一遍。

镇上有一座高大的风车，人们靠风力来磨面。牛顿每天上学从它下边走过，时间长了，他有些手痒难耐，就照葫芦画瓢，仿制了一台小小的风车。风一吹，叶片就转动起来，加一点麦粒，风车带动的小磨便磨出面粉来。可是要是没有风呢？没有风也能转！牛顿想出了个好办法——也是个恶作剧：用铁丝做一个圆轮，里面关一只老鼠，老鼠一跑，就踩动了轮子，小磨就飞快地转动起来……牛顿把这叫做"老鼠开磨坊"。每当他得意地向小伙伴们表演一番后就假装叹一口气，抱怨

说："唉，谁让我雇了这样一个贼磨工呢？送来的麦子还不够他偷吃的！"

根据"滴漏"的原理，牛顿做了一只水钟——水从放在高处的容器中滴到放在低处的容器里，根据容器壁上的刻度就可以读出时间。他还做过一个四轮自动推椅。有一段时间，他教同学们做了许多风筝，在风筝尾巴上系上一些小灯，夜里放到空中。不知道内情的农民见了那些发光的风筝都很惊讶，还以为是彗星光临了呢。

论玩，牛顿没说的，可谓行家里手，可提到学习却有些惭愧，成绩总是落在别人后面。校长斯托克是剑桥大学毕业生，非常重视学业。他看出牛顿具有很高的天分，但却不肯用到功课上，感到十分惋惜，就经常启发他学好课本上的知识。然而给牛顿更大促动的却是另一件事——一个同学看不起这个光会玩的牛顿，总是找茬嘲弄他。一次，他干脆毫无来由地朝牛顿的肚子上使劲踢了一脚。牛顿无法忍受这种侮辱，他站起身来，全力向这个比他高出许多的同学扑去。那个同学被打倒了。观战的孩子们怔了一下，连声喝起彩来。

但是，牛顿却并没有感到胜利的喜悦。他涨红着脸，悄悄地走开了。他想："我为什么受歧视？我为什么得不到同学和老师的尊重？是我不如他们聪明吗？"

"不。"牛顿不相信自己比别人笨。从此，他像换了一个人一样。他开始认真对待功课。没过多长时间,他便超越了前面的同学,迅速成为了皇家中学的优等生。同学和老师们都对这个"玩家"的惊人进步感到大为惊讶。

遗憾的是,这个突然变好的学生却不得不中途辍学了。那年牛顿14岁,继父去世了,母亲再度寡居,带着一儿两女回到了乌尔斯索普。当时正是战争时期,租税重,家里又困难,很需要牛顿的帮助。尽管威廉舅舅不情愿让牛顿回来,可也毫无办法,牛顿只好告别克拉克一家,回乡帮助母亲料理家务。

母亲先喜后忧,她很快就明白了,儿子注定不会成为一个好农民:他对农活与家务视而不见,脑子里整天装着不知什么稀奇古怪的念头,并且像小时候一样,只对与过日子无关的机械制造和实验着迷。

让他去放羊,他光顾了看书,羊吃了邻居家的庄稼他也不知道,让人家找上门来。让他去集市卖东西,他坐在篱笆下面头也不抬地看了一天书,日落回家一看,一点儿东西也没卖掉。

暴风袭来了,母亲担心谷仓门没锁好,叫牛顿去查看一下。可是好久也不见儿子回来,母亲连忙裹上围巾去找他。只见谷仓的门已倒在了地上,儿子却在一旁不停地爬上跳下,一会儿从窗口跳到地面,一会儿又从地面爬上窗口,并且匆匆地记着什么。母亲迎风喝道:"孩子,你在干吗?"牛顿不解地看着母亲说道:"妈妈,我在测量风的速度。你看,风会帮助我跑一段路呢!"

母亲的失望,舅舅的敦促,使牛顿再次被送回皇家中学。回到学校后,他不但更加认真地读书学习,而且更加认真地观察、思索周围的自然现象:行星和彗星的运动,潮汐的涨落,虹霓的颜色……

1661年,19岁的牛顿经斯托克校长推荐,进入剑桥大学三一学院,开始了新的学习生活。

那么,牛顿这样一位科学天才究竟是怎样产生的呢?除了"站在前人肩膀上"的外部条件外,更在于他超乎寻常的勤奋。他曾这样回答人们的提问:"我并没有什么好方法,只不过对于一件事情,总是花很长时间很热心地去思考罢了。"

关于牛顿忘我工作的精神有许多有趣的传说。

一位老朋友来看牛顿,牛顿正在做实验,请他稍等片刻。可是一直等到吃午饭时,还不见牛顿出来,朋友就自己动起手来,吃掉了餐桌上的一盘鸡,又把剩下的骨头照原来的样子盖好。牛顿终于做完了实验,一面向朋友道歉，一面揭开了盘上的盖子，然后不好意思地笑着说："哈哈，我还以为没吃过午饭呢，原来已经吃过了！"

一天早晨，牛顿正在思索一个复杂的问题，女仆拿来一只锅，准备替他煮两只鸡蛋当早点。牛顿怕打断思路，让她先放下，待会儿自己煮。过了一会儿，女仆进来收拾餐具，见牛顿还在工作，锅里的水正在翻滚，鸡蛋还放在桌子上。她揭开锅盖一看：天哪，里边煮的竟是一块怀表！

我们还可以在牛顿的秘书汉弗莱的笔记中看到准确的记录——

"牛顿全部时间都用在工作上，很少运动或休息。他饮食很少，有时甚至忘了进餐……他经常在半夜两三点钟上床，有时一直工作到天亮以后……

"当我提醒他应该吃饭了的时候，他一下子清醒过来，含混不清地问道：'我真的没有吃过吗？'于是，他拖着懒洋洋的步子走近餐桌，然后呆呆地站在那里……

"我从来没有看见他坐在桌边吃饭，也没有看见他喝过酒。他口渴时只饮一杯清水。除了节日的宴会以外，他很少到公共餐厅去。他常常忘记去聚餐，经我提醒以后，他鬓发不加梳理，鞋子没有穿正，便失魂落魄地走出屋去。"

牛顿似乎把全部心思都集中到了他所思考的问题上，而对这些问题之外的身边琐事的处理却显得格外笨拙。据说他养了两只猫，一大一小。为了省去经常给它们开门的麻烦，牛顿特地在墙脚开了一大一小两个猫洞。有人感到诧异，问他为什么开两个洞，他也感到诧异："大猫钻大洞，小猫钻小洞，这有什么奇怪的呢？"那人告诉他，小猫也可以钻大洞。牛顿这才恍然大悟，连连称赞那人聪明绝顶。

牛顿终身未婚。据说他曾有过女朋友，但由于他跟女朋友大谈科学实验，终于让她无法忍受，两人不欢而散。还有人说他恋爱谈得过于漫不经心了，他不是把女士的小手指拉到唇边亲吻，而是塞进他那点燃的烟斗！

这种忘我的献身精神严重地损害了牛顿的健康。他曾在无数次实验中接触了各种化学药品。他的实验笔记里，有108处记载着他亲口尝过的各种物质的味道。20世纪90年代，研究人员对保存了250年的牛顿的头发进行化验分析，从中找到了过量的铅、汞、锑。种种迹象表明，牛顿晚年一直受到慢性金属中毒的困扰，并终于因此而致死。

牛顿

富兰克林

（1706—1790）

美国科学家

> 正像新生婴儿一样，科学的真理必将在斗争中不断发展，广泛传播，无往不胜。
>
> ——富兰克林

18世纪，在美国，除了华盛顿，没有谁的名字比本杰明·富兰克林更为响亮。

他是美国的缔造者之一。当时，北美大陆还是英国的殖民地。他代表这块殖民地到英国同国王、大臣进行关于殖民地自治的谈判；他与杰弗逊等四人共同起草了标志着美国建国的不朽的《独立宣言》；在为摆脱英国奴役的独立战争中，他作为特使争取到了法国的经济和军事援助……总之，他竭尽全力帮助这块殖民地获得了自由，建立了一个崭新的国家。所以，无论在欧洲各国君主的眼里，还是在被压迫人民心中，本杰明·富兰克林都是那个伟大国家的代表。

200多年来，全世界人民一直记得这个名字，尊敬这个名字，还因为他在科学与发明方面的贡献同样可以成为那个伟大国家的代表。

他冒着生命危险，与儿子一起做了著名的"风筝实验"，证实了空中的雷电与人工摩擦产生的静电是同一种物质，并且可以通过导线将其导向任何地方。由此，他发明了避雷针。

他还发明了现代化的街灯、散热效果很好的富兰克林炉、远近两用眼镜。他还为现代城镇创建了警察局、消防队和公共图书馆。

他所有的发明，都无偿奉献给人类，从来不向人们索要自己的专利权。他以公益事业为己任的公仆精神，200多年来一直打动着无数的人。

所以，当他以84岁高龄谢世的时候，费城人民为他举行了空前隆重的葬礼。年轻的祖国给了他最高的荣誉，称他为"伟大的公民"。法国经济学家杜尔哥赞颂他说："他从天空抓到雷电，从专制统治者手中夺回权力。"而德国大哲学家康德竟说："富兰克林是从天上偷窃火种的第二个普罗米修斯。"

富兰克林家族在英国的一个叫艾克敦的村子里住了至少300年。这个家族有30英亩土地和一个铁器作坊。本杰明·富兰克林的祖父这一代跟着一批追求宗教自由的人跑到了北美洲的新英格兰，当时这里还是英国的殖民地。本杰明·富兰克林的父亲约西亚先后娶了两个妻子，共生了17个孩子，而最小的那一个就是本杰明·富兰克林。他1706年出生于波士顿。

可想而知，一个拥有17个孩子的闯天下的家庭自然是缺吃少穿。而这样一个家庭的家长必须精明、顽强和能干。父亲以制造肥皂和蜡烛为业，而每一个孩子则必须从童年开始就到各个行业中去当学徒，去谋生路。

这样沉重的负担并没有把父亲压倒，相反，他十分重视子女的教育，这对他们的成长产生了十分深远的影响。

父亲对最小的儿子期望很高。他坚信本杰明会成为一名好学生，于是破例在他8岁的时候就送他进了学校。富兰克林果然成了班里最好的学生。但是不到一年，父亲就把他转到了另一所学校，因为父亲没有财力供儿子将来念大学，儿子必须抓紧时间学习对谋生切实有用的知识。后一所学校专门教学生写作和数学，儿子很快便掌握了写作技巧，而数学却不及格。最后，当儿子10岁时，父亲不得不让他退了学，回家帮助自己制造肥皂和蜡烛。

于是，这个伟人结束了他一生所受的正规教育——只有两年时间！

本杰明一点儿也不喜欢父亲的行业；他渴望去航海，当一名水手。他在很小的时候就常泡在河里，练就了超群出众的游泳和划船的本领，以至他在青年时代还专门教授别人游泳，甚至想办一所游泳学校。

他被小朋友们推为船长，经常带领他们乘风破浪。

父亲为此大伤脑筋。他已经有一个远航未归音讯杳渺的儿子了，他不能再搭上这个宝贝。可是宝贝儿子如果真的找不到满意的职业，不是还得跑出去航海吗？于是他便经常带着儿子到处游览，参观各种行业的工作，观察儿子到底会对什么感兴趣。

父亲的这种行为对孩子大有益处。富兰克林晚年回忆说："观看能工巧匠使用各种工具就是一种享受……我所学到的，足以使我能修理家里的很多东西。只要脑海里出现一种新奇的想法，我就能根据这种想法进行各种实验。"他在河上嬉戏的时候，就自己设计并制作了不太成功的"游泳加速器"；还有一次，他独出心裁地靠风筝的牵引成功地漂游了 1000 多米。

父亲终于发现，儿子最感兴趣的还是书。他很小的时候就把为数极少的零花钱全都用来买书，他把父亲的藏书几乎全部读遍。什么职业和书籍最接近呢？答案是：印刷出版。父亲心里有数了。儿子一想，既然航海无望，而干这行还有书看，也就同意了父亲的安排。于是，12 岁的富兰克林与开办印刷厂的哥哥詹姆斯签订了师徒合同。根据合同，他 21 岁那年才能满徒领工资。

这个小学徒工不但很快就掌握了印刷技术，成了哥哥的得力助手，而且在业余学习方面也如愿以偿。为了挤出时间和余钱，他和哥哥讲定，他只拿共同开伙的伙食费的一半，自己单独吃饭。为了省钱，他还下决心不吃肉，时间一长便习惯了素食。他的饭食简单到通常只是一片面包，一点水果，一杯白开水。匆匆吃完，他便马上捧起书本。这种简朴的生活方式贯穿了富兰克林的一生，以至周围的工人们都尊敬地称他为"只喝白开水的美国佬"，并纷纷效仿他。而惜

时如金也成了这位伟人的毕生作风。他经常诚恳地告诫人们："不要浪费时间,时间比金钱更可贵,它是生活的内容。"据说,后来在他开设的一家文具店里,曾发生过这样一段小插曲。

一个游手好闲的年轻人来买书,问:"这书要多少钱?"

"1元钱。"学徒答道。

"1元钱一本?"

"是的,先生。"学徒显得彬彬有礼。

"我不信。你把富兰克林先生给我请来,我要当面问问他。"

学徒只好请出了老板。

"请问这本书要多少钱?"

"1元1角5分。"富兰克林说。

"什么? 刚才你的学徒不是说1元钱吗?"

"是的,先生。如果你不把我叫出来,不打断我的工作的话,那本书原本只要1元钱。"

那人一下子没有领会富兰克林的意思,以为老板在开玩笑,又追问道:"请告诉我,这本书到底卖多少钱?"

"1元5角。"

"1元5角! 一分钟之前,你不还说是1元1角5分吗?"

"是的。可现在过去一分钟了。3角5分钱买一分钟,先生,够便宜的了。"

那人立即掏出1元5角钱,拿起书,匆匆地走了。

这期间,富兰克林在辩论和写作方面逐渐成熟起来,这使他后来能够成为自己国家的有力的代言人。开始时,他经常和书友柯林斯一起讨论一些问题。一次,在关于妇女的学习能力以及她们应否受教育的问题上,二人展开了辩论,最后由口头辩论改成了书面辩论。父亲偶然看到富兰克林的辩论稿,便跟儿子谈起了写作风格问题。他指出儿子拼写正确、用词恰当的优点,又指出其表达能力不强、主题不明确的缺点。儿子觉得父亲说得很正确,便更加刻苦地练习写作,以提高自己的表达能力。

富兰克林看到《观察家》杂志上面登载的文章写得极好,便找出几篇文章,对每一句话都进行了推敲。几天之后,他试着按原文的意思写了一篇文章,然后再与原文对照修改。他还把一些文章改写成诗,过一段时间再把诗改写成散文。用这些方法,他掌握了大量词汇和娴熟的写作技巧。他还不时地把各类笔记混杂在一起,然后再依次整理出来,以此来学习整理思路的方法。

同时,富兰克林还阅读了许多大家之作。他尤其被苏格拉底以柔克刚的辩论推理方法所深深吸引。他决定采用苏格拉底的方法。在辩论时,他心平气和地提出质疑,谦恭和蔼地阐述自己的观点,熟练地诱使对方陷入自相矛盾的困境,哪怕对方的知识比自己渊博,他在辩论中也总是获胜者。

他的写作能力迅速提高,终于有一天,15 岁的本杰明·富兰克林的写作才华让包括亲友在内的整个波士顿城大吃一惊。

1721 年,哥哥詹姆斯办起了美洲的第二份报纸《新英格兰报》。排版、印刷和送报的工作落到了富兰克林的身上。报上常登一些文学作品,它们深受读者欢迎,于是一些学识丰富的文人开始成为编辑部的座上常客。一有空闲,富兰克林就倾听他们的高论,时间一长,他按捺不住内心的冲动,也想写篇文章试一试。

可是,他是个孩子,是个学徒,哥哥能同意刊载他的文章吗?

富兰克林想出了一个办法:他用一种奇特的字体写了一篇故事,不署名,夜深人静时悄悄把稿子放在编辑部门口。

作品最终在报上发表了,并且在编辑部和读者中获得了一致的好评。人们在赞扬这篇作品的同时,绞尽脑汁猜测作者究竟是谁。

富兰克林十分高兴,陆续又写了几篇故事,同样受到了好评。最后,当他厌倦了这种把戏,公布了"作者之谜"的谜底之后,大家都惊讶得不得了。从此,本杰明·富兰克林在人们心目中不再是个不懂事的小孩子了。

事实上,富兰克林两兄弟相处得并不融洽。哥哥不像哥哥,而更像师傅

和老板,他脾气暴躁,动不动就打弟弟一顿。弟弟实在厌倦了这漫长的学徒生涯。结束这种生活的机会终于来了。《新英格兰报》因发表了一篇谈论政治的文章而触犯了议会,詹姆斯被拘留一个月,因为他不肯披露那篇文章的作者的姓名。法院以为素与哥哥不睦的富兰克林也许会提供他们所需要的东西,就传讯他出庭作证。可是他们错了,弟弟在法庭上什么也没说,他认为哥哥的行为是正义的,而被下狱是不公正的。

法庭释放了富兰克林,也许他们也认为,作为一个学徒,他有权利保守师傅的秘密。

获得自由以后,富兰克林代替哥哥经营报纸,并找准机会继续写文章抨击政府。哥哥在狱中听说了弟弟的所作所为非常高兴,读者也为出现了这样一个文笔犀利、咄咄逼人的青年作家而兴奋不已。

哥哥获释以后即被法院取消了办报的权利。朋友们在一起反复商量对策,最后决定以本杰明·富兰克林为出版商继续办报。于是,弟弟成了公开的《新英格兰报》的主办人。更让富兰克林高兴的是,他可以借此机会与哥哥重新签订一个满徒结业的合同,因为由一个学徒担任一份报纸的主编显然是一件不合情理的事。然而私下里,他必须与哥哥再签订一个继续为他无偿工作的"真正的"合同。

报纸以本杰明·富兰克林的名义出版了几个月之后,兄弟之间又有了分歧。富兰克林宣布自己是自由人,离开了哥哥。富兰克林晚年在《自传》中严厉地自责道:"我乘人之危干了这件事,实在是不够光明正大。我认为这是我一生中所犯的最大过失之一。但在当时我还不以为然。我气愤的是他常常打我。其实,他不是个坏人,他这样做,也许是我惹得他发脾气的缘故。"

然而哥哥也确实做得太过分了。他给弟弟找工作设下了重重障碍。他让波士顿所有的印刷厂都不要雇用自己的弟弟。结果富兰克林四处碰壁,最后不得不远走他乡——在好朋友柯林斯的帮助下,他搭船去纽约;以后,又去了费城、伦敦……

那一年,他17岁,身无分文,举目无亲,没有一封推荐信。

本杰明·富兰克林就这样艰难地迈上了自己辉煌的成功之路。

也许,历史应该为此而感谢他的哥哥,是他在无意之中成就了一个天才。

欧 拉

（1707—1783）

瑞士数学家

> 18世纪，是欧拉的世纪。读读欧拉，他是我们大家的老师。
>
> ——拉格朗日

　　欧拉是人类历史上一位伟大的科学巨匠，人们把他与阿基米德、牛顿、高斯一起并称为人类历史上最伟大的四位数学家。他在自然科学的很多学科中都有开创性的贡献。他对近代解析几何与三角学的贡献可以和欧几里得对古代几何学的贡献媲美。

　　古今中外，没有一个科学家像欧拉那样著作丰富广博。从 20 岁到 76 岁的 56 年间，欧拉以每年 800 页的速度发表和出版着高质量、高水平的科学论文和著作。他生前曾说："我死后要给科学院留下足够刊登 20 年的文稿。" 20 世纪初叶出版的《欧拉全集》竟有 72 卷之多。

　　令人难以置信的是，这些巨大的成就的大部分竟是他在半盲或全盲的情况下创造的。28 岁那年，他用几天时间解决了巴黎科学院悬赏求解，而欧洲许多著名学者几个月都不能解决的彗星轨道问题，累得右眼失明。而他最后 17 年的工作则是在双目失明的情形下完成的。他有惊人的记忆力和心算能力。一次，他的两名学生各把一个十分复杂的收敛级数的前 17 项加起来，算到第 50 位数字时相差一个单位。闭目养神的欧拉听到争论不声不响地进行了心算，很快就告诉了两人正确的答案和他们的错误所在。那两名学生被惊得目瞪口呆，连声高呼：
"老师，您真了不起！"

欧拉先后被俄国、普鲁士、英国、瑞士和法国等 5 个国家的科学院
或皇家学会聘为院士或会员，曾 12 次获得巴黎科学院颁发的奖金。

欧拉不计名利，品德高尚。1750 年，一个 19 岁的法国青年冒昧地
写信给欧拉，讨论"等角问题"的解法。欧拉当时也正在研究这个问
题，他马上回信鼓励这个青年，并压下自己的论文暂不发表，为这个青
年很快成名铺平了道路。这个青年就是 18 世纪另一名伟大的数学家
拉格朗日。若干年后，欧拉推荐拉格朗日作为自己担任的柏林科学院
物理学数学研究所所长一职的继承人。欧拉赢得了同时代几乎所有学
者的尊敬。在他的晚年，几乎所有欧洲科学家都把他当做自己的老师。

欧拉为了他所热爱的科学事业，奋斗到生命的最后一息。1783 年 9
月 18 日下午，欧拉为了庆祝他证明气球上升定律成功，与几位数学家
欢聚一堂。当时天王星刚被人们发现不久，欧拉一边和朋友们谈笑，一
边提笔写出计算天王星轨道的要领。突然，烟斗滑落，铅笔离手，欧拉
扑向桌面，口中喃喃说道："我死了。"一代科学巨星就这样陨落了。

1707 年 4 月 15 日，欧拉诞生在瑞士巴塞尔。他的全名叫列昂纳
德·欧拉。他出生那一天，父亲想给他起个名字，便走进书房，从书架上
随手抽出一本书，这本书是 13 世纪意大利数学家列昂纳德撰写的《几
何实习》，于是就给他起名列昂纳德·欧拉。

命运之神似乎早就在冥冥之中为欧拉铺就了道路。他父亲保罗·欧
拉也是个数学爱好者。他毕业于巴塞尔大学的神学系，毕业后理所当
然地当了神甫，可是他却从没喜欢过这个职业。在学校念书时，他常常
偷偷跑到数学系，去听著名数学家雅各布·伯努利教授的大众数学讲
座。伯努利一家是著名的数学之家，前后四代人中出了十几位流芳百
世的著名数学家。雅各布·伯努利是现代概率论的先驱，他的不朽著作
《猜度术》是概率论最早的论著之一。他在悬链线、双扭线和对数螺旋
线的研究方面很有成就。他逝世后人们为他立的墓碑上就刻着一个对
数螺旋线的几何图案，用来纪念他的功绩。这位伟大学者精彩通俗的
讲演，把保罗·欧拉带进了奇妙的数学之门。这位未来的神甫把所有的
零花钱都用来购买数学书籍。他的大部分时间不是用来学习拉丁文和
《圣经》，而是用于阅读这些数学典籍和聚精会神地进行推导、计算。

这使他很快就成了学识渊博的数学爱好者。直到当了神甫之后，他仍然每天晚上都埋头于数学书籍和演算纸之中。

于是，在父母怀抱中的小列昂纳德·欧拉听到的大多是各种各样的数学故事。

小欧拉该上学了，进的是巴塞尔文科学校。但是，那些枯燥的语言和神学课程一点儿也不能使他产生兴趣。而父亲讲的那些数学故事，什么龟兔赛跑问题、黄金分割问题……把他的小脑瓜塞得满满的。他一有空闲就钻进父亲的书房，寻找父亲收藏的那些神秘的数学书。有一天，他找到了一本厚厚的《代数学》，便兴致勃勃地读起来。这是 16 世纪德国著名数学家鲁道夫的著作。鲁道夫对代数方程很有研究，还把圆周率计算到小数点后 35 位。他去世后，人们根据他的遗嘱，在他的墓碑上刻上了他算出的圆周率，那是一串长长的数字：3.14159265358979323846264338327950288。然而，对于一个不满 10 岁的孩子来说，这本数学经典著作还是太深奥了。读不懂的地方，欧拉就画上记号，去问老师和其他大人。可大人们对这本大书也很陌生，常常回答不上欧拉提出的问题。后来，欧拉听说一位名叫约翰·伯克哈特的业余数学家很有学问，就带着《代数学》去拜访他。伯克哈特诧异地打量着这个站在台阶上的素不相识的男孩，问他有什么事，欧拉吃力地举起《代数学》，诚恳地说："先生，我想打扰您一下，这本书有几个地方我没看懂，您能给我指点一下吗？"

伯克哈特几乎不敢相信自己的耳朵。他连忙把孩子让进书房，小心翼翼地考了他几个公式，这才确认：这孩子不是在开玩笑，他真的读过这部数学经典著作，而且，读懂了！

于是，伯克哈特与欧拉成了忘年交。每逢星期天，欧拉都要去伯克哈特家。这一老一少似乎有着无穷无尽的数学问题。3 年过去了，欧拉在伯克哈特指导下读完了《代数学》，做完了书中全部习题。此外，他还阅读了伯克哈特向他推荐的其他几位数学家的著作。这些都为欧拉继续研究更高深的数学问题打下了坚实的基础。

1720 年，欧拉 13 岁时，考上了瑞士历史最悠久的巴塞尔大学。这所大学建校于 1460 年，与欧洲的巴黎大学、剑桥大学、牛津大学享有同样高的声誉。欧拉入学时，全校只有 19 名教授和 100 多名学生，这些教授都是博学多才的著名学者，而欧拉则是这所大学年龄最小的学生。

曾教过欧拉父亲的雅各布·伯努利教授在这里执教了 30 个春秋，直至病逝。接替他职务的是小他 12 岁的弟弟约翰·伯努利。约翰·伯努利曾以发现"黄金定理"和"伯努利级数"而名噪一时。

欧拉很快就成了约翰·伯努利最得意的门生。开始时，欧拉是伯努利教授为高材生开设的深奥的数学和物理讲座的最忠实的听众，他总是早早就坐在第一排，聚精会神地听讲，认认真真地做笔记。当得知欧拉的父亲曾听过自己哥哥的讲座后，教授对这个机敏勤奋的孩子更热情了。教授邀请欧拉每周六到家中做客。从此，欧拉成了伯努利家中的常客。教授的两个儿子——尼古拉和丹尼尔，一个比欧拉大 12 岁，一个大 7 岁，在数学领域里都已锋芒毕露。他们像亲哥哥一样，爱护和帮助欧拉这个小弟弟。伯努利越来越相信，这个孩子具有无与伦比的数学天才，他必将成为前途无量的数学家。于是，在 3 年时间里，他指导欧拉掌握了通向数学前沿所必须具备的基础知识。

1722 年，15 岁的欧拉获得了巴塞尔大学的学士学位。第二年，他又顺利地通过了硕士学位论文答辩。但是，欧拉的父亲却不能允许儿子在数学之路上自由漫步，因为在当时，只有学神学毕业后才容易谋得职位。母亲本是神甫的女儿，自然也反对儿子以数学为终身职业。于是，欧拉的父亲严厉地要求儿子返回大学重读神学系，以便继承父业。

少年欧拉无奈之下，只好回到大学重读神学系。可他还是放不下数学，坚持去听约翰·伯努利教授的讲座，继续钻研数学问题。有一天，伯努利教授突然来到欧拉家中，对保罗·欧拉说："您为什么非让列昂纳德去学神学呢？在我教过的所有学生中，他是最有数学天赋的。我可以断言，这孩子将来的成就肯定在我和我哥哥雅各布之上！"

欧拉

"雅各布·伯努利教授?!"保罗十分激动地想起了自己当年去听他讲课时的情景，又想到儿子今天的爱好正是从小受自己熏陶的结果，而如今大名鼎鼎的伯努利教授竟对儿子的数学天赋有如此高的评价，于是，他终于同意欧拉继续攻读数学。

1725年，18岁的欧拉在《博学者》杂志上发表了一篇关于等时曲线构造的论文。第二年，19岁的欧拉在弹道问题的研究中取得了重要进展，引起数学界前辈们的注意。

就在这一年，欧拉收到了俄国彼得堡科学院的聘书，聘请他担任俄国科学院生理学助理院士。事情是这样的：为了使落后的俄国尽快富强昌盛起来，俄国女皇叶卡捷琳娜一世继承丈夫彼得大帝的遗志，重金招聘欧洲第一流的学者，建立了俄国科学院。伯努利教授的两个儿子在1725年刚建院时作为女皇亲自招聘的第一批学者来到俄国，很快就显露出过人的才华。不幸的是，尼古拉第二年夏天患病去世。女皇深感惋惜，召丹尼尔进宫，说："我们殷切地希望您能以人类科学事业为重，在您的家族中再推荐一名成员来彼得堡科学院工作。"当丹尼尔回答无合适人选时，女皇面露不悦之色。丹尼尔沉思了一下说："不过，我可以向女皇陛下推荐我的好友列昂纳德·欧拉先生。他是巴塞尔大学的硕士，我父亲最器重的学生。他具有无与伦比的科学才华……"于是，欧拉收到了女皇的邀请信。

然而，欧拉还是想在本国谋求一个教授职位。正好这时巴塞尔大学一位物理学教授病故，空出了一个职位。欧拉向大学教授评委会递交了一份论文。很多人都对这个空出来的职位跃跃欲试，竞争十分激烈。尽管评委会公认欧拉的论文最为优秀，又有约翰·伯努利教授力排众议，可欧拉还是落选了。唯一的理由是：他太年轻了，还不到20岁。不公正的待遇使欧拉解除了乡土之恋，永远离开了巴塞尔，走上了去俄国的道路。

1731年，年仅24岁的欧拉被任命为彼得堡科学院物理学部教授，领导物理学部的研究工作。

1733年，26岁的欧拉担任了彼得堡科学院数学部教授，并当选为彼得堡科学院院士。从此，欧拉开始了向科学顶峰的攀登。

莫扎特

（1756—1791）

奥地利音乐家

生活的苦难压不垮我。我心中的欢乐不是我自己的，我把欢乐注入音乐，为的是让全世界感到欢乐。

——莫扎特

在奥地利萨尔斯堡莫扎特纪念广场的中央，矗立着一座莫扎特的雕像。这位天才音乐家的形象虽历经时间风雨的磨砺，却永远地铭刻在了全世界人民的心中。

莫扎特离开这个世界已经有 200 多年了，但人们对他的怀念依然如故。提起莫扎特，每个人心中都会油然而生一种崇敬之情。这位仅仅活了 35 个春秋的音乐家，留给后人的是无数优美的旋律与美好的回味。

莫扎特最突出的成就是在歌剧创作方面。他创作了《费加罗的婚礼》、《唐·璜》、《魔笛》等卓绝千古的歌剧，用生动的音乐语言塑造了一系列栩栩如生的人物形象，其中的唱段旋律优美，构思独特，以其新颖的艺术形式和风格在世界各国舞台上长演不衰。

莫扎特的童年是美丽的，尽管他的出生并不顺利。1756 年 1 月 27 日，大雪纷飞，在奥地利首都维也纳附近的一座小城——萨尔斯堡，一位妇女痛苦地呻吟了整整一天。她的丈夫焦急地守候在一旁，虔诚地

祷告着。终于，到了晚上，一个羸弱的婴儿降生了。这是他们家的第七个孩子，前面六个孩子仅活下来一个女儿。这个刚刚降生的婴儿在出生后的第二天早晨，便迎着凛冽的寒风，冒着纷飞的大雪，在教堂里接受了神圣的洗礼。这个男孩就是后来闻名世界的大音乐家沃尔夫冈·阿马德乌斯·莫扎特。

莫扎特的父亲雷欧柏·莫扎特是一位音乐素养很高的小提琴家和作曲家，在萨尔斯堡大主教的宫廷乐队担任副指挥。他的母亲是一位贤淑的妇女，对丈夫忠诚笃信，尽心操持着家务。由于萨尔斯堡大主教对音乐的热爱与倡导，这座小城弥漫着浓郁的音乐气氛。莫扎特降生在这样的城市、这样的家庭，使他从小就在良好的音乐环境中耳濡目染，因此，3岁的时候，他就表现出了对音乐的极大兴趣。

莫扎特的姐姐比他大5岁。姐姐8岁的时候，父亲便开始教她学弹钢琴。当姐姐弹琴时，3岁的莫扎特总是站在旁边认真地听。不管他玩得多么投入、多么欢快，只要一听到琴声，便把玩具一扔，静静地向钢琴走去。等姐姐弹完，他就伸直小手，在琴键上敲打起来。一开始，他弹出的声音很不和谐，时间一长，居然能把姐姐刚弹完的曲子又弹奏出来。他对音乐的这种敏锐的感受能力，引起了父亲的好奇。莫扎特的父亲暗暗地下定决心，一定要好好培养儿子。莫扎特4岁时跟着父亲开始了正式的音乐学习。

一年下来，幼小的莫扎特表现出了非凡的音乐才华。对那些技巧复杂、难度较大的曲子，他从来没有感到过困难，一首小曲，只要练习二三十分钟，就能准确完美地弹奏下来，而且练过一次的东西都能背下来。聪慧的莫扎特没有因其具有天才般的乐感而怠慢学习,相反,他对学习是非常刻苦用功的,小小年纪便坚持每天练琴不辍。

5岁时,莫扎特就开始试着作曲了。有一天,父亲从外面回来,发现他正在写东西,便问他在写什么,他一本正经地回答道:"写一首钢琴协奏曲。"父亲惊异地拿起他的曲谱,审视着儿子的作品。他有些不敢相信自己的眼睛:这难道是5岁的儿童能写出来的东西?父亲看着看着,双眼里充满了惊喜的泪花。

当时,莫扎特父亲的朋友经常在他家里练习小提琴三重奏。一次,从没有拉过小提琴的莫扎特,坚决要求父亲让他拉第二提琴。父亲拒绝了他的请求,于是莫扎特哭了起来。没办法,父亲只好让他小声地跟着拉第二提琴的人演奏。几分钟后,拉第二提琴的人惊异地停了下来,幼小的莫扎特竟毫无差错地把全部曲子拉完。

6岁的时候,莫扎特的演奏水平已达到了一个相当高的水准。为了进一步提高他的音乐水平,父亲决定带他去周游各国。在维也纳的第一次公开演出中,莫扎特就一举成功,获得了极大的荣誉。这位6岁的小男孩穿着镶有金线的白礼服,头戴银白色卷曲的假发,腰间挎着一把明晃晃的短剑,脸上飞扬着天真活泼的稚气。他镇静地坐在钢琴前,两只小手熟练地在键盘上弹奏大师们的作品,也弹奏了自己创作的乐曲。他还应观众的要求,在指定的主题范围内进行了精彩的即兴演奏。这些已使观众大饱眼福、啧啧称叹了,然而更令人叫绝的是,他居然能在把琴键用布完全遮盖住后,依旧自如地弹奏出各种曲子。莫扎特使维也纳震惊了,以至有人把他称作"18世纪的奇迹"。

在维也纳的演出使莫

莫扎特D大调钢琴奏鸣曲K.284
Mozart Piano Sonata No.6

第一乐章 奏鸣曲

莫扎特 曲
宽风 制谱

扎特声名大振,但对于莫扎特以后的发展来说,更重要的是巴黎与伦敦之行。7 岁的时候,莫扎特带着"神童"的盛名来到了巴黎。在巴黎,他不断地进行各种演出,同时也观摩了当时欧洲第一流的管弦乐队的演出,这大大促进了他艺术风格的形成。

1864 年,带着对巴黎的美好印象,莫扎特一家来到伦敦。在那里,他结识了伟大的音乐家塞巴斯蒂安·巴赫的儿子约翰·克里斯蒂安·巴赫,并且与其结下了深厚的友谊。尽管他们年龄相差很大,但对音乐的共同追求使他们的心息息相通。小巴赫非常喜欢这个才 8 岁的音乐天才,他常常把莫扎特抱在膝上坐在钢琴前,两个人你弹一节我弹一节。小巴赫那种明朗、优美的创作风格给莫扎特以重要的启发与影响。

莫扎特与生俱来的那种音乐天赋,在巴黎与伦敦的土壤上萌发了嫩绿的幼芽。这次旅行使他从封闭的家园里走出来,进入一个色彩缤纷的自由世界,眼界放开了,音乐灵感也更加丰富了。从此,他的音乐创作才华如不竭之水,喷吐着向世界涌来。从伦敦返回家乡后,他苦心钻研大师们的作品。11 岁时,他为家乡的大学生戏剧汇演写出了自己首部歌剧,作品虽嫌稚嫩,但不乏新意。第二年,他又欣然为维也纳歌剧院创作了歌剧《装痴卖傻》。

意大利是一个具有悠久的音乐文化传统的国度,是当时世界音乐的中心。在人们眼里,只有在意大利的大城市受过音乐训练的人才能称为真正的音乐家,许多著名的歌唱家都在意大利接受过训练,意大利歌剧更是享誉全球。到意大利去成了酷爱歌剧的莫扎特的最大愿望。1769 年,莫扎特梦寐以求的愿望终于实现了。

在意大利,莫扎特遇到了伟大的音乐理论家、作曲家帕德尔·马尔蒂尼。从马尔蒂尼那里,他得到了最宝贵的教诲。马尔蒂尼非常热情地关怀莫扎特,给他讲授音乐理论,为他指出发展方向。

米兰是意大利的歌剧之都,莫扎特应米兰歌剧院之邀,创作了歌剧《海洋天使》。这部歌剧与他以前写的歌剧有了更大的不同,他已开始真正掌握了歌剧的创作技巧。不久,这部歌剧在米兰公演,演出场面十分激动人心。米兰歌剧院被公认为世界一流水平,14 岁的莫扎特登上指挥台,指挥鼎鼎大名的意大利乐队演奏自己创作的歌剧。

由于莫扎特在艺术上的极大成功,罗马教皇赐予他"贵族骑士"的称号。经过严格考核,意大利音乐中心——波伦亚音乐研究院破例将他选为院士。

意大利之行对莫扎特以后的音乐创作起到了难以估量的作用。他聆听了这个国家的每一种音乐形式，学习了音乐的各种表现手法，学会了意大利风格的歌剧创作，以后他又将意大利的歌剧风格和德国式轻歌剧风格相结合，开创了歌剧历史上的一个新纪元。

从 6 岁开始的整整 10 年中，莫扎特的大部分时间都在音乐旅行中度过，他的足迹遍及德、意、法、英等国家。在颠簸的马车里，他从一个城镇到另一个城镇，从一个国家到另一个国家，受到了从国王到平民的各阶层人士的热情欢迎，获得了"神童"的美誉，在欢呼、喝彩和赞美的海洋之中成了欧洲音乐界的宠儿。

然而，艰苦的旅行生活加上繁重的演出任务，对于一个年幼的少年来说，无疑是一种负担，但他没有被疲劳所困，以顽强的毅力，尽可能多地接触了各国、各民族不同风格特点的音乐，使自己的音乐素养得到很大提高，使自己的作品——从音乐语言到表现形式，都得到了进一步的丰富，这对他以后的音乐创作产生了深远的影响。

拿破仑

（1769—1821）

法国政治家、军事家

真正伟大的人物像流星：它自身发光，它自行消失，它照亮了土地。

——拿破仑

一个浓雾弥漫的清晨，在地中海中的一座叫厄尔巴的小岛上，一个身材矮小、体格健壮的人在海滩上默默地站着。泛着白沫的海浪冲击着海岸，打湿了他的鞋袜，可他一动不动，他用深邃的目光凝视着远方一座在水雾中若隐若现的海岛。

他叫拿破仑——"一个伟大的矮子"。眼下，他站在这小岛上，脑海中不时浮现出自己当年统率千军万马的情景。他曾率领法国军队在意大利作战，打败皮埃蒙特和奥地利联军；他还曾率军远征埃及。他以机敏的头脑，抓住有利时机发动政变，推翻了督政府，建立了欧洲最强大的法兰西帝国，成为一个令欧洲各国君主既怕又恨的人物。他以其杰出的指挥艺术指挥军队以少胜多取得了马伦戈、奥斯特利茨等多个战役的胜利，5 次挫败了欧洲反法联盟的围攻。

但是，在这个欧洲的封建势力还很强大的时代，他显得有些孤独。进攻俄国的失败，50 万大军的丧失，使拿破仑在政治上、军事上都处于绝对的劣势。在以俄国为首的反法联盟大军的逼迫下，拿破仑不得不同意逊位，并签署了《枫丹白露条约》。告别了军队，他被放逐到这座只有 220 平方公里的小岛上。

　　拿破仑在海边久久伫立，引起了一个随侍他多年的老兵的不安。这个老兵是自愿跟随拿破仑来到这个岛上的。老兵走到拿破仑身后，轻声说："皇帝，在海边站久了要着凉的。"

　　拿破仑头也不回地说："你在这里不觉得无聊吗？"

　　老兵坦率地回答道："不，皇帝！不过我也不觉得十分有趣。"

　　拿破仑坚决地说："不会永远这样继续下去的！以我家乡的岛屿起誓。"他的目光始终没离开过远方的岛屿。

　　拿破仑心中那座岛叫科西嘉，位于地中海西部。科西嘉岛不太大，物产却很丰富，还有丰富的矿藏。但这座小岛并不是以它丰盛的物产闻名于世，而是因为出了一个"科西嘉怪物"，才使这座小岛成为法兰西的骄傲。

　　拿破仑·波拿巴 1769 年 8 月出生于科西嘉岛一个破落贵族家庭。科西嘉岛历史上曾多次受到外族入侵，拿破仑出生前不久这里还是热那亚共和国的属地，在他出世时，已被法国占领。科西嘉人具有淳朴、粗犷、桀骜不驯的性格，他们总是奋起抵抗任何占领者。拿破仑的父母都参加了民族抵抗运动，拿破仑是在抵抗运动失败后出生的。拿破仑童年时，常含着眼泪倾听性格温和的父亲讲述科西嘉的战斗史。父亲的故事使拿破仑从小就对家乡科西嘉岛充满了热爱之情。母亲是一位性格坚强的女性，对孩子的管教十分严厉，对孩子常常实施必要的体罚。她的体罚不仅没有使孩子们记恨她，反而使孩子们更敬重她。父母的影响使拿破仑从小继承了科西嘉人吃苦耐劳、勇敢无畏、独立自强的精神。

　　拿破仑小时候喜欢孤独。当他众多的兄弟姐妹们在一起玩得兴高采烈的时候，他却一个人独处。他在海边岩石上发现了一个小洞穴，他把这洞穴看作是自己的领地，常常一个人来到这里，斜靠着洞口，出神地凝视着碧波万顷的地中海。拿破仑执拗任性，容易被激怒。在家里，兄弟姐妹们不喜欢他，却都得服从他。他不常和兄弟姐妹们一起玩，但只要他想玩了，谁不想和他玩也不行。他打起架来十分凶猛。家中只有母亲能制服他，面对母亲的处罚，他不会流一滴眼泪，只是默默地承受着。对别人，他却没有这种容忍的态度。他喜欢在院子或其他地方圈上一块自己的领地，如果有哪个孩子敢于侵犯他的领地，他就凶猛地扑上去，即使入侵者比他年龄大也从不畏惧。

1778年底，拿破仑的父亲把他和哥哥约瑟夫送到法国学习。他们先在奥顿中学学习了半年法语，后通过考试，以公费生的身份进入法国布里埃纳军事学校。这所军校按规定只招收在军队中服役的贵族的子弟，学校的学生一共才100多人。拿破仑能进入这所军校，是凭借法国驻科西嘉总督的介绍。科西嘉人抵抗法国运动失败后，法国为了安抚该岛的民心，承认了拿破仑家族的贵族血统。拿破仑的父亲便成了亲法派，与科西嘉总督建立了密切的联系。

布里埃纳军事学校开设法语、拉丁语、历史、地理、数学、音乐、剑术等课程。拿破仑法语说得很差，语调中带有很重的科西嘉口音。科西嘉岛原来属于热那亚共和国，岛上的人讲意大利语。拿破仑家里不太富裕，入学时他穿的衣服既旧又不合身，同学们都瞧不起这个姓名古怪、说起法语来怪腔怪调、长得又瘦又小的孩子。他们嘲笑拿破仑口袋里掏不出一个钱，却声称自己是贵族出身。贵族子弟们轻蔑地给拿破仑起了个"挂在鼻尖上的茅草"的绰号，意思是这个人轻得吹口气就不见了。

当别人这样侮辱他时，拿破仑默默忍受着，他是来学习的，不是来斗气的。但是当有人侮辱科西嘉岛时，他愤怒了，骄傲地声称："我们科西嘉人是最勇敢的民族。"

有同学挑衅说："如果你们科西嘉人真的是最勇敢的民族，那为什么还会被我们战无不胜的军队击败呢？"

拿破仑说："我们是以一当十，所以才会失败。你们等我长大，到那时，我要尽全力惩罚你们。"

同学们哈哈大笑起来，他们怎么也不会相信这个瘦小的男孩将来能有出息。有人又侮辱起拿破仑的父亲："你的父亲算什么，不过是个可怜的小军士……"

这个人话没说完，突然叫喊起来。原来，暴怒的拿破仑猛地跳起来掐住了他的脖子。其他同学拥了上来，拿破仑毫不畏惧地与他们打了一架。结果，鼻青脸肿的拿破仑受到处罚，被关了禁闭。

军校枯燥的生活，同学们的歧视，老师的不公平，使拿破仑的性格变得阴沉、忧郁，也更孤独了。拿破仑后来回忆他在军校的生活时说："人人都说我除了几何之外一无所长。人人都不喜欢我，我干枯得像一张纸。"

拿破仑厌倦了军校生活，他想念科西嘉岛上他的自由天地。他特别讨厌那些因为出身显赫，口袋里钱多就神气十足的同学。拿破仑给父亲写信，要求回到科西嘉去。他写道："我再不愿忍受外国孩子的嘲弄。难道我必须在这些因富有而傲慢的家伙面前卑躬屈膝吗？"

性格随和、对孩子一贯放任的父亲这回态度却很坚决，他回信告诉拿破仑："家里没有钱，可你必须在军校待下去。"

拿破仑 10 岁进入布里埃纳军事学校，15 岁毕业。这所军校使他受到了基础教育。在布里埃纳军事学校的几年，他学习很勤奋，却有些偏科。他的数学、历史和地理成绩很突出，拉丁文却很差，他认为这门课学了没用。

少年拿破仑努力地学习那些他认为有用的东西。课余时，除了阅读关于科西嘉的历史和地理方面的书籍外，还读一些其他书籍，如弗里德里希、伏尔泰、卢梭等人写的书。

布里埃纳军事学校决定了拿破仑的军旅生涯。军校毕业后，拿破仑被推荐进入法国巴黎高等军事学校学习。这是一所专门培养军官的学校，除了数学、历史、地理、法文、英文等课程，还开设了许多军事学课程。军校的副总监曾建议拿破仑用心研习海军业务，将来加入海军，因为他优异的数学、地理和历史成绩在海军里会大有用武之地。然而拿破仑在学习中，却对炮兵学产生了浓厚兴趣，专攻起炮兵来。这所高级军校是分科为各军兵种培养军官的，其中有 20 多人专攻炮兵。

在这所军校里，拿破仑同样受到贵族学生们的嘲笑，这使他更加仇视这些出身名门望族的轻浮子弟。但这时的他成熟多了，生气时，他就去练剑或者骑马，把仇恨记在心里。他的身体结实起来，他渐渐改掉了那种容易被人激怒的脾气，学着和别人交往，不再离群索居。他学习特别刻苦，只用了一年时间就通过考试取得了别人用三年时间才能取得的军官资格，被任命为皇家炮兵少尉。这年他16岁。

拿破仑被派往一个炮兵团服役。他拿到军饷，却觉得仍和在军校时一样一贫如洗。这期间，拿破仑的父亲去世了，本来就不宽裕的家庭生活更加困难了。拿破仑扛起家庭生活的重担，除了支付房租、买书等必要的支出外，他节衣缩食，把省下的钱都寄给家里。

在炮兵团任职很清闲，与他年龄差不多的军官大都把时间花费在吃喝玩乐上。拿破仑无钱挥霍，有钱也不愿那样做，他把时间都用在读书上。少年拿破仑外表阴郁，落落寡合，内心却热情奔放，燃烧着反叛的火焰。家境的贫寒，权贵的歧视，科西嘉蒙受的苦难……这一切都推动着拿破仑去追求平等和自由。追求的结果是，他迷上了卢梭等启蒙思想家的著作，并接受了卢梭的人民主权论思想。拿破仑也尝试着写起小说来。他的小说的主题都是一个：要么获得荣誉，要么死亡。小说中的主人公都充满了为荣誉而死的精神。他的小说尽管谈不上有什么艺术价值，却反映出拿破仑对生命价值的认识。

比起写小说来，这个少年军官更喜欢钻研军事。他研究炮兵战术，设想着军事行动方案，还按照设想在地图上标明炮兵火力网和部队的部署地点。他没忘记他的理想，打算一有机会就实施他的军事行动方案，解放科西嘉。只是后来由于发生了革命，革命政府平等地对待科西嘉人，他的奋斗目标才有所修正。

1789年，法国爆发了革命。拿破仑在布里埃纳和巴黎军官学校的同学几乎都投向外国干涉军，反对祖国发生的革命。拿破仑坚决地站在革命一边，并热情地参加了革命。在共和国的军队中，他得以充分施展自己的军事才能。在攻克土伦这个反革命堡垒时，他将一支战斗力很弱的炮兵部队，在短时间内训练成战斗力很强的队伍，显示出了他灵活的头脑和出色的组织能力。他以无畏的勇气赢得了士兵的信任和上司的赏识，25岁就当上了将军。30岁时，拿破仑发动政变，当上第一执政，几年后又当上了皇帝。

拿破仑发动的战争由于逐渐失去进步性，使他失去人民的支持，遭到被压迫各国人民的反抗，终于被欧洲的封建势力逼到这个弹丸之地的小岛上。

但拿破仑没有死心，他还要东山再起。1815 年 3 月，一个黑得伸手不见五指的夜晚，拿破仑率领一支小小的船队悄悄离开厄尔巴岛，在法国南部海岸登陆。

面对王室军队数千名士兵的枪口，拿破仑沉着果敢地向前走去，他冲着士兵们大声喊道："你们当中谁想打死自己的皇帝，那就开枪吧！"

士兵们高声欢呼着向拿破仑蜂拥而来——成团成团的士兵加入到拿破仑的军队中，他们调转枪口，汇入了拿破仑的军队，成为一股强大的谁也无法阻挡的洪流，直逼巴黎。

拿破仑能够创造不开一枪便重新当上皇帝这一历史上罕见的奇迹并不是偶然的——拿破仑被放逐后，代表反动封建势力的波旁王朝，借助欧洲各封建君主武装的保护复辟了，重新开始了他们反动黑暗的统治，法兰西人民开始怀念起拿破仑来，这才使拿破仑有机会重新崛起。

随着拿破仑大军的逼近，波旁王朝的统治者路易十八仓皇逃出了巴黎。拿破仑重新执政，他以敏锐的政治洞察力和无与伦比的勇气和魄力在世界历史上书写了光辉的一页。

不久，拿破仑在滑铁卢战役中又失败了，终生被监禁在圣赫勒拿岛上。然而，他在这再次执政的 100 多天里创造了一系列奇迹，使他永远活在法兰西人的心里。

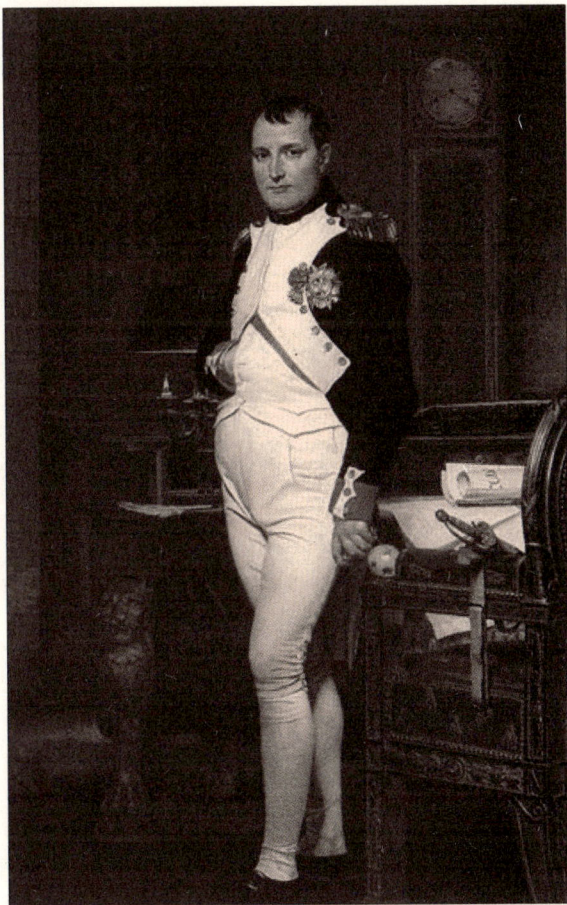

贝多芬
（1770—1827）
德国音乐家

> 我要扼住命运的咽喉，它休想使我屈服。
>
> ——贝多芬

1827年3月26日夜晚，在狂暴的风雨和隆隆的雷声中，音乐大师贝多芬闭上了他的眼睛，永远地结束了为音乐的一生。

贝多芬集古典乐派之大成，开浪漫乐派之先河，在音乐领域的天才表现，达到登峰造极的程度，给后人留下了大量不朽的篇章。

贝多芬一生作品数量之多，内容之广，质量之高，都是令人惊奇的。他的作品种类丰富，包括小提琴奏鸣曲、交响曲、钢琴奏鸣曲、钢琴协奏曲等。他在音乐中创造的那种博大恢弘的境界，更是让人叹为观止。

当我们面对命运的挑战时，贝多芬的《命运交响曲》无疑会给你带来一种深刻的启示和昂扬的精神。这部交响曲是他九部交响曲中的第五部，也是最杰出的一部。它不仅表现出贝多芬自己与命运搏斗的英雄气概，同时也蕴涵着更加深广的社会内容：命运像幽灵一样，时时向人类袭来，妄图捆缚住人们的手脚，以便任它摆布，然而，人类没有屈服，奋起与命运展开了搏斗，终于，胜利的凯歌响起，人类战胜了命运。作品中洋溢着一种蓬勃向上的斗争精神，具有鲜明的时代气息，100多年来，它一直被誉为世界交响曲中的杰作。

的确,贝多芬的作品中始终贯穿着一种昂扬向上的精神,激励着人们去追求一种博大的人生境界。可以说,贝多芬是一位充满了豪迈的英雄气概的时代歌手。

贝多芬这个"音乐的巨人"并没有出生在名门望族。1770年12月17日,贝多芬出生在德国波恩市的一个"小人物"的家庭里。他的父亲是一个只会整日酗酒的宫廷合唱队歌手,他母亲是一个丧偶再嫁的女仆。这样的家庭在当时是极其贫困的。不过,这个家庭却有着良好的音乐传统,使贝多芬自幼就受到了音乐的熏陶,喜爱上了音乐。

他的父亲事业上很不得志,所以当看到贝多芬具有音乐才华时,就一心想把儿子培养成像莫扎特一样的音乐"神童",那样一来,他就可以带着儿子去周游列国,赚取大量的钱财和显赫的荣誉了。出于这样的打算,当贝多芬刚刚4岁的时候,父亲就开始把他关在屋里,用强制的手段让他学习钢琴和小提琴。有时父亲半夜酗酒回来,也会把贝多芬从被窝里拉出来,命令他彻夜练琴。人们经常会看到四五岁的贝多芬坐在钢琴前,一边流泪,一边练琴。贝多芬就是在父亲这种严厉而残酷的教育下开始了音乐学习的。

幼年的贝多芬就有着对音乐的强烈的内在追求。他并没有在父亲的严厉教育下,枯燥地去学那几个单音,他从学习音乐的第一天起,胸中就不断地涌流着一种属于自己的、纯真的乐感。那时候,父亲总是让他站在一张小板凳上练习弹琴,除了钢琴,还要学习小提琴,以后又增加了中音提琴的课程。父亲反复强调要把音奏准,而不允许他弹奏自己的乐调。有一次,贝多芬正不看琴谱而自弹自奏时,父亲走了进来,说:"你真蠢,简直是胡来!你不知道你弹奏出的声音是那样刺耳难听吗?我不允许你这样做,你要照着乐谱弹,否则瞎弹一气,对你一点儿好处也没有。"还有一次,当父亲接待一位来访的客人时,贝多芬走到钢琴旁边,情不自禁地用手按了按琴键。父亲说:"你又想在这里显示你自己,走开,否则我会请你吃耳光。"

贝多芬心中的音乐之河缓缓地流淌着,这是任何东西都阻挡不了的,总有一天,它会澎湃汹涌的。终于,父亲注意到了他的情况,当他再次没用乐谱而奏出了自己脑子里的乐调时,父亲说:"我已经对你讲过多次,可是你始终不愿停下来。" 贝多芬问父亲:"它们是不是很好听?"父亲回答说:"这是另外一回事。你现在还不能弹奏一些从你脑

贝
多
芬

子里想出来的东西,你要在钢琴和小提琴上多下工夫,把音奏准,这是头等重要的事。"

有了父亲的严格训练,再加上自己的灵气与对音乐的酷爱,贝多芬的音乐水平提高得很快。为了使贝多芬的才华早日为世人所知,由父亲做主,贝多芬于1778年3月26日在科隆第一次与公众见了面。莫扎特在6岁时就闪烁出天才之光。出于虚荣心,父亲宣布贝多芬当时也仅仅6岁,其实他当时是7岁零3个月。虽然贝多芬第一次展现他的天才时,并不像莫扎特那样年幼,但所表现出的才华也是令人惊异的。

这时贝多芬的水平已经很高了,而且小有名气,他父亲再也没有能力继续指导自己的儿子了。年幼的贝多芬开始向宫廷老管风琴手海因里希·范·丹·伊登学习,主要学习音乐理论和钢琴。在1779—1781年间,先后有四五位音乐家教授过他。

贝多芬苦苦地迷恋着音乐,以至于他的神情总是显得孤独和冷漠,甚至没有一个同龄的孩子把他视为"游戏的伙伴"。米勒博士曾这样描绘贝多芬:"他是个腼腆、沉默寡言的少年,深思和善于观察的能力愈来愈胜过他的口才。"

贝多芬在音乐上的不断进步,使得他那不得志的父亲心中充满了喜悦和安慰。他对邻居说:"我的儿子路德维奇,现在是我生命中的唯一安慰。他在音乐方面的进步之快得到了大家的称赞。我的路德维希,我的路德维希,我想他将来一定会成为一位伟人……"

贝多芬在音乐上有着崇高的追求,在生活中却不注重小节。他的穿着打扮常常显得很邋遢,人们劝他打扮得整洁一点,可他却答道:"反正都一样,当我成了一位绅士的时候,就没有人注意这些了。"

对贝多芬来说,1781年是不平常的一年。这一年,他开始向宫廷管风琴师聂夫学习作曲。聂夫是一位思想进步的音乐家,启蒙运动的积极参加者,他对贝多芬的思想和艺术风格产生了很大影响。一开始时,聂夫对贝多芬的作曲给予了毫不客气的批评,年少气盛的贝多芬对此很是不满,常常抱怨聂夫的批评。但经过长时间的学习,他终于体会到了聂夫的良苦用心,作曲水平迅速提高。

1783年,贝多芬第一次发表了自己的作品——根据德雷斯勒的进行曲改编而成的《钢琴变奏曲》。《音乐》杂志上登载了关于贝多芬的介绍,说"他很有天才,前途无量,假如他的进步能像开始时那样迅速,毫无疑问,他将成为第二个莫扎特"。由于聂夫的大力推荐,这一年,贝

多芬担任了乐队中的古典钢琴独奏与
伴奏。

　　对贝多芬一生影响较大的，是这段时间
里他与冯·勃鲁宁一家建立的深厚的友谊。冯·勃鲁宁一家是个探索新
文化、新思想的家庭，一家人都很年轻、任性，但家中时时弥漫着一种
无拘无束而又不乏教养的气氛，清新而迷人。朋友们在这里的聚会，是
健康而又令人愉快的，与那种纵情享乐、恣意欢娱的生活完全不同。贝
多芬在这里接触到优秀的德国文化，他的社交活动能力也在这里得到
了培养。不久，他便被这个家庭看作自己的一员，他在这里消磨了白天
的大部分时光，晚上也常常在此度过，身心舒展，随心所欲，压抑全消，
而且思想上受到了启发，对他以后的发展产生了良好的作用。

　　这位"年轻的天才"17岁的时候，第一次访问了维也纳，见到了他
最崇拜的音乐大师莫扎特。在莫扎特的邀请下，他当场演奏了一曲。自
鸣得意的贝多芬出乎意料地受到了莫扎特相当冷淡的赞扬，一种莫名
的惆怅与好强的品性促使他请求莫扎特给他一个主题作即席演奏。贝

多芬得到了鼓励，在大师的面前，由衷地弹出了莫扎特的风格。这立即引起莫扎特的注意和兴趣，他激动难耐，对周围的朋友说："请注意这位少年吧！不久他就会博得世人的称赞。"

莫扎特的预言逐渐得到了证实。第二年，18 岁的贝多芬各方面的条件都已成熟了，他的视野不断扩大，艺术修养和人生修养日臻完善，他期待着一次更大的飞跃。

1792 年，贝多芬来到了维也纳这个当时的欧洲音乐中心，开始了他新的追求——追求他的音乐，追求他的未来。在这里，他艰难地求师，顽强地奋斗，最后终于征服了维也纳这座音乐之城，步入世界音乐大师的行列。

巴尔扎克

（1799—1850）

法国文学家

> 法国社会是一个历史学家，我只能当他的书记。
>
> ——巴尔扎克

在巴黎的一个幽静的庭院的草坪上，默默地站立着一个巨人。

他那颗充满智慧的头颅微微昂起，以鄙夷、傲慢的神态冷视着世界，过分粗壮的脖颈，显示出惊人的精力，蓬松的头发、宽大的睡袍，透露出蔑视世俗的放浪不羁。

这就是著名雕塑家罗丹未完成的杰作——奥诺雷·巴尔扎克的塑像。这座尚未完成因而略显粗糙的塑像，充分地表现出了这个文学巨人坎坷的命运和多彩的一生。他给人们留下了卷帙浩繁的总题为《人间喜剧》的几十部文学杰作，使人们从中清楚地看到那个动荡年代法国社会的一幕幕悲喜剧，而实际上，在他的童年、少年及青年时期，就已经上演了这"人间喜剧"的第一幕。

1799年巴尔扎克出生的时候，10年前爆发的法国资产阶级大革命方兴未艾，它震动和影响了整个欧洲，也对每一个人的生活和经历产生了各种各样的影响。巴尔扎克家庭的变迁也得益于这场革命。

巴尔扎克的祖上是姓巴尔萨的农民世家，到了他父亲那一代，情况才发生了变化。巴尔扎克的父亲不甘贫困、厌倦农耕,离开了土地来到巴黎。他善于应变,富于进取精神,又正赶上大革命的浪潮,社会地位逐步提高,甚至还在政界露过头角。这时,他觉得有必要把自己的姓氏搞得风光一点,于是,带有土腥味的"巴尔萨"就变成了具有资产阶级气息的"巴尔扎克"了。而到了后来,在一次吹牛时,他又说他家与古代骑士德·昂特拉格·巴尔扎克的家族沾亲带故,而这一线索又被他那有着丰富想像力的儿子——大作家巴尔扎克加以夸大而似乎成为确切无疑的事实。尽管没有任何证据来证实这一点,但并不妨碍这位大作家在所有需要签名的地方都堂而皇之地签上"德·巴尔扎克",他甚至把德·昂特拉格·巴尔扎克家族的纹章漆绘在自己的马车上四处招摇,这倒是一种很有意思的心态。

不过,作家巴尔扎克并没有在这个家庭中得到他可能或者应该得到的东西,甚至包括儿时父母的钟爱。

巴尔扎克的父母可以说是处于两个极端。父亲在经过挣扎拼搏取得了不错的地位之后,开始尽情地享受,他以全部的精力追求快乐、美食、女人、游乐,一切可以赏心悦目的东西他都不放过,而对别的,哪怕是他的儿子也不闻不问。而母亲呢,则总觉得生活中一切都不如意,她似乎到处都受到伤害,表现出歇斯底里的症候,她觉得对于家庭自己已经做出了极大的牺牲,而这种牺牲却未得到丝毫的回报,于是不停地抱怨,一直到死;对待孩子,她不允许他们有一点个人的自由,永远严格地监视、干涉他们,她那喋喋不休的"善意"的忠告和泪眼婆娑的苛责,搞得孩子们个个都惶惶不安,而巴尔扎克只要一听到她的声音就会吓得猛地一抖。

更令巴尔扎克不堪忍受的是,不知道是什么原因,母亲对他就像是后妈一样表现出极度的冷漠,几乎没有任何一个母亲曾对她的孩子表现得这样缺少爱怜。巴尔扎克刚一出世还没等满月,母亲就把他送走交给一个乳母看管——一直到巴尔扎克4岁。他的家里是那么宽敞、阔绰,可是他却无权回家住,只有每个星期日,母亲才准许他回家探视一次。巴尔扎克和母亲看上去不像是母子,倒像是什么远房亲戚似的。巴尔扎克从小就没有玩具,也没有人送他礼物,有病时也没有母亲在一旁问寒问暖、端水送药;他从来没有从母亲嘴里听到一个慈爱的字眼儿,每逢他突然亲情萌发想要对母亲表示一点依恋之情的时候,一声狠厉的呵斥就会把他的任何亲昵的表示赶得无影无踪。巴尔扎克多

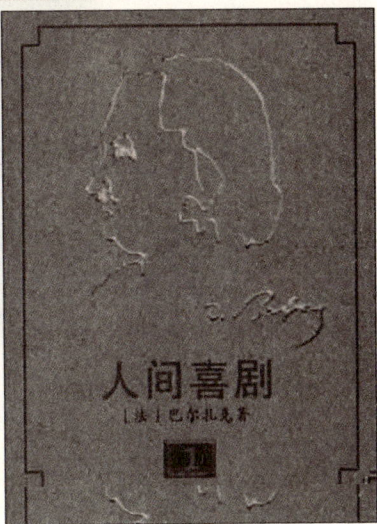

年之后仍对此耿耿于怀，怨气未消地说出这样的绝情话："我从来不曾有过母亲。"看得出来，他的确是被母亲伤透了心。

7岁的时候，这个"没人要的孩子"被送进了一所寄宿学校。学校远在另一个城市，母亲似乎就是希望他能尽量离她远一点，眼不见心不烦。

在旺多姆的教会学校里，巴尔扎克度过了6年监狱般的痛苦生活。学校那黝黑的高楼，厚厚的围墙，看上去更像是一座监狱而不是一所学校。从入学的那天起，学生们就开始接受严格的训练，没有假日，家长只能在极特殊的情况下才被准许看望他们的孩子。学校的收费很便宜，衣食费用也在其内，供给孩子们的东西自然也就特别少，所以父母必须另外给孩子准备衣服，而巴尔扎克一次也没得到这样的照料。每到冬天，他都和其他一些家里比较贫穷的孩子一样，手指冻裂,脚生冻疮。

　　不过,对于这些,他已经习惯了,他本来也不奢望能从父母那里得到什么额外的关怀。使他难以忍受的是另外一些东西——在这样一个令人窒息的环境里,在种种苛刻的条例、规定的限制下,他觉得似乎全身的每一个细胞都非常痛苦。而教师们也很快感觉到,当他们对巴尔扎克加以诱导时,在他身上似乎有一种抗拒这种诱导的力量,但却找不到这力量的源头所在,于是就认为他蠢笨、偷懒、任性。所以,巴尔扎克总是受到比别人多得多的惩罚,不但没有游戏或是闲暇的时间,还时常被禁锢起来。更令他难以忍受的还是体罚,他永远也忘不了那皮带落在手上时肉体和精神所受到的难以形容的痛楚。皮带厚厚的,教师举起它来,像是对眼前的学生怀着深仇大恨似的狠狠地打下去,被打的手掌上立刻就会泛起一条血痕。当然,这种痛苦咬咬牙就挺过去了,最难忍受的还是对心灵的伤害——为了接受这种惩罚,犯过失者必须从凳子上站起来,在同学们的睽睽众目之下,走到教师的讲桌前,然后在教室中间跪下,伸出手去接受对自己的侮辱。对于巴尔扎克这种神经格外敏感的人,这样的开端更加重了他的痛苦,这使他常常想到死囚犯走向断头台的情景。对巴尔扎克来说,受刑前的精神折磨比皮带落在手上的那一刹那更难忍受。这种悲惨的体验在巴尔扎克那儿像家常便饭一样频繁。

　　的确,在学校里,巴尔扎克在一些课程的学习上,比起别的同学来是有些差距,但是老师没有看出,这个看上去懈怠、懒散的学生有着过人的理解力和分析力,他的漫不经心,只是因为功课对他来说是太无趣了,他的注意力早已被别的更有吸引力的东西所带走。

　　那个对巴尔扎克更有吸引力的东西就是书籍。在他 12 岁的时候,给他补习数学的一个工艺学院的图书馆员曾答应他,可以把他喜欢的书籍借出来。但那个图书馆员没想到,为了这个承诺他会付出多大的辛苦——这个学生对书籍似乎有一种极强烈的饥饿感,他疯狂地"吞食"着每一类书籍,无论是神学、哲学书籍,还是科学、历史书籍,一律接纳,使得那个图书馆员常常为了给他借书而奔走不迭。这种不择亲疏的阅读方式,倒真的为巴尔扎克以后的创作打下了深厚的基础,而在这方面,他那过人的理解力和记忆力又帮了他的大忙,他可以一目十行,而且心灵的理解与眼睛的操作密切配合,可以很快地从一个个单词中准确地抓住它们所表达的意思,而这种意思又马上变成场景活生生地出现在他的眼前。

　　这种境界已足以使他痴迷了。人们当然很难再把他的注意力固定在某一单词的词尾变化或者什么语法规则上，所以即使在课堂上，他的思想也常常飞翔于书中所提供的幻想之中，而把老师眼下正在讲着的东西完全不放在心里。这时老师只要一看到他目光发直地呆望着教室的一角，就知道他的脑子又不在教室里了，于是老师把他叫起来回答问题，而他往往连老师说的是什么都不知道，很自然的结果是他又遭到了一次惩罚。为了忘却惩罚带来的痛苦，他又会重新沉迷于白日梦中，而这样又会引来新的灾难。这种没有尽头的循环往复，使他的神经濒于崩溃。

　　14岁那年，巴尔扎克终于离开了学校这所精神的监狱。这时，他才算有生以来第一次回到父母的家中。他的父母发现，这个孩子完全变了个样子，在以前，他们只是在偶而探省的时候才看一眼巴尔扎克，而现在当他们不得不更多地面对自己的儿子时，发现他不论外表还是内心都完全改变了。6年多的僧侣式的苦修生活，使这个原来胖乎乎的红脸蛋的孩子，竟变成了一个形容枯槁、非常紧张的儿童，他瞪着一双大大的充满惊恐的眼睛，像遭受了一场大灾难的人突然回到了家里，无论人们问他什么，他都好像是听不见，只是懵懵懂懂地坐在那里，这种状态一直持续了好长时间。

　　1814 年，巴尔扎克家搬到巴黎，他又被送进一所寄宿学校。在这所学校里，他又重新遭受到他在旺多姆教会学校所受到的折磨，而父母对他的态度仍然一如既往。

　　在这里，他仍然不能使自己成为一名"好学生"，于是父母又把他转到另一所学校，然而，他的成绩仍不见佳，在一次只有 35 名学生参加的拉丁文考试中，他竟然名列第 32 名。取得这种成绩的学生，在人们的眼里还会有什么出息呢？母亲本来就怀疑他不堪造就，现在的情况恰好不幸地证实了她的预感，她写给巴尔扎克的信中有这样一段话："我简直找不出更有力量的话来对你形容你给我造成的这种忧虑，你真是太使我失望了。你不肯用功，漫无检束，对功课荒疏，你要得到惩罚的。"这样的谴责，对巴尔扎克来说已经是耳熟能详了。

　　不过，不管母亲有多少不祥的预感，也不管巴尔扎克的成绩如何低劣——以致屡屡遭到斥责和惩罚，他居然也终于凑凑合合地毕业了，而且在他 17 岁的时候，还以一名法学系学生的身份进入了大学。这不能不说大大出乎他的师长和父母的意料,他们暗自庆幸,也许这个蠢笨的孩子会从此开窍吧。而巴尔扎克似乎也松了口气,不管怎么样,现在自己是大学生了,可以有理由避开家庭的限制,可以以一种自主的意志去读书,并且可以名正言顺地把闲暇时间放在他所热爱的事业上。

巴尔扎克没想到的是,他高兴得还是太早了。别的不说,对于闲暇时间他的父母就有另外的看法。他们觉得,年轻人是不应该有闲暇的,他应该利用每一分钟去做更多的事情。具体地说,他白天在大学偶尔听听课,晚上再看看书就够了,至于白天的大部分时间,他应该找个职业,为了自己将来的工作和生活,一分钟也不能浪费。于是,巴尔扎克秉承父母之命,一边在大学上学,一边在一家律师事务所当书记员,整天埋头于什么遗嘱、产权、债务的纷争之中。两年以后,他又到另一家律师事务所当见习录事。这段生活,不仅使巴尔扎克熟悉了复杂繁琐的诉讼业务,而且使他透过律师事务所这个窗口,看到了千奇百怪的巴黎社会,看到了许多"法律治不了的万恶的事",这对他日后的创作有着重要的意义。

到此为止,事情似乎正像巴尔扎克的父母所希望的那样发展。本来从他小时起,父母对他就是漠不关心的,不知为什么,等他长大了,不需要父母的关心可以自己走自己的路的时候,家里反倒开始"关心"他了!当然,这种关心对此时的巴尔扎克来说却是避之不及的。但是不管怎么样,巴尔扎克现在总算是走上了"正路"了——法学士学位考试已经通过,律师事务所的录事也已经当上,对于这样一个"平庸的孩子"来说,这难道不是最好的结果吗?他的父母此时可以松口气了。

1819年4月,巴尔扎克从大学毕业了。平步青云、财运亨通的前景似乎已经在他面前展开。但是就在这时,他却突然宣布:他讨厌这一切,他要当作家!

这一声明在母亲耳里无疑是一声惊雷,她无论如何也想不到,一向老实而懒散的儿子竟会产生这样异想天开的念头。她的第一反应就是,这绝对不行,一旦她的亲属知道了这个消息——巴尔扎克太太的儿子将要成为一个没有固定收入的作家或是报纸的投稿人,对她来说将是一个深深的耻辱,让她怎么能抬起头来?于是,她用眼泪和斥责想使巴尔扎克明白,必须把这滑稽的念头打消,而且永远不许再提。相比之下父亲倒显得冷静得多，他一向对除了自己之外的事情不怎么在意，虽然此时正赶上他财源不畅，儿子放弃有收入的职业必然需要他来接济，这使他感到有些不快，但他也只不过抱怨两声，并不纠缠不休。

不过，巴尔扎克既然宣布了这一决定，说明他早就下定了决心，不达目的，决不罢休。而且，他并不仅仅把这件事看成是一次职业的选择，而是把它看成是对父母之命的一次公开的反抗。他过够了没有自由的生活，现在他要自己做主了。

所以，不管是父亲的抱怨，还是母亲的哭闹，或是亲戚朋友的劝告和指责，都不能使巴尔扎克改变主意。他只有一句话："我要当作家，而决不当律师。"尽管此时他并不知道在作家这条路上他能走多远，能干出什么样的事业。

经过一段时间的激烈争论，家庭的阻力终于未能打消巴尔扎克的选择，父母在反复商议后做出了这样一个妥协的决定：给巴尔扎克为期两年的试验期，在这两年中，给他提供生活所必需的费用；如果在这段时间内巴尔扎克不能表现出足够的才能，取得令人信服的成绩，那他就必须抛弃这一莫名其妙的邪念，回到律师事务所去。

对于巴尔扎克的母亲来说，做出这样的让步是很令她沮丧的，但同时她也抱有一种强烈的信念——巴尔扎克很快就会重新回头的，根本用不了两年。因为她从来没有在巴尔扎克身上看到一个作家应有的才华，她一点也没想到，巴尔扎克正是从此走上了大作家之路。在很多年以后，当她已经成了鬓发如霜的老太婆的时候，一想起这件事还是感到那么不可思议。但是，这些却已经成了事实。

一个天才的成长，往往会超出任何人的想像——哪怕是他的亲生母亲。

普希金

（1799—1837）

俄国文学家

> 希望是厄运的忠实的姐妹。
>
> ——普希金

在莫斯科市郊，有一个风景如画的古老的城郊庄园。那里有一座座木房，还有绿树成荫的果园，这里是俄国伟大的文学家普希金诞生的地方。

当然，在今天看来，这里同附近的繁华街道、摩天大楼比起来未免显得有几分寒酸，不过在 200 年前，这里可是一个令人瞩目的地方，名声显赫的普希金家族就住在这里。在几个世纪的时间里，普希金家族的代表人物在俄国的各个领域都表现得英勇无畏和富有创造才能，他们中有政治家、军事家、外交家，当然也有文学家。而且，这个家族历来富于反抗精神。

从普希金的父亲那一代开始，这个一贯以从军或为官为传统的古老家族开始转向了文学艺术，普希金的父亲谢尔盖·普希金和伯父瓦西里·普希金都热衷于文学活动，尽管在这方面，他们俩谁也没有表现出卓越的才华，但是却在自己的周围形成了一种良好的文学氛围，从而形成了培养少年诗人的最为适宜的环境。

1799年5月26日，普希金降生了，他是父母的第一个儿子。

乳母阿里娜和仆人尼基塔是专门照料普希金的。阿里娜有着伶俐的口齿，擅长绘声绘色地讲述民间故事；尼基塔也非常富于语言表达的才能，说话善于运用鲜明的形象和丰富的比喻，这对于小普希金的语言发展无疑具有重要意义。

从写诗的天赋上看，虽然普希金后来自己在诗歌中所标榜的"幼时缪斯便爱上了我，在襁褓之间便赠我以芦笛"，未免有夸大之嫌，但是他的才能的培养和开发确实要早于一般的儿童，这很大程度上要归功于他的家庭的那种特定的环境。

普希金生长在一个有教养的家庭，全家人对语言艺术都很感兴趣，他们把诗歌看成是生活中最重要的东西，不仅他的父母是此道的热衷者，据说连仆人尼基塔也能够顺口诌上两句。在这样的环境和氛围里成长，使普希金很小的时候就对诗歌产生了浓厚的兴趣。

另外，当时的很多知名作家也是普希金家的常客，他们聚在一起，朗读自己创作的诗歌，发表自己对文学的见解。在这种时候，普希金常常是默不作声地躲在沙发的角落里，贪婪地听着那些美丽的诗句，在他的眼前展现出一个独特的世界——美妙的诗的世界。也许正是从这时起，他产生了有一天自己也要当一个诗人的愿望。

但是事情并不是那么十全十美，小时候的普希金一直得不到父母的钟爱——也许是因为普希金从小就沉默寡言，整天一副若有所思的样子，很少承欢于大人的膝下，父母对他一直很冷淡。他的母亲不擅长做家务，终日沉溺于社交活动中，这使她与孩子们完全疏远了。他的父亲性格暴躁，易于动怒，也很难与孩子有真正的情感上的交流。因此，对普希金来说，抛弃平常孩子的嬉戏玩乐，而过早地转入沉思默想的诗歌王国，也许是很自然的事。

真正关爱普希金的是他的伯父瓦西里，正是他对这个没有得到父母之爱的侄子关怀备至，并发现了这个沉默寡言的孩子身上的才能，才引导普希金真正走上了诗的道路。作为诗人，瓦西里并没有显赫的成就，但他对很多问题都有着精辟的见解，而且也善于把自己所掌握的东西传授给别人，所以与其说他是一个作家，不如说他是一个教授。他应该算是普希金在诗歌领域的第一个老师。

事实上，普希金的父母先后为他请过几个家庭教师，然而这些家庭教师对普希金的培养教育并没有预想的那样重要，相反，普希金对家

庭教师一直有很恶劣的印象,特别是在发生了那样一件事之后。

　　普希金 10 岁的时候,曾模仿伏尔泰的《亨利亚德》写了一篇英雄史诗,叫做《托里亚德》。他家的家庭女教师对普希金不好好学习功课很不满,偷偷地拿走了他的诗稿,交给另一个家庭教师舍戴尔,同时告了他一状。舍戴尔读了诗歌的头几行,就不礼貌地大笑起来。

　　刚刚学习写诗的普希金,看到诗稿被偷走了,他的作品受到了粗鲁的嘲笑,感到自己受到了莫大的侮辱,他大哭起来,把诗稿夺回来扔进炉子里。这大概是诗人对恶意的攻讦和诽谤的第一次反抗。

　　对普希金来说,主课堂不是在儿童室,而是在父亲的会客室和书房中。在会客室里,他经常听到的是诗歌朗诵和文坛上的风云流变;在父亲的书房里,他可以随意地阅读父亲的藏书,那都是 18 世纪法国古典作家和哲学家的作品;而在伯父的书房里,他阅读了大量的俄文书籍。

　　也许名人的童年与一般人的童年就是不一样,要不然就是普希金对诗歌的兴趣已经完全湮没了他作为孩子的其他兴趣,在有关他儿少时期的记载中,我们看不到他作为一个孩子曾经怎样嬉闹过,也捕捉不到他所应该表现出的特有的儿童的心理。他也许真的像个小大人一样,整天沉思默想,与诗歌结下了不解之缘。这使他小小年纪就写了大量的诗歌。从体裁上看，这些作品包括寓言诗、抒情诗、史诗、讽刺诗等。

有一点是可以肯定的，在普希金的童年生活里，除了诗歌之外，同他的一生一样，没有任何平静和持久的欢乐，似乎命运已经注定了，他只能在孤独与争斗中度过自己的一生——这种命运的基调表现在他一生的每一个阶段。

12岁的时候，父亲认为普希金该进学校了，正在这时，政府在彼得堡开设了一个新的学校——皇村学校，于是，他在伯父带领下去彼得堡参加入学考试，并以中等的成绩被录取了。

1811年10月19日皇村学校举行了开学典礼，但是在开学典礼上，普希金强烈地感到，庆典中所表现出的那种官气十足的陈调俗套与他格格不入。庆典还没有结束，他就跑到了花园里，在迷蒙的湖水和矗立的塑像前，他才感受到心灵上的某种契合。

令他感到欣慰的是，同学中也有一些人喜爱诗歌，他们在一起很容易找到共同的话题。他们常常搞一些诗歌比赛，对这种富有竞争性的创作活动，普希金一直表现出极大的兴趣，全身心地投入，这也大大地促进了他的才华的发展。

然而，这种过分自由的活动，与校方自始至终地极力压制学生们追求思想观念的独立产生了冲突。对校方的种种严格的制度和虚伪的礼仪，普希金越来越感到不堪忍受，为了逃避这种痛苦，他更加沉湎于诗歌创作，并从中寻找慰藉。

普希金入学的第二年，拿破仑的军队入侵俄国，俄罗斯民族的优秀分子奋起抵抗，这对普希金来说是一次深刻的触动。他在这一时期创作的诗歌中，表现出更多的爱国热情和为祖国和人民不惜献出自己生命的决心。

尽管前线的战事如火如荼，皇村学校却依然故我，校方为了严密监视和控制学生们的思想和行动，用一切办法鼓励学生们相互告密，并为此配备了大量的人员，这些人员都直接归副校长领导。这个副校长尽管脸上常带着伪善的笑容，实际上却是个道德卑下的家伙。每当有学生的女性亲属来校探望学生时，他总做出一些下作的举动，这引起了学生们的公愤。

普希金成为反对副校长运动的领袖。在一次吃午饭时，他在大饭桌前，当着辅导教师的面向全体同学宣布副校长的劣迹。后来，学生们在礼堂集合，找来了副校长，要求他离校，不然他们就自动退学。副校长看事情已经无法收拾了，便接受了学生们的最后通牒，用皇村学校副校长的职位换了个彼得堡警察局侦查处长的职位，倒也算是物尽其用。

这个事件对普希金的鼓舞很大，他认为，这是启蒙思想的胜利，只要斗争，就一定能达到目的。

但是，当局已经记住了普希金，他们当然不能容忍这种情况的再次发生。时隔不久，新任的校长就以普希金和另外三个人酗酒为名，让他们在两周之内每天在全体师生祈祷的时候罚跪，吃饭时坐在最后一排，并把他们的名字记入黑名册。对此，普希金写了一首讽刺诗作为反击。

作为一名学生，普希金在学校里当然不会得到昏庸的学校当局的喜爱，但是即便如此，也湮没不掉他作为诗人的光彩。

1815年1月，皇村学校举行升级考试的语文考试。主考教师加利奇是个诗歌爱好者，他十分珍视普希金日益显露的才华，安排普希金在考试时当众朗诵自己的诗歌。

出席考试的有很多达官贵人和知名学者，最尊贵的客人是著名诗人杰尔查文。面对这盛大的场面，普希金以高亢的声音和昂扬的语调朗读了自己新创作的诗歌。全场惊呆了——这样优秀的诗歌会是一个16岁的少年写的吗？

激动不已的杰尔查文站了起来，想去拥抱这位少年诗人，可是普希金早已不见了。他需要找个没人的地方去宣泄自己喜悦、兴奋的心情。

普希金的迅速成长，引起了当时一些著名诗人的注意，他们都知道，皇村学校有一个天才的少年诗人，都想一睹他的风采。于是，在诗歌史上发生了一件异乎寻常的事，由于普希金无权随意外出，当时的一些大诗人便亲自到学生宿舍来拜访他，向他表示敬意和鼓励，而在最先前来拜访普希金的诗人中，竟然有他少年时代最喜爱和最景仰的诗人巴丘什科夫。

从此以后，写诗似乎成了普希金生活中最重要的部分，在短短的几年里，他创作了大量的诗歌——这很使人怀疑，他哪儿来的这么多时间和精力呢？

记得有这样一句话：爱好是真正的老师。确实如此。对于普希金来说，他所热爱的只是诗歌，而别的一切，都被他放到次要的位置。拿学习来说,对于那些他所认为的无关紧要的学业,他不屑于花费过多的精力,更何况皇村学校的教育目的和教学方法本来就令人怀疑,与普希金同一时代的许多学者和教育家都对此表示了同样的看法。不过,皇村学校的教育者们却不会同意这样的看法。

这样一来,普希金在皇村学校的处境就可想而知了。他总是那么随心所欲,总是对教师的训导不理不睬。在学校的 6 年间,他一向对"功课"、"大部头书籍"、"书呆子"及"冷漠的智者"掩饰不住自己的讥讽,对学校里只为装饰门面的教学持排斥的态度。所以大多数教师给他的评语都是"学习不努力",在他们看来,只有学校规定的功课才是值得学习的,至于什么诗歌创作,他们才不看重呢!而他们的校长甚至连这一点也拒不承认,他对普希金的评语是:"有一颗空虚而冷酷的心,不信奉宗教,其最高和最终目的,不外乎以做诗炫耀自己。不过,他写诗也未必有牢固的基础,因为他不肯认真写任何东西。"在教师里,只有普希金的语文老师对他给予了高度的评价。

1817 年 6 月,普希金结束了 6 年的皇村学校的学习生活。当他离开学校的时候,已经是 18 岁的青年人了。虽然他的考试分数不高,但他却已经开始写作《鲁斯兰和柳德米拉》(这是他著名的作品之一)了。尽管他没有作为一个好学生从学校毕业,但后来却成为了全世界最著名的诗人。而且,他并不仅仅是个诗人,更是一名追求自由的战士。

雨 果

（1802—1885）

法国文学家

> 人不能没有面包而生活，也不能没有祖国而生活。
>
> ——雨果

1802年的法国。大革命的余晖还没有在法国上空完全散尽，拿破仑已经当上法国的第一执政官，年轻的法兰西共和国挣扎在专制的军事独裁统治下。

在征服世界的欲望的驱使下，拿破仑发动了旷日持久的战争。不管这场战争的性质和目的到底是什么，但受苦的总是人民，连年不断的征战，使得无数家庭骨肉分离。更惨的还是军人，他们东征西讨，南拼北杀，却不知道自己在做什么；在无数次的枪林弹雨中，他们得到的只是遍体的伤痕和满手的鲜血。

维克多·雨果就是在这个时候出生在一个法国军人的家里。他的父亲是拿破仑军队里的一名营长，几年来东征西讨，几乎没有一天能得到安宁，先后有两匹战马死在他的胯下，可是他却并未像预想的那样得到升迁。

母亲望着刚刚生下来的婴儿，心里充满了愁苦和不安。他是那样的瘦弱，助产妇甚至断言这孩子是活不长的。值得庆幸的是，孩子居然越长越结实，6个星期以后，他已经能够经受住旅途的劳顿，随父亲服役的那个营从贝藏松转移到马赛，并从此开始了他颠簸不定的童年生活。

转眼间，雨果和他的两个哥哥都长大了，该去上学了，长期的近乎流浪的生活显然不利于孩子的成长和接受教育。这时，父母之间由于政治观点的不同和其他一些原因，早已产生的裂痕也越来越大了。于是，母亲带着他们回到了巴黎，住在斐扬丁纳瓮巷的一幢旧式楼房里。最使小兄弟们高兴的是他们可以不用再坐在颠簸不已的马车上艰辛地跋涉了，他们有了自己的家，而且这幢房子周围是一座花园。这花园成了孩子们的乐土，他们住下的第一件事就是接收这片新的领地，把各个角落和荆棘丛细细地勘察了一番，把花园的地形整个记熟在心里。但是，他们到巴黎来，并不是专为享受这花园的，他们还必须学更多的东西。

由于年纪小，雨果还进不了公学，母亲把他和二哥送进了一家私立学校。在这里，雨果显示出他惊人的天赋——他学的是拉丁文和希腊语，很快，他就能流利地阅读和翻译贺拉斯的作品了。

一天，家里来了一个客人。

"这是你的教父。" 母亲对雨果说，"他要在咱们这儿住一段时间。"但她并没有对孩子说，这个人就是因参与反对拿破仑的活动而被判了死刑的拉渥列将军。他正在逃亡。

从这天起，雨果每天放学后，教父就和他一起玩耍并帮助他做功课，给他讲历史。从教父那里，雨果第一次听到了"自由"这个词，并从此牢牢地记在心里。

可是不久，教父突然被抓走了，雨果再也没有见到这位年长的朋友，只是在两年以后，看到了教父已被执行死刑的布告。

雨果的母亲酷爱读书，是图书馆里的常客。她允许孩子们自己去图书馆，让他们凭自己的喜好去读他们想看的书。雨果似乎什么都喜欢，在这个小图书馆里，他阅读了莫里哀、卢梭、伏尔泰、狄德罗等著名作家的作品，而其他的什么散文、诗词、游记以及哲学、法律、历史等书籍，他也是来者不拒。

但是不久，这种自由自在的生活就被迫结束了，雨果的父亲回到了巴黎。

这时的雨果已经13岁了，父亲决定把他送进一家寄宿学校，在那里

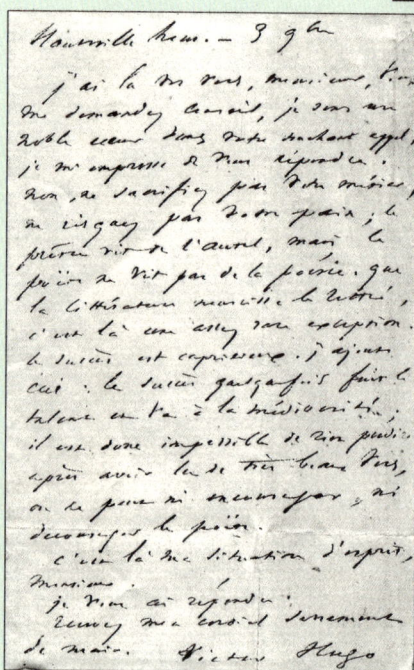

他要准备功课以便报考综合工科学校,父亲的想法是他的孩子应该成为工程师或者军事专家。

刚进学校的那段时间,学校里的生活对雨果来说简直是苦不堪言,学校里有严格的纪律,甚至常常对学生进行体罚。起床、睡觉、游戏和读书,都得按口令进行。雨果第一个反应是:他没有自由了。

幸亏还有诗。

使雨果认真地做起诗来是由于一个偶然的原因。一次,他和一些同学溜出学校。这是一个阳光明媚的早晨,可就是在这样美好的天气里,却响起了恐怖的隆隆炮声,在不远处的田野里,拿破仑的军队和保皇党的军队正在拼杀,士兵们一个个地倒在地上……

雨果心里急剧翻腾着:他们为什么去送命呢?难道他们真的愿意这样做吗?难道真的有什么需要他们流尽自己的鲜血?太阳怎么能放射出如此快乐的光芒照耀着这样恐怖的场面?

他非常想选择一些特殊的词语来表达自己还不十分明确的思考,来表达自己愤怒、痛苦和困惑的心情,他想到了写诗。

世界文学名著经典

[法] 维克多·雨果 著

悲惨世界

九州图书出版社

但这似乎是不可能的,凶狠的老师严密地监视着他们,不许学生做学校规定以外的任何事情。

这并不能难住雨果,他常常在夜晚寻词造句,然后在白天偷偷地把夜里想好的诗句写在纸上,锁进抽屉里。在他的诗作中,出现最多的词是 "和平"、"自由"。

他的这种偷偷摸摸的行为并未能完全躲过老师那鹰隼一样的眼睛。一天晚上,雨果发现抽屉的锁被撬开了,他的诗稿都不见了。不一会儿,他被叫到老师的房间。

"学生是不准写诗的,你为什么违反规定?"老师严厉地质问道。

"可是谁允许您撬别人的锁呢?"雨果严正地回答道,他认为,这种对自由的明目张胆的侵犯是不能容忍的。

接下来的是一场激烈的争执,最后,老师也许认为偷撬别人的锁对一名老师来说实在不是一件光彩的事,在对雨果进行了一阵训斥之后就放他走了。雨果胜利了,但他知道,这也许意味着以后的日子会更难。

还是诗,帮助他摆脱了这种窘境。

1817年,法兰西学院以"在任何生活情况下,学习所给予我们的快乐"为题搞了一个命题诗作评奖。雨果决定和真正的诗人比试比试,检验一下自己的才力,于是他写了一首长篇颂诗,列举了历史上出现的大量事例,雄辩地证明了在最艰苦的生活条件下,学习如何使人变得高尚起来。

诗稿写好后,他决定谁也不告诉,而是和他的一个朋友偷偷地送到了法兰西学院,不想在离开的时候迎头碰上了他的哥哥。

等待的日子是难熬的,但时间一长,雨果也不怎么把这事放在心上了。一天,他正在和同学们玩地滚球,突然看见他的哥哥走进了校园。

"你干吗把你的年龄告诉学院呢？"哥哥劈头就问，"要是你不写上你'只有15岁'的话，说不定会发你个奖呢，可现在你只能得到表扬了。"哥哥看似严厉的脸庞上显露出掩饰不住的兴奋。

是的，在那个时代，受到法兰西学院的表扬是一件了不起的事，更何况是一个15岁的孩子！小雨果一举成名。家里人高兴自不必说，学校里的老师也转变了态度。从此，雨果可以光明正大地做诗了。

过了不久，雨果离开了这所学校，成为路易大帝学院的学生。

路易大帝学院对学生的约束不那么死板，学生可以根据自己的兴趣选学自己所喜欢的课程。在这段时间里，最吸引雨果的是参加他的哥哥和哥哥的爱好文学的朋友们组织的每月一次的聚餐会。

在聚餐会上，每个人都必须拿出他上一个月所写的新作品读给大家听，然后大家进行评议。这种活动雨果非常喜欢，每次集会都必定到场。

在一次聚餐会上，有人提出了这样一个建议：在座的所有人都会写诗，为什么不在散文创作方面尝试一下？他提议："我们来搞一次集体创作吧，大家合起来写一篇小说。"

"那么，怎么个写法呢？"人们很感兴趣。

"我们可以假定，有几个要好的军官在战斗的间隙聚在一起，分别讲述一段自己一生中最难忘的故事，然后合起来，就是一本既有一致性，又有不同风格的书了。"

"那么，什么时候交稿呢？"一个人问道。

"两星期后。"雨果说。

几乎所有的人都笑了起来，大家都认为雨果在开玩笑——用两周时间完成一篇小说是根本不可能的。

"我们打赌吧！"雨果认真地说，"我要是写不出来，就在这儿请诸位吃一顿。两个星期以后见。"

两个星期以后，当所有的聚餐会成员又聚在一起的时候，雨果抱着一摞手稿走了进来，给大家读了他刚写好的小说《布格·雅加尔》。

一开始人们还不是很认真，到了后来，大家完全被吸引住了。小说读完了，人们仍围坐在一起，热烈地讨论着。有人提议，雨果写出了这么精彩的小说，应该每个人都请他吃一顿。

这篇小说在1826年出版了单行本，这是雨果创作的第一篇小说，当时他只有16岁。

1818年8月,雨果的父母离婚了,孩子们被判给了母亲。母亲了解儿子的才能,她允许雨果辍学,全力投身文学活动。于是雨果加入了他哥哥创办的一个小型的双周刊杂志《文学保守者》。开始他还只是一般的帮手,不久以后,雨果就担当起刊物的主角来。不过,即便是经常阅读这本刊物的人也不会知道,刊物上发表的许多不同署名、不同内容的文章,都出自这个不足17岁的少年的笔下。

　　1822年,雨果的第一部诗集《颂诗与杂咏》问世。

　　1823年,雨果的长篇小说《冰岛莽汉》出版。

　　从此,他便开始了自己辉煌的文学创作的历程,戏剧《克伦威尔》、《艾那尼》,小说《巴黎圣母院》、《悲惨世界》、《九三年》,诗集《东方集》、《秋叶集》、《静观集》等纷纷面世。

　　在这些闪光的著作中,雨果对底层人民的悲惨处境寄予了深切的同情,对专制统治的残暴、虚伪和无耻进行了愤怒的抨击,他呼唤人道,歌颂自由。他永远是人民的作家,永远和人民在一起。他在遗嘱中这样写道:

　　　　"我留给穷人10万法郎。我希望用穷人的大车将我的灵柩送到公墓。我拒绝所有教堂的安灵仪式;我请求所有好心的人为我祈祷……"

安徒生
（1805—1875）
丹麦文学家

我坚信好事从不幸中诞生，幸福从痛苦中产生，这是一首我所写不出来的思想比较深刻的诗。

——安徒生

鸭妈妈的孩子们一个个"嘎嘎"地叫着从蛋壳里钻了出来，只有一个最大的蛋没有一点动静。就在鸭妈妈几乎失去最后的信心的时候，蛋壳终于裂开了，可爬出来的却是一个又大又丑的家伙，它一点也不像它的哥哥姐姐们那样美丽可爱。长长的脖子，笨拙的脑袋……一副不讨人喜欢的样子让它遭受了其他鸭子没有遭受的厄运——鸭子啄它，小鸡打它，女佣人用脚踢它。它只有一条路：逃走。但是流浪的生活更是凄凉悲惨，所有的动物都瞧不起它，甚至它自己也瞧不起自己。但它还是在逆境中长大了，谁也没想到的是，它竟长成了一只漂亮的天鹅。

这就是丹麦著名童话作家安徒生在他的名作《丑小鸭》中讲的故事。而从某种意义上说，这只"丑小鸭"就是安徒生自己。

在安徒生小的时候，他的父母、邻居以及所有熟悉他的人，都根本想不到几十年后安徒生会成为一个世界闻名的大作家，因为这个鞋匠的儿子当时是那么丑陋、胆小，而且常常像疯子一样胡思乱想。可是今天，世界上有谁没读过《海的女儿》、《卖火柴的小女孩》、《丑小鸭》、《皇帝的新衣》？又有谁不知道安徒生的名字呢？

1805年4月2日，安徒生出生在丹麦欧登塞城的一个贫穷的鞋匠家里。

安徒生的父亲虽然只是一个鞋匠，但是心灵手巧，多才多艺，他特别崇尚知识，爱好文学。据说在安徒生出世那天，他的父亲一直坐在床边给自己的儿子大声朗读霍尔堡的作品，只不过小安徒生根本听不懂这些，一直哭个不停。安徒生的母亲比他父亲大几岁，是个迷信、爱唠叨的女人，但她充满爱心，对生活任劳任怨、一无所求，很有点知足常乐的劲头。这个家庭对于安徒生来说虽然贫困，但却是温暖和幸福的。

安徒生小的时候是个文静、听话的孩子，他是独生子，很得父母的宠爱。但是因为家里穷，他的父母必须从早到晚地干活，没有太多的时间陪着他，所以他常常是一个人玩。而更多的时候，他会呆呆地坐在那里，望着天上的小鸟或远处的树林，静静地冥想；有时还会自言自语地念叨着什么，弄得妈妈很不放心，常常要放下手中的活计，跑过来摸摸宝贝儿子的头，看看这孩子是不是病了。

父亲理解他，也欣赏他这种幻想的才能。父亲喜欢读书，常在晚上睡觉前拿出一本《一千零一夜》或者别的什么书，坐在儿子的床前给他读上一段。这是一天里安徒生最快乐的时光。听完故事之后，他常常在梦中梦见那黑眼睛的少女在面纱下神秘地微笑，有时也梦见恶魔，在他梦中出现最多的是一座长满奇花异草的花园和漂亮的城堡。

"妈妈，咱们要是也有一座城堡和一个花园，那该多好啊！"有一天，他一边给妈妈讲述他的梦境，一边叹息着说。

"是啊，孩子。"妈妈安慰儿子，"以后也许会有的。"

也许是上帝听到了小安徒生的愿望，真的给他们送来了一次机会。

一个伯爵家里准备招雇一名给他全家做鞋的鞋匠，条件很吸引人：除薪俸以外，鞋匠可以得到伯爵家旁边的一幢小房子、一小块菜地和一片牧场。安徒生的父亲马上前去应聘。他带回来一块绸子，准备把它制成舞鞋——这是试工。

一连三天，父亲头也不抬地干着，安徒生坐在一边，屏住呼吸，看着爸爸怎样小心谨慎地把一块绸子变成一双小巧玲珑的漂亮的舞鞋，就像童话里公主穿的鞋一样。他百分之百地肯定，伯爵夫人一定会喜欢这双鞋的，他已经开始憧憬着在那漂亮的花园里奔跑了。

不过，伯爵夫人压根儿不是童话里的人物，她一点儿也看不上这个

Anderson's Fairy Tales

安徒生童话

〔丹麦〕安徒生 著

任溶溶 徐 朴 译

欧登塞的鞋匠的手艺。当父亲满脸沮丧地从伯爵公馆里回来时，安徒生立刻明白了，他所梦想的一切都吹了。

"不要紧的，爸爸，咱这儿挺好。"懂事的安徒生并没有哭闹，"等长大了，我要建造一座城堡，四周是花园，咱们全家都到里边去住。"

父亲微笑着一把搂住自己的儿子，然后偷偷地擦去眼中流出的苦涩的泪水。

也许是为了想弥补一下孩子心中的遗憾，在这以后，每逢星期天，父亲都带安徒生到树林里去玩耍，这是最让安徒生高兴的事了。树林里的一切对他来说都是那样新奇有趣，他不停地向父亲问这问那，而父亲也尽最大努力回答他那些稀奇古怪的问题。可是有些问题连他这个做父亲的也回答不了，安徒生就发挥自己的想像力，加以补充和发挥。

安徒生很少和别的孩子一块玩，在学校里也是一样，所以他没有什么好朋友，只有一个叫萨拉的黑眼睛的女孩是个例外。她学习勤奋，老师和同学都喜欢她,安徒生则把她想像成童话中的公主。但不幸的是,这个"公主"一点也不像童话中的公主那样和蔼可亲,而且根本不懂童话。

一次,安徒生在和萨拉闲聊中又想到了自己幻想中的城堡,就对萨拉许诺:"等我长大以后,要把你接到我的城堡里去。"

"你病了。"萨拉瞪大了圆圆的黑眼睛,"只有尊贵的老爷、伯爵这种人才配有城堡呢,你一个鞋匠的儿子怎么会有呢?"

"可如果我就是伯爵的儿子呢?"

"什么?"萨拉更惊讶了。

"是呀,这是真的。"安徒生充分发挥着幻想的才能,"奶奶告诉我的,那些有钱人的孩子被遗弃了,他们只好在穷人家长大,后来他们的父母又找到了他们。如果这一切都突然落到我的头上,那我当然会有一座奇妙的城堡了。到那时,我就会驾着金光闪闪的马车,把你接到我的城堡里来。"

遗憾的是,萨拉不仅对安徒生的慷慨许诺毫不领情,反而以一种奇怪的目光看着他,然后像是被吓着似的跑开了。更糟糕的是,她把这一切都告诉了别人,并说安徒生的脑子不正常,就像他的疯爷爷一样。所以第二天安徒生来到学校后,立刻受到了同学们的嘲笑和侮辱。

安徒生痛心极了,他没想到自己诚挚地捧出的爱心会得到这样的回报。从此他远离萨拉,直到后来萨拉离开学校。

但实际上安徒生并没有把这事完全忘掉。他在自己的幻想中,给这段故事重新安排了一个美丽的结局:他在一次大火中救了萨拉,她很感激他,也很惭愧,于是他们和好了,在一个美丽的花园中一起游玩。后来萨拉成了公爵小姐,他们又一起到遥远的地方去了。

虽然有过这么一段插曲,但总的来说安徒生在学校里还算顺利,他嗓子好,老师很喜欢他,总是护着他,所以他也没有什么好抱怨的。

可是好景不长,他的学校生活突然中断了。他所在的学校,实际上只是一个老师独立办的私立学校,由于入不敷出,那位老师不得不停办了学校,另谋生路。于是,安徒生也只好辍学回家了。

闲在家里并不是一件很惬意的事。外面风雪交加,没有暖和的衣服,到外边去玩玩只不过是空想而已,安徒生只能整天待在家里,这让他腻歪透了。父亲的生意也不景气,人们的鞋好像老也穿不坏似的。

有一天,安徒生把一个烧热的铜钱按在窗户玻璃上,在冰上烫出一个小孔,从那里向外看。外面是光秃秃的树枝和无精打采的麻雀,他索然无味地转回头,看看同样呆坐着的父亲,问:"爸爸,什么时候才能到春天呢?"

父亲无言地看了看他,过了一会儿突然坐到工作台旁,开始刨一块木头……很快几个木偶做成了,父亲对安徒生说:"现在让妈妈给它缝几件小衣服,我们可以演戏了。"

于是,日子开始容易打发了——父亲从书架上拿下霍尔堡的书,和安徒生一起兴致勃勃地演起戏来。安徒生很快就毫不费力地把整幕整幕的台词背得滚瓜烂熟了,他对此非常入迷。

可是不久父亲去当兵了,好在安徒生对演戏的那一套已经完全熟悉了,他可以一个人干。这样,演戏就成了他每天的日常工作,现成的剧本演腻了,他会根据自己的想像编些新的内容。有一次,一个叫约翰妮的老太太来看他,给他讲一些民间的传说和故事。这些传说和故事很快就出现在安徒生所排演的戏里。妈妈一方面对儿子表现出的戏剧才能感到高兴,另一方面却也常常暗自嘀咕,这孩子整天着魔似的搞这些,是不是有什么毛病啊?

让安徒生高兴的是,没过多久父亲就回来了。可是,他带回来的是失去了健康的身体。尽管母亲找遍了欧登塞的大小巫医,但是谁也没能治好父亲的病,他没有能看到 1816 年的春天。

失去父亲后,安徒生一家的生活更加艰难了。无奈之下,11 岁的安徒生来到工厂做工。但安徒生实在不适应在工厂工作,在毛纺厂、烟草厂,他都因为适应不了那里的环境而跑回家,而母亲也不能忍受她的独生子受这样的折磨和捉弄,也就不让他再去了。

这时的安徒生仍痴迷于戏剧。通过一个熟人的关系,他跑到剧院去看了几次真正的戏剧演出。他下定了决心,对妈妈说:"妈妈,我要当演员。"

"你发疯了?"妈妈惊奇地说,"你知道吗?那些演滑稽戏的和走钢丝的整天挨饿,还要受戏班班主的抽打,难道你认为我会放你去干这种蠢事吗?"

安徒生拼命解释,在集市上卖艺和真正的戏剧表演不能相提并论,可都白搭,妈妈对他置之不理,连听都不要听。但安徒生并不死心,每天都向妈妈发动新的攻势,又是保证,又是哀求,又是哭泣,软磨硬泡,妈妈终于软了下来,但是提出要问问算命的女人。在算命女人口若悬河的许诺和保证下,妈妈终于点头同意了。

1819 年 9 月 6 日,14 岁的安徒生站在了哥本哈根的大街上。

这时,他才真正感觉到,在这个陌生的世界面前,自己是那样孤独、那样渺小。他忍不住想哭,但马上又止住了,他知道现在不是哭的时候,要勇敢,要对自己有信心。

接下来的是令他疲于奔命而又一事无成、灰心丧气的日子,他找过著名的芭蕾舞演员阿尔夫人,还拜访了剧院经理,都毫无结果,他们不欣赏安徒生的表演,也不欣赏他的相貌。

带来的钱花光了,摆在他面前的有两条路:一条路是回家,这是他绝对不能接受的,他不能忍受一事无成回去后人们嘲讽、蔑视的目光;另一条路就是找个工作,这对他来说是唯一可行的路。于是,他到一个家具店当了学徒,但没几天,他就不干了。他放不下自己的理想,他一定要走自己想走的路。

他又敲响了著名歌唱家西博尼家的房门。在歌唱家宽容的鼓励下,他唱了一支歌。在演唱中,他投入了自己全部的感情。歌唱家被感动了:"我来教你,你会有出息的。"

在安徒生的眼里,顿时一切都充满了光明。

可是好景不长,安徒生的嗓子突然变坏了,喜怒无常的西博尼很客气地抛弃了他。

在这以后,安徒生又陆续找了几个新的保护人,他们都竭力帮助安徒生,使得他能够在哥本哈根待下去,并参加一些小型演出。这段时间里,他最辉煌的业绩是在舞剧《亚美达》中饰演第七个侏儒。

这时,安徒生又开始迷上了书籍。他如饥似渴地阅读莎士比亚、司各特的作品,有时甚至因此忘了到剧院去参加演出。

读得多了,安徒生忽然觉得自己也可以写一点东西。当然,像很多人一样,他的写作生涯也是从写诗开始的。但他最终的愿望,是写一部悲剧。

这一尝试花费了安徒生两年多的时间。在这期间,《林中的小教堂》、《维森堡大盗》等剧本先后被剧院退了回来。当他把《阿芙索尔》送给剧院经理拉贝克教授的时候,他甚至不敢当面听取教授对剧本的意见。

安徒生是幸运的,拉贝克认真阅读了安徒生的剧本,在一团不成熟的混沌之中,他发现了一丝金子的闪光。于是,他写下了这样的意见:作者尽管文化素养极差,缺乏基本的文化知识,但却是一个非常有才华的人,应该为他申请一笔皇家公费,让他去上学。

于是,不久之后,安徒生成了一名教会学校的学生,这也是他父亲梦寐以求的理想。安徒生这只"丑小鸭"终于被人发现和肯定了。但人们这时还没有意识到,在不远的将来,他将成为一只漂亮的"天鹅"。

这一年,安徒生17岁。

安徒生

林肯
（1809—1865）
美国政治家

我关心的不是事情能否成功，而是事情是否正当。

——林 肯

　　美国第 16 任总统亚伯拉罕·林肯，是 19 世纪中期美国伟大的资产阶级革命家和政治家。

　　在 1861 年爆发的美国南北战争中，林肯作为资产阶级政府首脑，领导广大人民同南方种植园奴隶主进行了殊死的斗争，最后解放了黑人，废除了奴隶制，建立了联邦制，维护了国家、民族的统一，为资本主义工商业的迅速发展扫清了道路，使美国屹立于世界强国之列。

　　死于谋杀的林肯总统，在人们心目中比许多伟大的英雄人物都站得更高，然而在他自己看来，伟大的英雄是人民，他仅仅是人民的工具。

　　1809年 2 月 12 日，在美国肯塔基州霍金维尔附近的密林中的一所简陋的圆木小屋里诞生了一个男孩。男孩的父亲托马斯·林肯，一字不识，勤劳朴实，靠开垦荒地和打猎来养活一家人。男孩的母亲南希·汉克斯是个心地善良的劳动妇女。这个男孩就是亚伯拉罕·林肯。

　　小时候，母亲南希非常喜爱林肯，常给他讲一些古代英雄反抗暴君统治和打击侵略者的故事，对幼小的林肯影响很大，在他混沌初开的心田里撒下了热爱祖国、憎恶残暴与不平等的种子。

在母亲的教导下，林肯学会了做日常的零活，即便在提水、搬运劈柴和清扫炉灰的时候，母亲一丝不苟的态度也深深影响着小林肯，让他养成了做事认真的好习惯。

林肯5岁时，有一个名叫赖尼的传教士来到他们村子，开办了一所简陋的学校。从这时起，林肯和比他大两岁的姐姐才有了正式读书的机会。

在学校中，林肯年龄最小，却是最用功的一名学生。由于学校离家较远，他每天上学要走好几公里路，却从不偷懒叫苦。遗憾的是，这个学校只办了两年就停办了，并且由于教学安排不正规，学生们真正上课的时间还不到半年，林肯在学校里只学会了一些简单的单词。

辍学后，林肯依靠在学校里打下的基础，开始了自学。他每天除了帮助父母干活外，便是捧着母亲那本破旧的《圣经》用心地阅读，有时也从别处借一些书来念。他喜欢书中那些见义勇为的英雄人物，同情那些善良诚实的被压迫者，厌恶与憎恨残暴、贪婪的统治阶级。他还喜欢听故事和神话传说，也爱听大人谈论时事。父亲常给他讲述祖先移民定居美洲的情况和一些他们惊人的经历，虽然其中的许多事情小林肯还弄不清楚，但他还是静静地耐心倾听。

林肯一家与周围的黑人们相处得很好，可这竟被当地的种植园主们视为"非法"行为。林肯7岁那年，他们全家因为这个原因遭到一个种植园主的恫吓与迫害。在一个严寒的冬季，一家人被迫迁移到印第安纳州俄亥俄河以北的鸽子河地区。他们在那片熊、豹经常出没的荒野上，重新搭起简陋的木屋，开垦荒地。

林肯虽然年龄小，但长得很结实，经常跟父亲一道去打猎、伐木、耕地。开垦长满草根的荒地，然后种上庄稼，是一项十分艰苦的劳动。在辛勤的劳作中，林肯感受到生存的艰辛。有时，林肯也和姐姐一起光着脚板出去采摘榛果和其他野果，对林肯来说，这也许是最轻松和愉快的时光了。寂静而富饶的大自然以及艰苦的劳动生活，使林肯的身心得到健康的发展，经常同淳朴的农民交往，也使他学到了不少知识。

当全家通过辛勤的劳动使生活刚刚好转的时候，新的不幸发生了——林肯慈爱的母亲去世了，这使他悲痛万分。一年之后，父亲娶了一个有三个孩子的寡妇为妻。林肯的继母对孩子们倍加爱护，也很重视他们的学习，常常利用空闲时间教他们语文和算术。不久，林肯的继母

又把林肯送进学校读书。

林肯这一次进的学校仍然不很正规，上课的时间集中在冬天，天气一转暖，因为老师要干自己的农活，就很少上课了。老师的水平也很低，只会分数的四则运算。所以，林肯除了跟老师学习外，课余时间一直自觉地坚持自学。

当时，林肯家里的生活条件很差，但他从不抱怨。他是一个坚强、沉默、刻苦的孩子。虽然每天劳动占去了不少时间，但他仍抓紧空闲时间学习。由于家境贫寒买不起文具，木板便成了他学习算术的"练习板"，木炭则成了"石笔"。他还用火鸡的羽毛骨尖蘸着自制的"黑墨水"练习写字。夜晚，家里没有蜡烛，他便利用火炉里透出来的亮光看书。

几年后，林肯不但学会了读、写、算，而且也看了不少书，如《伊索寓言》、《鲁滨孙漂流记》、《华盛顿传》和《美国历史》等，从中学到许多知识。

有一次，林肯偶然听到一位律师在法庭上替人辩护，竟对此产生了极大的兴趣，便立志长大了要当一名律师。此后，他常常徒步 40 公里到一个法院里去听律师们的辩护。在此期间，他还经常听一些政治家的演说和传教士的布道。他们慷慨激昂的演说打动了林肯，回来后，他便学着演说家们的样子，向朋友们发着议论，这在某种程度上也锻炼了林肯的思辨能力和口才。

为了维持贫困的家庭生活，林肯 17 岁时就在一条渡船上担任船员。没过多久，又受顾担任一条木船的"船长"，在密西西比河上航行，到较远的一些城市贩卖货物。船上只有船主的儿子艾伦和林肯两个人，艾伦是他的助手。航行中，密西西比河越流越阔，南方风光新奇而迷人，这对从未出过远门的林肯来说，像是来到了一个新的世界。

经过长途航行，他们到达了目的地——新奥尔良。在这个拥有4万人口的城市里，店铺栉比，人来人往，叫卖声和喧闹声使林肯为之目眩神迷。他最感惊奇的是贩卖黑人的广告和悬赏寻觅逃亡黑人的招贴。因为他从未想到童年时的好朋友——黑人，在这里竟会像牲畜一样被买卖和奴役。这悲惨的一幕，深深地刺痛了他的心。

有一天，林肯在贩卖黑奴的市场上看到一个身穿奇装异服的人，他手里拿着鞭子，驱赶一群黑奴到拍卖所。黑奴的手上和脚上都戴着镣铐，如果走慢一步或停顿一下，就会遭到主人的呵斥和鞭打。半裸体的黑奴们，个个面色苍黄，黯然无神地拖着两条枯瘦如柴的腿，一步步走着。拍卖所四周围着许多人。奴隶贩子在众人面前一边凶狠地用皮鞭毒打戴着镣铐的黑奴，一边不断地夸耀自己的"商品"货真价实。一位沉默不语的黑奴少女被叫出来，赤裸裸地站在拍卖台上。奴隶贩子指手画脚地高声介绍这位少女的好处，像描述一头价廉物美的牲畜一样。围观的人怪声叫喊着、争吵着。那个可怜的少女惶恐地站在木台上，低着头，羞惧的泪水夺眶而出。当买主给到最高价格时，买卖成交了。少女被赶到买主那里，像牲畜一样被牵走了。还有一位已经做了妈妈的黑奴也被买主买去，她5岁的孩子则被另一个奴隶主买走。孩子哭喊着："妈妈，别走！"也许日后这对母子就难得再见了。

一幕幕人间惨剧，让林肯不寒而栗、愤慨异常。他对同伴说："我们走吧！等有一天我有机会打击这一制度的时候，我一定要把它彻底打垮。"30年后，林肯实现了自己的诺言。

林肯从奥尔良回来后，又被请到邻居新开的一家商店当店员兼管货栈。由于生意比较清淡，他又有空闲读书了。

林肯待人和蔼、公正、诚实。有一次，一位女

顾客买完东西走得匆忙,当林肯发现她多付了几美分时,已经不见了她的踪影。正巧林肯从别的顾客那儿打听到了她的住处,于是,下班之后林肯走了几公里路,找到了那位女顾客,将多付的钱如数还给了她。

当地居民的性格多比较倔强,他们之间经常会发生一些争执,林肯总是热心地为他们调解。有很多起几乎酿成流血斗殴的事件,经他调解后,都得到了顺利解决。甚至一些多年的仇人,经林肯劝解,也言归于好了。因此,附近的居民都非常尊敬和喜爱这个个子瘦高的年轻人,亲热地称他为"诚实的亚伯拉罕"。

1834年,林肯加入了代表北方资产阶级的辉格党。同年,他在伊利诺伊州的议会选举中,当选为州议员。最初,林肯并没有引起人们的注意。后来,人们才逐渐看出这个瘦骨嶙峋、皱纹满面、相貌平凡、行动拘谨的年轻人不仅有头脑,而且具有某种吸引人的魅力和气派。由于竞选,他经常到各地发表演说。他的演说内容深刻,特点鲜明,生动有力,特别是那真挚的情感和通俗的词句,吸引着每一个听众,即使是没有文化的劳动人民,也能听懂他的讲话。因此,他的演说很受人们欢迎。他当时讲的很多话,都成了后来流行一时的名言。

连任两届州议员后,林肯已经28岁了,在朋友的资助下,他在伊利诺伊州开办了一家律师事务所,从事起他少年时代就十分喜爱的法律工作。

有一次,一个黑人水手因没有"自由身份证",被政府误认为是逃跑的奴隶,将他逮捕入狱。黑人水手的母亲找林肯帮忙。他马上四处奔走,设法营救,但没有人肯帮助他。最后,林肯用自己的名义筹借了1000美元,将黑人水手赎了出来。母子二人万分感激,不知怎样报答他才好。林肯却说:"帮助别人,是我应尽的责任。"林肯还曾为一个黑奴妇女积极争取人身自由,终于使她成了自由民。

林肯的所作所为,受到了人们的信任和尊敬。他开始有了一定的社会地位,也积累了丰富的工作经验,但仍然刻苦自学,碰到不懂的问题便虚心向人请教。林肯待人非常有礼貌,当选为州议员后,个人生活仍极俭朴,始终是粗布衣衫。

林肯在青少年时代饱经生活的磨砺,这为他日后成为一位伟大的政治家奠定了基础。

达尔文

（1809—1882）

英国博物学家、进化论创始人

一个人要取得重大发现，必须养成观察、思考的好习惯。

——达尔文

位于英国南部普利茅斯湾内侧的德文港，风景优美，船桅如林。1831 年 12 月 27 日清晨，港内一艘刚刚整修改装完毕的三桅木船，正在准备起航进行一次重要的环球航行，它就是"贝格尔"号军舰。按照计划，"贝格尔"号将要由北至南越过大西洋，沿澳大利亚南部海岸进入印度洋，穿越印度洋之后，再经好望角由南至北穿越大西洋返回英国。这次历时 5 年的环球航行的目的是为英国海军部完成复杂的测绘任务。一个月内，"贝格尔"号已经先后两次尝试着启碇出海，但都被猛烈的西南风和二三十米高的海浪推回港内。今天天气转晴，"贝格尔"号终于可以鼓起风帆，正式起航了。

故乡的海岸越来越远。年仅 23 岁、身材高大的查理·罗伯特·达尔文像一座炮塔，坚定地站在甲板上。此时此刻，他异常兴奋，能够随着这艘军舰进行环球航行，对于自幼就和大自然结下不解之缘，决心一生从事生物科学研究的达尔文是多么重要的一次机会啊。他得到了这次机会，实现了梦想。随着"贝格尔"号的起航，他人生的新航程也开始了。只不过"贝格尔"号面对的是苍茫大海，而达尔文所面对的是比海洋更广阔、更浩瀚的整个大自然。

在长达 5 年的航行中，达尔文怀着探索大自然奥秘的强烈愿望，克服了一个又一个困难，以极大的毅力和耐心，做了大量的对自然的考察工作，收集了数百种动植物标本，记下了几大本珍贵的日记。而且在"贝格尔"号上，他还认真阅读了大量自然科学方面的书籍，吸收他人的研究成果，并结合自己的考察进行了认真的思考。1836 年，当达尔文走下"贝格尔"号军舰踏上英国的土地的时候，他已经由一个对每一只新发现的甲虫都感兴趣的年轻人，变成了一个掌握了大量事实和标本的"富翁"；由一个对科学怀有浓厚探索兴趣的年轻人，变成了一个对当代自然科学的根本基础产生怀疑的深刻的思想家。

在以后的岁月里，达尔文以他在"贝格尔"号上的考察成果为基础，不断进行研究探索，发表了一部又一部高水平的科学著作。

1859 年 11 月，达尔文集自己多年的研究成果，出版了他的划时代的伟大著作《物种起源》。在《物种起源》里，达尔文提出以自然选择为基础的进化论学说，不仅说明了物种是可变的，而且对生物的适应性也作了正确的解说，从而"第一次把生物学放在完全科学的基础上"。达尔文的进化论同能量守恒与转化定律、细胞学说一起被恩格斯誉为 19 世纪自然科学的三大发现。查理·罗伯特·达尔文也成为人类历史上最重要的科学家之一。

查理·罗伯特·达尔文 1809 年 2 月 12 日出生于英格兰西部希罗郡塞文河畔的希鲁兹伯里镇上的一个医生家中。这是个医生世家，他的祖父伊拉兹马斯·达尔文曾是英国医学界权威，出版过两大卷医学专著《生理学》和一本 600 页的《植物学》，而且还写过一本《女生教学大纲》，对当时的英国教育界产生了很大影响。他的父亲罗伯特·达尔文在 19 岁时就在莱丁大学取得了医学博士学位，并依靠自己的医术和热情很快成了名医。达尔文的母亲苏珊娜是个有见识、有教养的妇女。作为母亲，她不仅很贤惠，而且懂得保护儿童的好奇心，每逢孩子提出稀奇古怪的问题的时候，她都耐心地加以解答。小达尔文就是生长在这样一个富裕而又有教养的家庭中。

塞文河畔由花草树木构成的绿色世界及家中的花园，成了小达尔文最早的大课堂。达尔文的母亲苏珊娜担当起了这个大课堂的教师。苏珊娜经常带孩子在这些课堂里游玩，教儿子怎样根据花蕊来识别花

草，让他们记住这些花草树木的名称。小达尔文天资聪慧，对这些花草树木有一种天生的"情感"，对它们的名称都记得清清楚楚。父亲有时也带着他乘轻便车出去游玩，让他对大自然进行观察。

在小达尔文8岁的时候，他的母亲不幸因病去世了，全家人都非常悲伤。小达尔文遭受了厄运带来的痛苦之后，并没有放弃自己的爱好，而是继续收集各种植物、贝壳和小矿石等标本。他收集的东西太多了，以至于被父亲指定来主持家务的二姐对他很有意见。一天，二姐卡罗琳指着达尔文的鼻子叫了起来："一天到晚光知道玩树叶、野草、石头，把房间搞得乱七八糟，你再这样胡闹下去，我就把你这些宝贝统统扔出去。"

爱好是一个人最好的老师和伴侣。人身上有许多东西可以改变，可人自幼产生的原始爱好却非常难以被丢弃，它往往会顽强地伴随一个人的一生。姐姐发怒的结果，没有使小达尔文远离大自然，反而使他更加坚定了自己的爱好，更努力地去收集各种各样的标本，以此来增加自己的科学知识。这种爱好还引起了小达尔文对生物的怜悯。比如小达尔文喜欢摸鸟蛋，但是每次总要给可怜的雌鸟留下几个，他认为连窝端太残忍了。

1817年春天，8岁的达尔文和7岁的妹妹卡瑟琳一起被送进一所私立小学读书。学校里教材很单一，达尔文对此不感兴趣。他喜欢看的是《鲁滨孙漂流记》、《格列佛游记》、《世界奇观》等儿童读物。一年以后，他同哥哥一起被转送进当地的另一所学校——希鲁兹伯里中学。该校学生要住校学习，达尔文在这所学校学习了7年。

希鲁兹伯里中学的校长巴特勒是达尔文父亲的好朋友。他在教学上以严格、规范著称。而达尔文对此很不喜欢，他经常偷偷跑回家或自己出外收集标本。当学生们做礼拜，老老实实地背《圣经》时，他却暗中背诵荷马、维吉尔、贺拉斯、莎士比亚、拜伦、雪莱等人的诗歌。在一次早祷中，负责主持学校宗教事务的教士突然发现达尔文偷偷地拿着一个小本子，嘴里念念有词，但背的不是经文，而是诗歌。教士气坏了，早祷一结束，他就气呼呼地走到达尔文面前，把他带到自己的房间。教士翻阅了一下达尔文的小本子，发现他读的是雪莱的诗，于是就对他大发雷霆，扬言要把他开除。达尔文据理力争，最后，既严格又保守的校长巴特勒还是否决了开除达尔文的建议。

希鲁兹伯里中学的课程单调而又不切实际，根本无法满足达尔文的求知欲。达尔文的兴趣广泛而浓厚，他对自己感兴趣的东西非常入迷，并且对各种复杂的问题和事物喜欢寻根究底。有时甚至在走路的时候，他也会完全陷入沉思。

面对学校单调课程的束缚，达尔文决心要打破它。于是他走出学校请了一位家庭教师教授几何学，并让叔祖父给他讲解晴雨表的原理，他还经常阅读一些自然科学著作，这些对他增长知识、提高观察水平和思考能力都有很大帮助。比如，他读了吉尔伯特·怀特的《塞尔波思》一书，使他对观察鸟类的习性产生了浓厚的兴趣，于是，他对附近的各种鸟类进行了详细的观察和记录。

然而，这些行为在达尔文的父亲和校长巴特勒眼里却成了游手好闲和不务正业的标志，因而没有得到他们应有的支持和帮助。

在达尔文中学即将毕业时，他的哥哥正在努力研究化学，这也引起了他的兴趣，于是也开始阅读起化学书籍来，并和哥哥一起搞起简单的实验。兄弟俩在自己家花园的工具棚里，搞起了一个"实验室"，他们搜集了许多曲颈瓶、试管、烧杯等仪器，按照书上的提示做各种实验。每当实验获得成功，兄弟俩都会高兴得跳起来，高叫："我们成功了！我们成功了！"在晚年，达尔文仍然对这段时光很留恋，他说："化学实验使我感到了很大兴趣，我经常连续工作到深夜。这是我在学校期间所受到的最好的教育，因为它使我了解了实验科学的意义。"

然而，就是这样有意义的事情，在当时也不被巴特勒校长理解。他听到达尔文兄弟做化学实验的事以后，勃然大怒，把他们兄弟二人找去大加训斥，无论他俩怎样解释也无济于事。过了几天，此事又被达尔文的爸爸知道了。爸爸对他又是一顿训斥："除了打猎、养狗、捉老鼠、抓小鸟、玩瓶子、采花草，你对什么都不感兴趣。这样下去，你会给自己、给我们整个家庭丢脸的！你会成为一个叫人痛心的败家子。"

不久，哥哥被送到爱丁堡大学医学院读书，达尔文在精神上感到很孤独，没有心思学习功课。爸爸知道让小儿子在希鲁兹伯里中学继续学习已经毫无意义了，便决定把达尔文也送到爱丁堡去，和哥哥一起学医。然而，达尔文却不同意这样做，他说："爸爸，我希望能够学习植物学和动物学。总之，我要踏着祖父的足迹走，而且我觉得，可能我命中注定要把他留下的工作继续下去。"固执的爸爸听了儿子的话非常生气。没有办法，达尔文只好遵从父命。

1825年10月，不满17岁的达尔文来到爱丁堡。爱丁堡是英国北部的一座具有悠久历史的城市，曾是苏格兰的古都。

爱丁堡大学以"医学博士摇篮"的美誉吸引了英国及其他许多国家的青年。心中充满幻想的达尔文进了爱丁堡大学，他希望自己能在这里好好学习，像他的祖父一样成为既精通医学又懂生物学的人。可是和中学一样，他的幻想不久就又一次破灭了，因为他学习的几门课程，除了霍普教授的化学课讲得比较深入浅出以外，其他各门课程全都索然无味。在爱丁堡大学两年多的学习，不但没有使他增加对医学的热情，反而使他对医学愈发失去兴趣，因为他的兴趣完全在医学之外。在另一方面——业余爱好方面，达尔文却找到了一个新天地。

爱丁堡大学有一个科学小组——普林尼学会，其成员经常在地下室里集会，讨论自然科学方面的问题。在学会里，达尔文做了一个报告，提出了两个新发现：一个是，一种一向被认为是海生动物叶肢蚧的卵的东西，其实是它的幼虫；另一个是，在英国各处海湾都可以见到大量棕色海藻，其中一种叫墨角藻，以前人们一般认为，它在发育初期是一种能自由浮动的球状体，达尔文用显微镜仔细观察，发现这些小球体根本不是海藻，而是海生吻蛭的卵衣。正是因为这两个发现，1826年11月，达尔文正式当选为普林尼学会的秘书。

达尔文的父亲见儿子无心学医，就决定让他去学神学。达尔文一方面拗不过父亲，另一方面也不想因此而损害父亲的健康，就违心地同意了。1828年1月8日，他正式进入剑桥大学基督学院。在基督学院里，达尔文一方面自选了大量的书籍阅读，另一方面继续开展收集动植物标本的工作。剑桥所有的甲虫，在他的箱子里都有标本，都有编号，都注明了名称。有一次他剥了一棵老树的枝皮，结果发现了两只少见的甲虫，于是他就一手捉一只，没想到这时第三只甲虫又出现了，而且更为出色。达尔文灵机一动，把右手中的甲虫塞在嘴里保存。没想到他口中的甲虫放出一股苦水，让他"苦"不堪言，达尔文不得不将它吐出来，结果另一只也跑掉了。

无聊的基督学院耗费了达尔文许多宝贵的时间，但也正是在这段时间里，他遇到了对他一生产生了重要影响的人物——植物学家亨斯罗教授。亨斯罗教授学识渊博而又平易近人，达尔文从他那里学到许多知识。在剑桥大学的最后半年里，达尔文听从亨斯罗的意见，努力研究地质学。1831 年夏天，亨斯罗把他介绍给著名地质学家塞治威克。达尔文同塞治威克一同旅行了三个星期，在这短暂的时间里，达尔文学到了许多对他一生都起了重要作用的知识。

旅行归来，达尔文经亨斯罗教授推荐，以博物学家的身份参加了"贝格尔"号的环球考察。达尔文说服了父亲，在父亲那里得到了全部费用，并为参加考察做好了全部准备。达尔文怀着激动的心情写信给菲茨罗伊舰长说："'贝格尔'号起航那天，将是一个多么美好的日子！那天将是我第二次生命的诞生日！"

也就是从这一天起，年轻的达尔文走上了一条成为伟大科学家的道路。

马克思

（1818—1883）

德国思想家、
伟大的革命导师

> 人只有为自己同时代人的完善，为他们的幸福而工作，才能达到自身的完善。

> ——马克思

他长眠在英国伦敦城北一座小山上的海格特公墓中。四周松柏苍翠，枝繁叶茂，郁郁葱葱。常春藤缠绕着他的墓碑，墓旁有小小的玫瑰花丛，这是这座普通的大理石墓唯一的装饰。大理石墓碑约有 4 米高，矗立在墓前，碑顶是铜铸的马克思头像——宽宽的鼻子，卷曲的头发，在黝黑的面孔上有一对永远注视着时代风云变幻的深棕色的眼睛；炯炯的目光，锐利而坚定；浓黑的眉毛，高扬着斗争的勇气。墓碑正面刻着这位无产阶级的伟大导师、科学共产主义的创始人的名言："全世界无产者，联合起来！"

他是最受爱戴的人，也是最受仇恨的人。可他没有一个私敌。

他科学的世界观，不局限于说明世界，而是把改变世界、把社会实践作为自己的根本出发点和奋斗目标。他与恩格斯一起起草了著名的《共产党宣言》，用毕生心血完成了巨著《资本论》。他是全世界无产阶级和劳动人民的伟大领袖和导师。

1818 年 5 月 5 日，卡尔·马克思诞生于德国西部莱茵省境内的特里尔市。特里尔市依山傍水，景色秀丽，是一个历史悠久的文化古城。林木葱茏的马尔库斯山横卧在它的市郊，清澈透明的摩泽尔河静静地流过它的市区，蜿蜒北去。

马克思的父母都出身于犹太法律学家的家庭。父亲亨利希·马克思以他的"纯洁品格和法学才能出众"，在特里尔市享有声望。他是该市的法律顾问，被推举为律师公会的会长。亨利希深受法国资产阶级启蒙思想的影响，是一个思想开明的资产阶级自由主义人士。在他的书房里，经常摆在案头的不是《圣经》，而是一些法国资产阶级启蒙思想家的著作，如卢梭的《社会契约论》、伏尔泰的《哲学通信》、倍恩的《人的权利》等。他关心人民的疾苦，向往国家的统一和自由，但在他身上也深深地刻有德国资产阶级的烙印——缺乏革命的勇气，把改革的希望寄托在国王的明智和恩赐上。

马克思的母亲罕丽达·普列斯堡是荷兰人，操着一口不大流利的德国话。她整天忙于家务，小市民意识较浓。她指望马克思将来能跻身上流社会，成为一个有名望的大法官、大律师，她始终没有理解自己儿子为解放全人类而奋斗的理想，后来看到马克思一家过着十分清贫的生活，时常以埋怨的口吻唠叨："小卡尔要是能积攒一笔资本，而不是写一本什么关于资本的书（指《资本论》），该有多好啊！"

马克思有三个兄弟和五个姐妹，其中三个兄弟和两个姐妹死得很早。在这些孩子中，要数马克思身体最健壮，也最聪明活泼。父亲对他的聪颖和机敏感到欣慰，期望他将来能充分发挥自己的天赋为人类造福；母亲把这个淘气的孩子叫做"幸运儿"。

童年时代的马克思常和自己的弟弟、妹妹以及邻居家的小朋友们一起玩耍。他善于创造各种有趣的游戏，编讲优美动听的故事，因此小伙伴们都乐意同他玩。

在马克思的小朋友中，有一个长着一对又黑又亮的大眼睛、满头金黄色头发的小姑娘，她的名字叫燕妮，比马克思大 4 岁，是亨利希·马克思的好友、特里尔枢密顾问官路德维希·冯·威斯特华伦男爵的女儿。燕妮家与马克思家离得很近，她家那个宽敞的大花园也是他们经常在一起玩耍的地方。慈祥的老人威斯特华伦喜欢跟孩子们在一起，给他们绘声绘色地讲古希腊、古罗马的神话故事。这些优美神奇的神话故事在马克思幼小的心灵中播下了向往光明与正义、憎恶黑暗与邪恶的种子。马克思对这位后来成为自己岳父的老人十分崇敬，他的博士论文即题献给这位 "父亲般的朋友"。

马克思没有上过小学,他的整个童年都是在家里度过的。在父亲的指点下,他学完了小学的启蒙课程。1830 年 10 月,12 岁的马克思进入特里尔市的弗里德里希·威廉市立中学。校长威登巴赫是一个学识渊博,具有进步的民主主义思想的人。在他主持下,特里尔中学的学生思想都比较活跃,校园里流传着进步书刊和歌曲。普鲁士反动当局对此非常恼火,本想撤掉威登巴赫的校长职务, 只是慑于他的声望,怕闹出更大的乱子才没敢这样做。但是,学校却遭到严密的监视,当局还提升一个叫廖尔斯的教员任副校长,让这个以思想保守著称的人监视校内的政治活动。

马克思是这些事件的目击者。他深深同情并尊敬那些思想进步的师长。后来,当他离开特里尔去波恩上大学后,还惦念着老校长威登巴赫,在给父亲的信中表示要写一首诗献给他。亨利希向威登巴赫转告了儿子的问候,这位白发苍苍的老人感到十分高兴。

在学校里,马克思学习十分刻苦。他的语文学习多次受到老师的表扬。六年级的时候,他因为古代语成绩好,受到老师的表扬。八年级时,他的作文被老师挑出来作为范文,并获得了一张奖状。他广泛阅读著名作家的作品。歌德的诗剧和席勒的剧本,他都反复吟诵,有的篇章甚至能流利地背诵。德国作家克洛普什托克的惊险小说,他读得津津有味。他自己也学着写诗,特别是喜欢写讽刺诗。

马克思还十分重视外语学习。拉丁语和希腊语是两种古老的语言,它们的词形变化十分复杂,相当难学。拉丁语教材大都选自内容深奥的古典作品,如古罗马政治家西塞罗的《论演说家》、诗人贺拉斯的《颂诗》等。希腊语教材中选有古希腊哲学家柏拉图的《斐多篇》、剧作家索福克勒斯的《安提戈涅》和著名的《荷马史诗》。马克思能把这些古典作品的片断流畅地译成德文。到中学最后一年,他的法语口语已相当熟练,并能阅读和翻译难度较大的法文原著。对自然科学的各个学科他也并不偏废,多年后他在写作之余,常以演算数学题来解除疲劳。

马克思勤奋好学,但又不是个书呆子,而是一个生龙活虎、朝气蓬勃的少年。在马尔库斯山的丛林中,他常常与同学们比赛爬山,做军事游戏,练习击剑。他也喜欢在碧波荡漾的摩泽尔河中游泳,躺在河边草地上晒日光浴。这个长着一头黑色卷发的小伙子,皮肤黝黑,宽肩厚胸,强壮有力。父亲常常笑着说,他的儿子像一只"黑毛小狮子"。

1835年夏天,在毕业典礼结束之后,马克思告别师友,离开了弗里德里希·威廉市立中学。中学毕业,这对一个青年人来说,是生活道路上的一个重要转折点。以后的路怎样走?正像学生们出了校门向各个不同的方向走去一样,他们的想法和打算也各不相同。有人打算皈依教会,拿手中的毕业证书作为跨进宗教殿堂的通行证;有人打算依仗亲友的权势,涉足官场,期望在宦途上飞黄腾达,青云直上;也有人想继承家业,跻身巨商富贾之列;还有人想投笔从戎,在战场上建立赫赫军功,晋爵加衔,光宗耀祖……总之,每个人都按照自己对生活、前途和幸福的理解,来选择职业,设计未来的生活蓝图。

此时此刻,马克思在想些什么呢?他打算怎样安排自己的人生道路呢?毕业之前一个月,他写了一篇题为《青年在选择职业时的考虑》的作文,对这个问题做了明确的回答。

马克思认为,人固然可以选择自己的职业,但生活的经验往往说明,这样的选择并非总能如愿以偿——"我们并不总是能够选择到自己理想的那种职业;我们在社会中的关系,早在我们能够对它发生一定影响以前,就已经在某种程度上被确定了。"当时马克思还并不真正理解这个"社会关系"究竟是什么,但他已经感觉到人与人之间

存在着一种不以他们的主观愿望为转移的客观关系。这种 "社会关系" 的本质和奥秘，正是他以后着力研究的一大课题。

马克思还认为，"我们在选择职业时所应遵循的主要原则，是人类的幸福和我们自身的完善"，真正的伟人、幸福的人，是那些为人类共同的利益工作而使自己变得更加高尚的人，是那些为大多数人带来幸福的人，是那些为人类牺牲了自己的人。

在这篇作文的结尾，马克思写下了这样一段铿锵有力、气势磅礴的名言：

　　"如果我们选择了最能为人类服务的职业，我们就不会被任何沉重的负担所压倒，因为这是为全人类做出的牺牲；那时我们得到的将不是一点点可怜的自私的欢乐。我们的幸福将属于亿万人，我们的事业虽然并不显赫一时，但将永远存在。当我们离开人世以后，高尚的人们将在我们的骨灰上洒下热泪。"

秋天，马克思去波恩读大学。踏进波恩大学的校门，马克思就像一匹在茫茫沙漠里长途跋涉的骏马突然找到了一泓清泉，感到万分喜悦。他看到学校里公布的供学生选修课程的课程表后，跃跃欲试什么都想学。他甚至打算选修九门课程。他的身心几乎全部沉浸到书海之中，甚至忘了给双亲写信，离家三个月只给家里写了两封短信。老人在给他的信中不时抱怨他不理解父母对初出远门的游子的思念之情。

当时，德国的民主运动在统治阶级的镇压下正转入低潮，进步团体被取缔，进步人士不是被关在狱中，就是流亡国外。波恩大学也是这样，进步学潮惨遭镇压，经常有学生被安上"煽动者"的罪名而被开除，甚至遭到逮捕和监禁。原先仅有的一点"大学自由"早已烟消云散，凡是带有政治色彩的进步社团都被取缔。警察在书摊上搜查"禁书"，暗探在咖啡馆里偷听学生的谈话。晚上戒严钟声响过后，所有灯火都得熄灭，波恩城陷入一片黑暗之中。

相当多的青年找不到出路，陷入苦闷彷徨之中。在大学里，酗酒、赌博、斗殴之风盛行。马克思却并没有随波逐流，他在刻苦攻读的余暇，结识了一批有志青年，加入了花环文学社。这些不满现状、要求改革的青年，常常步行去芳草如茵、溪水淙淙的郊外，围坐在大橡树下，或者吟诵诗篇，或者讨论一些历史和哲学问题。马克思还常与朋友们骑马击剑，在一个名叫"白马"的小酒馆中举杯畅饮。

马克思

马克思还参加了波恩大学特里尔同乡会的活动。一年春天，特里尔同乡会与波路西亚同乡会之间发生了激烈的冲突。波路西亚同乡会由普鲁士封建贵族子弟组成。这些纨绔子弟挥金如土，不学无术，在校内外飞扬跋扈，为非作歹，任意欺侮平民子弟。马克思一向嫉恶如仇，不畏强暴，他虽然不赞同决斗这种封建旧俗，但是当波路西亚同乡会的一个成员对他发出侮辱性的挑衅时，马克思勇敢地同他进行了决斗，还险些受了伤。他的行为引起了学校当局的注意，大学惩戒法庭以"在夜间醉酒喧闹"为名判处他关禁闭一天。禁闭结束时，特里尔同乡会的成员们像欢迎凯旋的英雄一样，前呼后拥地把马克思接了回来。

第一年的大学生活很快过去了。这里令人窒息的政治空气，一些教师内容陈腐的讲课，不少同学放纵浪荡的生活，使马克思越来越感到失望。他希望换一个学习环境。正像他在自己的诗中写的那样："我一向不能悠闲地无所事事，我要永不停歇，奋勇向前。"

1836年，马克思终于在霏霏秋雨中来到了柏林，开始了他追求真理，用人类全部知识武装自己的新的生涯。

巴斯德

（1822—1895）

法国化学家、微生物学家

在观察的领域中，机遇只偏爱那种有准备的头脑。

——巴斯德

那是一个漫长而悲惨的时代。各种疾病——炭疽、霍乱、结核、狂犬病、白喉、外伤……永无休止地袭击人类和家畜，致使人、畜大批大批地死亡。仅仅是一个多世纪前——1850 年，美国男子的平均寿命还只有 38 岁。

19 世纪 80 年代后期的一天，在法国巴黎医学研究院，一位著名医生在滔滔不绝地大讲产褥热的病因。突然，他堂皇的演说被台下一个激昂的声音打断："住口！产褥热的病因完全不是你说的那样！是你们医生，将致人死命的微生物从得了病的妇女身上带给健康的妇女。"

随着这个声音，从后排站起一个人来。

"可能您是对的。但是，恐怕您永远也找不到那种微生物……"那个医生仍振振有词

"不，先生。"那人竟跛着左腿，径直走到黑板前，对发怒的雄辩家和在场的其他人士大声说道，"我已经找到了！它是这样的……"说着，他拿起粉笔在黑板上画了起来。

会议被迫中断。

这个长着一脸络腮胡的跛足老人，就是创立"细菌病原说"的巴斯德。他开创了生物化学，发明了至今还在普遍应用的"巴氏灭菌法"，挽救了法、英等国的养蚕业、啤酒业，创造并首先应用疫苗接种法来预防狂犬病、炭疽、霍乱……

他毕生都在追踪着微生物，他向人们证实，这些看不见的小东西，既是人类不可缺少的最好的帮手，又是杀人不见血的最凶恶的敌人。

1822年12月27日，改变了人类悲惨命运的微生物学大师路易·巴斯德诞生于法国东部山区一个简陋的住宅中。父亲约瑟夫是个鞣皮匠，当过拿破仑军队的军士长，质朴、沉默，把军人的荣誉看得比什么都重要。母亲姓罗基，家族世代以和睦友好著称，以至于"像罗基家那样相亲相爱"这句话甚至成了地方性的格言。母亲的性格与父亲相反，活泼，富于想像，满腔热忱。

20岁以前的巴斯德并没有显出天才的苗头。他不过是个细心谨慎的孩子，好学不倦，成绩却平平，没有引起一般人的重视。小时候，他在土路上疯跑，在河湾里钓鱼，很佩服大孩子们撒网的本领。但他却不跟他们去捉鸟，因为看见一只受伤的云雀他会感到很难受。实在没什么可玩的时候，他就在院子里摆弄树皮、废铁片。上小学之后，巴斯德的个性逐渐显露出来。当时流行互相教学，其方法是将学生分成几组，由一个孩子教其他孩子识字，每组的"小先生"由老师指定。巴斯德当时是班里最小的学生，可是却一入学就渴望得到这个头衔。他还爱上了绘画，经常坐在门前，画流过他家门前的河流。他

更爱画的还是肖像画。他给母亲画的肖像,不加修饰,粗陋简朴,没有一幅是美丽悦目的,但却一看就知道是他母亲。

父亲的朋友们都说巴斯德是个艺术家的材料,可是沉默寡言的父亲却思虑重重:儿子已经这么大了,除了绘画以外,对其他学科并没有特别的爱好,将来怎么办呢?

9岁那年,发生了一件令巴斯德毕生难忘的事。铁匠铺门前围了一群人,个个面容恐惧而激动。通红的烙铁熨在了人的皮肉上,随着吓人的咝咝声升起了一缕白色的烟雾和焦煳的臭味。原来是农夫尼古拉被一只疯狼咬伤,正在接受治疗。

巴斯德惊慌地冲出人群跑开了。他浑身颤抖着问爸爸:"狼和狗为什么会疯?人被疯狗咬伤了为什么会死?"

这位见过成千上万的人死于枪林弹雨的军士长却不明白人为何会死于疾病:"大概是魔鬼附体。上帝要你死,你就不得不死,毫无办法。"这种回答在当时并不显得愚昧。因为那时最聪明的科学家和诊费最贵的医生面对诸如此类的问题——疾病的起因,也全都一无所知。

那件事的结果是,尼古拉和另外7个被疯狼咬伤的人全都死于狂犬病。他们的惨叫和那惊心动魄的情景像刀刻斧砍一般刺痛了巴斯德的心。

半个世纪以后,19名被疯狗咬成重伤的俄国农民被送到了巴斯德的实验室。他们伤势很重,并且延误了治疗时间,人们都认为他们必死无疑。他们自己似乎也对生死漠不关心了。他们只会一句法语——"巴斯德",而当这个人出现在他们的病床前的时候,他们就会睁开眼睛,眼中流露出只有见了上帝才会发出的宁静的充满信赖的光芒。

结果,19人中除了3人以外,其余16人全被治愈了。这16名幸存者死而复生的经历在俄国引起轰动。沙皇派自己的弟弟送来圣安娜钻石十字勋章,并赠送10万法郎,以供修建微生物猎人之家——巴斯德研究所。之后,全世界几乎每一个国家都为这个研究所送来捐款,数量达几百万法郎之多。

是巴斯德和他的同事们,发现了狂犬病病因,提取了预防狂犬病的菌苗。为了验证这种菌苗的临床效果,巴斯德曾决定在自己身上接种它,只是由于一个偶然的原因才没有按原计划实施——一个被疯狗咬伤14处似乎已必死无疑的9岁男孩代替了巴斯德本人,并第一个向世界证实了巴斯德的成功——人类战胜狂犬病的成功。

巴
斯
德

巴斯德对用疫苗进行防疫的研究是从防治鸡霍乱病和牛羊炭疽病开始的。它的基本原理是：给人、畜注射上微量的温和的某种疫苗，使他们稍微染上一点这种疾病，而痊愈之后，他们就再也不会被这种细菌毒害而染上大病了。巴斯德的这种方法一直受到科学界的强烈反对。1881 年，科学史上记载了轰动世界的巴斯德的一次实验。当时，反对派提供给巴斯德 48 只羊，让他当众进行预防炭疽病的实验。一批 24 只接种疫苗，另一批不接种疫苗，然后两组一齐注射大剂量的炭疽病菌。实验结果揭晓的这一天到了。议员、科学家、兽医、记者……成千上万的人前来观看。整个世界都目睹了这样一个事实：接种疫苗的 24 只绵羊，欢蹦乱跳地奔跑于未接种疫苗的 24 只死羊的尸体之间！

一个曾激烈反对巴斯德的兽医当场奔向巴斯德，大叫道："先生！用你的疫苗给我接种吧！我愿让你注射最毒的毒菌！"

巴斯德在少年时代就受到爱国主义思想的熏陶。他父亲的密友中有一位哲学家，他是巴斯德家的常客，经常讲述本地阿尔布瓦人的英雄故事。这些爱国者的事迹让巴斯德产生了以法兰西为荣的思想倾向。

这种思想倾向使巴斯德日后为法国的主要工业——葡萄酒业、啤酒业、生丝业做出了前无古人的巨大贡献。

19 世纪 50 年代，法国葡萄酒业突然出现了严重危机：酒大批变质变酸。当时，32 岁的巴斯德是第戎大学理科主任。面对这种情况，他忧心忡忡，便开始了对葡萄酒变质问题的研究——尽管他对酿酒业一无所知。经过大量艰苦细致的实验观察，他终于得出了震惊世界的结论：是一种特殊的微生物使酒变酸、使有机物腐败，而这种微生物是从外界侵入到酒中的。他不但解释了出现问题的原因，而且提供了解决问题的方法：在酒刚酿好之后立即以文火加热至沸点以下，那些不该存留在酒里的微生物就会被杀死，然后密封，酒就不会变质了。这就是沿用至今的家喻户晓的"巴氏灭菌法"，现在的牛奶低温杀菌也是根据这一原理进行的。

19 世纪 60 年代，法国南部养蚕的农民面临着灭顶之灾——蚕大量生病，威胁着年产值达 1 亿法郎的整个生丝产业。巴斯德用整整 5 年的时间反复实验，四处奔走，发现了蚕生病的病因，教给农民防治的方法，挽救了法国的生丝产业。不幸的是，过度的劳累使他突发脑溢血，虽然治愈了，却落下个半身不遂。但是，他却仍然不肯躺在床上或去海滨疗养，偏要一瘸一拐地登上开往南方的列车，并愤然宣称："当这么多可怜的老百姓忍饥挨饿的时候,不善始善终地根治蚕病,简直是犯罪!"

1870年,普法战争爆发。巴斯德立即要求入伍服兵役,但被谢绝了。一位负责征兵的军官对他说:"巴斯德先生,您已经48岁了,又半身不遂,您在军队之外可以更好地为法国服务。"这年年底,巴黎被围,巴斯德被迫放下一切研究工作,成了一个"职业爱国者"。他说:"我的所有作品,都要在扉页上印上:'憎恨普鲁士。报仇!报仇!'"他立志要做一次复仇的研究——让法国啤酒胜过德国啤酒,成为啤酒业的霸主。结果他果真帮了法国啤酒业的大忙。

在巴斯德70岁那年,加拿大政府以巴斯德的名字为本国一个地区命名。阿尔及利亚总督则以巴斯德的名字为当地的一个村庄命名。巴斯德在给总督的信中说:"想到我的名字能与世界上那个角落紧密相连,我深受感动。该村的小孩问起村子的命名由来时,我要求学校的校长只告诉他说,那是一位法国人的名字,他热爱法国。他为祖国效劳时,为人类的幸福做出了贡献。"

每个人在回首往事的时候,大概都会发现在自己的人生旅途上曾遇到过几个里程碑式的人物。巴斯德在青少年时期至少幸遇了这样几位好导师:罗马内、杜马、巴拉、毕奥……

罗马内是阿尔布瓦中学校长。他最先发现了少年巴斯德的才华,只是这才华当时还没有显示出来。他发现这孩子做事非常细致审慎、勤奋认真,有时被人认为迟钝,却有着丰富的想像力。这位教育家经常和巴斯德一起散步,向他展示投考巴黎高等师范学校的美好前景。

16岁那年,巴斯德来到巴黎,在巴尔贝学校学习,准备投考高等师范学校。可是,他却忘不了鞣皮作坊的气味,思乡成病,不得不回到家乡阿尔布瓦中学。不久,他又到离家40公里的贝藏松中学读书。18岁时,他获得了文学业士学位,并被校长聘为助教。这样一来,他便身兼二职,既是数学特别班上的学生,又是朴实严厉的辅导教师。这一时期,他特别喜欢读书,经常和父母大谈书籍对他的影响。他认为,早年阅读对人的一生会产生一种决定性的影响。

20岁时,巴斯德再次来到巴黎巴尔贝学校,一边备考,一边给低年级学生补课以挣钱支付自己的部分学费。在这里,他遇到了著名化学家杜马。他频繁地出入杜马的课堂。他常常喃喃自语:"化学!多么神奇的科学!杜马!多么伟大的杜马!"他给父亲写信述说自己的激动:

"你们想像不出有多少人去听他的课！我们必须提前半小时去听他的课！就像上戏院一样……"

不久，那些气味难闻的瓶子和装有五颜六色液体的试管就成了巴斯德的珍爱之物——他决心成为一名化学家。

21岁那年，巴斯德以第四名的成绩考入高等师范学校。

这时，另一个伟大的化学家进入了巴斯德的生活。讲师巴拉曾是药铺的学徒，他在铺着药方的柜台上发现元素溴时才24岁。如今他又发现了巴斯德。巴拉在与杜马同为主考教师批阅试卷时认定"巴斯德必将成为卓越的教授"。

巴拉在巴斯德毕业后将他接纳进自己的实验室。几个月后，当教育部要把巴斯德分配到一所中学教物理时，他又四处奔走，阻止了这一决定。他说："把这样一个有为的年轻人关到离巴黎500公里以外的地方简直是胡闹！他只想得到一个实验室管理员的头衔，只想从早到晚工作以取得博士学位，别无他求！"

巴斯德的一生几乎时时都受到这位老前辈的帮助。在研究微生物的来源时，是巴拉及时设计并提醒巴斯德采用曲颈瓶。这种特殊的容器成功地分离了空气和尘埃。

然而，帮助巴斯德一举成名为世人瞩目的，却是法国化学界元老、74岁的毕奥。一次，巴拉在研究院图书馆里高谈阔论，盛赞巴斯德的成就，毕奥对这个名字陌生的人居然证明著名化学家米彻尔里奇的结论是错误的将信将疑，就说："我要检验一下那个青年的成果。"

巴斯德永生难忘毕奥老人在法兰西学院对他的那次接见。一老一少共同做实验，当结论出来时，老人拉着青年的胳膊说了下面这句常为后人传诵的话："我亲爱的孩子，我一生非常热爱科学，这一发现使我非常感动。"

26岁的巴斯德从此声名大振，先后担任多所大学教授，并被授予法兰西骑士勋章。

若干年后，在巴斯德当选为科学院院士的第二天早晨，一位妇女双手捧着鲜花向毕奥的墓地走去。那是巴斯德夫人，她代表巴斯德向长眠于此的毕奥献花。

将近70岁的时候，巴斯德本人强拖病体去外地参加杜马纪念雕像揭幕典礼。他在雕像的基座下发表讲演，称自己的导师是"民族的守护神"。

在巴斯德身上我们看到，优秀的导师对一个人的成长是多么重要！

托尔斯泰

（1828—1910）

俄国文学家

理想是指路的灯，没有理想就没有坚定的方向，没有方向就没有生活。

——托尔斯泰

列夫·托尔斯泰是矗立在世界文学高峰上的一位巨人，他创作的《战争与和平》、《复活》和《安娜·卡列尼娜》都是世界文学史上的不朽之作，在全世界范围内拥有最广泛的读者。20世纪50年代有关组织曾举行过一次世界性的民意测验，托尔斯泰在最受读者欢迎的作家中名列第一。

托尔斯泰不单单作为作家是伟大的，作为人，他也同样真正称得上伟大。尽管他有着时代的局限性，有列宁所谓的"托尔斯泰主义的历史过错"，但却无损于他的伟大，他一生都在追求真、善、美。

托尔斯泰1828年8月23日出生于一个贵族之家，他是这个家庭的第四个儿子，母亲在他不到两岁的时候就因病去世了。

两岁的孩子对母亲完全没有任何记忆，但他从别人的口里不断听到母亲高尚的品行，因此在他的想像中，母亲是个善良、慈爱的女性。他在一生中，一直对他毫无印象的母亲抱以无限的热爱和尊敬。

小小年纪便失去母亲似乎是很悲惨的事情，但是托尔斯泰却没有感到什么太大的不幸，他依然感受到了众多的爱抚和温暖，这爱抚和温暖来自他的祖母、父亲、姑妈，而更主要的是来自他的表姑塔吉雅娜·亚历山大罗芙娜。

塔吉雅娜是个孤儿，自小就由托尔斯泰的祖母收养。长大以后，她深爱着托尔斯泰的父亲尼克拉·伊里奇，虽然由于种种原因她最终未能和她所爱的人结合，但对他的爱始终不变。托尔斯泰的母亲死后，她把这种爱转移到她所爱的人的孩子身上，自觉地担负起养育他们的全部责任。从她那里，托尔斯泰得到了母爱的补偿，在他们之间，建立起了一种母子般的关系。托尔斯泰后来说："塔吉雅娜·亚历山大罗芙娜对我的生活有着极大的影响，这种影响首先表现在，她在我童年时就教会了我对爱的精神享受。她不是用话语教会我这一点，而是以自己全身心的爱感染了我。"这使托尔斯泰从童年起，就体味到了爱的力量和温暖。对爱的追求也成了他毕生的追求。

正因为这样，在他幼小的心里并没有太多的失去母亲的凄凉和哀伤，在他的眼里，童年时期的一切都"沐浴着清晨的阳光，人人都美好，你爱所有的人，因为你自己也美好，所有的人也都爱你"。托尔斯泰兄弟几个整天生活于无忧无虑之中，尽情地笑闹嬉戏，常常闹得天翻地覆，大人们也很少斥责他们。

也许正因为生活太幸福了，所以托尔斯泰难以忍受一点点不愉快，一些微不足道的小事也会引起他的忧伤，比如树上的乌鸦掉在地上摔死了，活蹦乱跳的母鸡被杀死做了菜，都会令他唏嘘不已、哭泣不止，哥哥们为此给他取了个"哭鼻子精"的外号。

作为俄国贵族子弟，托尔斯泰照例是在家里接受启蒙教育的。父亲给他和哥哥们请了家庭教师，教他们算术、历史、地理、德语等。但这个家庭教师的水平不高，所以尽管他对孩子们很好，但也只是一个优秀的保育员，而不是一位合格的教师。

托尔斯泰很小的时候就表现出敏锐的观察力和丰富的想像力。他们偶尔会出去郊游、野餐，这是托尔斯泰最高兴的时候。大自然的一切都使他入迷，他会久久地蹲在地上，观察一朵花或者一只美丽的蝴蝶，回到家里，便根据记忆和想像画出一幅幅画。

不过，这种天才的想像力有时也会令他异想天开而干出一些蠢事来。有一次，他忽然产生了一种奇怪的想法，认为人只要蹲下来，双手使劲抱住膝盖，从高处往下一跳，就能像鸟儿一样在空中飞翔起来。这个想法弄得他坐立不安，当大家都去吃饭的时候，他决定实施自己的计划。他爬上顶楼的窗口，朝院子里跳了下去。当有人发现躺在院子里的托尔斯泰时，他已经失去了知觉，幸而并没有摔坏什么地方，只不过是轻微的脑震荡，但也使他连续昏睡了18个小时。第一次伟大的飞行尝试就这样失败了。

父亲很早就发现了自己小儿子身上的天赋。在托尔斯泰很小的时候，有一次父亲让他朗读一首诗歌，他声情并茂地朗读起来，父亲惊奇地发现这个几岁的孩子对诗歌的理解和对声调的处理是那样的准确。这以后，每次家里来了客人，托尔斯泰的诗歌朗诵便成了保留节目之一。

托尔斯泰7岁的时候，就曾当过一段时间他的哥哥们办的手抄"杂志"的主编兼撰稿人。这份袖珍刊物尽管篇幅短小得可怜，只有4页，倒也办得有声有色，以至挑剔的哥哥们也不得不给予赞扬和表彰。

清新活泼、无忧无虑的童年时期转眼就过去了，在托尔斯泰的生活里，出现了人生的第一个转折，这个转折的标志就是他们全家离开故乡迁居莫斯科。

迁居莫斯科的目的是为了让孩子们能受到更好的教育。不过，当1831年1月的一天托尔斯泰来到莫斯科的时候，他却感受到了前所未有的困惑和迷茫。

对于一直生活在封闭的贵族庄园中的他来说，很难理解莫斯科人所表现出的那种相互之间的隔膜和冷漠。他们似乎什么也不关心，对谁也不在意。这对于习惯了人与人之间和谐友爱的托尔斯泰来说，实在是难于理解。

不仅如此，对托尔斯泰来说，莫斯科的日常生活也是过分的单调呆板——父亲忙于领地事务，很少在家，大哥尼古拉埋头准备大学入学考试，也没有时间和他纠缠，只有年老的家庭教师陪伴着他。他不由得想起了家乡波良纳庄园里的那些如歌如梦的日子。

唯一的乐趣是到郊外散步，只有在大自然的怀抱里，他才又恢复了快乐的本性。然而，这种机会毕竟不多，更多的时候，他不得不闷坐在曾留希哈大街11号的那个空阔而冷清的房间里。这一时期对他来说，无疑是一片"沙漠"。而恰恰在这时候，他又和新来的家庭教师发生了激烈的冲突。

原来的家庭教师尽管水平不高，但却善良，热爱孩子，所以孩子们

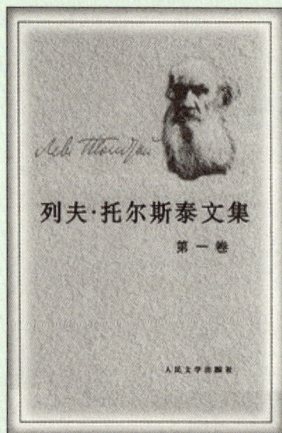

都尊敬他。新来的家庭教师是个性格暴躁的家伙,他信奉的是打骂是最好的教育方法,而托尔斯泰恰恰不能容忍这种侮辱学生人格的教育方法。有一次,那个家庭教师命令托尔斯泰跪下,托尔斯泰气得脸色苍白,宁死也不肯跪下。那个家庭教师使劲抓住他的肩膀,把他按倒在地下。还有一次,托尔斯泰家里举行晚会,孩子们正玩得高兴的时候,那个家庭教师走过来,命令托尔斯泰马上走开,并在大庭广众之下辱骂他,这极大地损伤了托尔斯泰的自尊心。

这一连串的事情令托尔斯泰十分愤慨和不解——人与人之间本来应该是和谐友爱的,为什么会有这样的人?为什么会有这样的事?诸如此类的问题,在那段时间里整天纠缠着他,使他养成了一种与年龄很不相称的沉思的习惯,他不断问自己:人为什么活着?人生是痛苦的还是欢乐的?小小年纪当然不可能回答这些问题。有时候他觉得人活着就得忍受苦难,于是把手放在火上烤,放到窗外冻,甚至用鞭子抽自己,来锻炼自己忍受痛苦的能力。而有的时候他又认为人活着就应该享乐,应该尽情地追逐幸福,于是就连续几天什么也不干,只是躺在床上,看小说和吃蜜糖姜饼。

幻想中的幸福和痛苦毕竟还是虚幻的, 而现实却使他马上面临着新的痛苦。1837 年 6 月,他的父亲在外地办事时突然猝死街头,悲痛立即笼罩了全家,托尔斯泰兄弟几个从此成了父母双亡的孤儿。他们深爱着和善开朗的父亲,现在却永远失去了他。

祸不单行,父亲死后不到一年,祖母也离开了人世,托尔斯泰对此感到的不完全是悲痛,更多的是恐惧——对死亡的恐惧,这使他不禁想起自己的将来。

自父亲死后,家里的经济状况每况愈下,他们兄弟几个只得离开莫斯科回到波良纳,这对于托尔斯泰来说,倒正是求之不得的。他又回到了他所熟悉和喜爱的地方。

但是,回到波良纳没多久,负责监护他们兄弟几个的姑妈亚力山德拉·伊里伊尼奇娜也去世了, 托尔斯泰兄弟几个除了大哥尼古拉之外都未成人,需要有新的监护人。于是,大哥尼古拉给远在喀山的另一个姑妈彼拉盖姬写了一封情真意切的信, 请求她充当孩子们的监护人。姑妈同意了,但是说孩子们必须到喀山去。

再次离开故乡对孩子们来说实在不是件令人高兴的事, 更何况他们一直深爱着的表姑塔吉雅娜不能和他们同行,因为喀山的姑妈不喜欢她。孩子们是哭着爬上马车的。

到了喀山以后,托尔斯泰兄弟们的生活环境与以前大不相同。彼拉盖姬姑妈并不怎么把他们放在心上, 她整天忙于参加各种社交活动,根本无暇照管孩子。托尔斯泰他们只能自己照顾自己。这段生活,对于托尔斯泰来说并没有什么值得回忆的地方。

1843 年,托尔斯泰的二哥和三哥同时考入了喀山大学,此前大哥尼古拉已经上了大学,并且从莫斯科大学转到了喀山大学。托尔斯泰此时也在准备报考喀山大学东方语言系,他的理想是当一名外交家。

考试的科目很多,有历史、地理、数学、俄国文学、逻辑学、拉丁文、法语、德语、英语、阿拉伯语和土耳其语,托尔斯泰一共准备了两年半时间,但实际上并没付出多大的努力,那些枯燥的教科书引不起他的兴趣,大部分时间被他用来读文学作品。这样,考试的结果就不难想像了。1844 年 5 月,考试成绩公布了,他有三科不及格,而按喀山大学的规定,录取的最低标准是允许一科不及格。

托尔斯泰只得又复习了一个夏天,8月份重新申请补考历史和统计学。好在补考的成绩还不错,他被录取了。1844年9月24日,16岁的托尔斯泰走进了喀山大学东方语言系的课堂。

开始的一段时间,托尔斯泰在大学学习得还算不错,但他马上厌倦了枯燥的学习生活,而醉心于各种社交活动。在喀山的各种舞会、晚会和上流社会的聚会上,经常可以看到托尔斯泰那笨拙而羞怯的身影,许多小姐把他看成一个乏味的舞伴,但他并不在乎别人的目光,仍然乐此不疲。

第一个学年就这样过去了,托尔斯泰考试成绩很糟,他未能升入二年级。留级,这对于托尔斯泰来说是个沉重的打击,他决定离开东方语言系,转到法学系,以减轻留级对他造成的耻辱。

1845年秋季开学后,他如愿以偿转入了法学系,但他未吸取以前的教训,虽然他不再像以前那样过度地沉迷于舞场和晚会中,但是对课堂上的东西还是提不起兴趣。他把更多的时间用于读书和学外语,而不久,他又迷上了哲学。于是他干脆丢下了学校的课程,开始专门研究哲学。他阅读了卢梭、黑格尔、伏尔泰的哲学著作,其中对他吸引力最大的是卢梭的著作。卢梭的《忏悔录》深深地抓住了他,那种坦诚、深刻的自我剖析、自我批判的精神与托尔斯泰内心深处的自我教育、自我完善的想法一拍即合。从此,他一直不放弃对自我的剖析,直至去世。

这时,托尔斯泰觉得从法学系的课程中学不到任何有用的东西,他决定退学。1847年4月12日,他向校方提出了退学申请。校方倒是很爽快地批准了他的申请,于是他马上离开了学校,也离开了他所不喜欢的喀山,回到了他的故乡波良纳。虽然这时他才不过19岁,但他觉得自己已经是大人了,可以自己决定自己的生活,走自己想走的路。此时此刻,他还未意识到,他所经历的一切,只不过是他人生之路的第一步。这位未来的文学大师,他的文学生涯甚至没有真正开始。路,还长着呢。

麦克斯韦

（1831—1879）

英国物理学家

> 把数学分析和实验研究联合使用得到的物理科学知识，比之一个单纯的实验人员或单纯的数学家所具有的知识更加坚实而有益。
>
> **——麦克斯韦**

很多人都知道牛顿，都知道爱因斯坦，心中深深地景仰和崇拜他们。其实，还有一位几乎可以与他们比肩而立的科学巨人，他的名字叫詹姆斯·克拉克·麦克斯韦。他 1831 年生于苏格兰的首府爱丁堡，只活了 48 岁。可是，在这短短的一生中，他却在物理学的许多分支学科——电磁学、光学、分子物理学、天文学等领域做出了里程碑式的重大贡献。他发展了色觉的定量理论，确定了照相原理，制作了最早的彩色照片。而欧洲的第一次电话通话是在他和他妻子之间进行的，所使用的设备是电话发明人贝尔赠送给他的。在他的所有科学贡献中，给人类带来最为深远影响的是经典电磁学理论。虽然电磁场的理论起源应归功于英国物理学家法拉第，但法拉第不是数学家，他没有能发展这个概念。经过麦克斯韦之手，电磁场理论才得到了精确的描述。他还预见了电磁波的存在，为无线电的诞生和今天的电子世界开辟了道路。从他的电磁场理论的确立到今天不过一个多世纪，在这一理论基础上诞生的无线电报、广播、无线电话、导航、传真、电视、雷达、无线电遥控、遥测、遥感、卫星通讯等技术成果,已经成为我们生活中不可缺少的一部分。我们甚至无法想像,没有了这一切,我们将怎样生活。所以科学界公认麦克斯韦是"自牛顿以来世界上最伟大的数学物理学家"。

麦克斯韦家族是苏格兰的名门望族。在这个家族中曾诞生过一些有名的政治家、军事理论家、学者和诗人。麦克斯韦的父亲约翰·克拉拉·麦克斯韦职业虽说是个律师,却对科学十分入迷。他心灵手巧、多才多艺,从房屋设计到服装剪裁,样样自己动手。小麦克斯韦显然从父亲那里遗传来一些特别的气质,或者说是从小就受到了父亲的爱好的熏陶,他比同龄的孩子表现出更强烈的好奇心。他向父母提出无尽无休的问题:"大树为什么朝天上长?""蚂蚁会不会说话?""夏天的星星多还是冬天的星星多?"父母总是十分耐心地回答他这些看起来既简单又深奥的问题。可是,十个大人也不能完全解答一个孩子的问题。小麦克斯韦就经常把周围的大人们难住。比如,他会眼睛一眨不眨地盯着演奏小提琴的人,等到一曲终了,在小提琴演奏者正为自己良好的表现而沾沾自喜的时候突然发问:"先生,这琴弦为什么会发出声音呢?"他也会在姨妈为了避免客人尴尬故意塞给他一个大红苹果以引开他的注意力时穷追不舍:"姨妈,这苹果为什么是红的呢?"

姨妈的回答不能令他满意,便领他去见母亲。母亲也答不上来,只好再去见父亲。父亲想了想,从书架上找出一本精装的大书,对儿子说:"这个问题牛顿解释过,不过只是初步的。你以后可以去寻求自己的答案。"

"牛顿?牛顿是谁呀?"

"一个了不起的物理学家,一个权威。但是,他的观点也是可以怀疑的……"

父亲虽然没有直接回答这个问题,但却在小麦克斯韦幼小的心灵里埋下了探求真理的种子。

3岁那年,小麦克斯韦被一块椭圆形铁皮的耀眼反光惊得欢天喜地,他高喊着:"太阳!太阳!我捉住了太阳!"他一面把父亲拉过来表演给他看,一面又追问父亲:"星星呢?爸爸,我们能够捉住星星吗?"

父亲为此专门给小麦克斯韦设计制作了一个星座拼图。小麦克斯韦很快就能对着星空认出星座拼图上的每一个星座了,并且能够把这

个星座拼图拆开再拼上。

八九岁时，小麦克斯韦已经能够和表姐一起自行设计一些巧妙的带有科学意味的玩具了。他们制作了一个能够迅速旋转的"魔盘"，上面依次画上一连串动作不断变化的猴子，转动圆盘时，猴子就跳了起来。现代动画影片，就是根据这个原理发明的。

这个玩具由小麦克斯韦设计，由表姐绘画。他们做得最满意的，是"神牛和月亮"与"池塘里的孩子"。前面那个，只要"魔盘"一转，就可以看见弯弯的月牙变成圆圆的满月，一头长着大犄角的牛活动起来，另一头则跳进月亮里；后面那个，"魔盘"一转起来，就能看见一只小蝌蚪摆着尾巴从卵里孵出来，然后长成脚，变成了青蛙……

爱丁堡中学来了一个10岁的"庄稼汉"。他那身打扮要多土气有多土气：没有上流社会孩子必备的礼帽和硬领，紧腰上装一直拖到臀部以下，皮鞋头不是圆形的而是方形的。他一开口就是怪怪的土腔土调，引得同学们一阵哄堂大笑，连女教师也笑出了眼泪。而那孩子越发羞怯、腼腆了。

他就是刚从乡下被父亲送来接受正规教育的小麦克斯韦。

一下课，全班几十名同学就把这"丑小鸭"围了起来：

"你这双鞋是从垃圾堆里捡来的吧？"

"喂，是捡你姐姐的剩吧？"

突然，他的衣领被人抓住了。他一回头，脚下又被人绊了一脚……

伤痕累累的小麦克斯韦回到家中，家里人都吓了一跳。父亲摇着头想要取消自己的"服装改革"，可是儿子却觉得父亲的"杰作"轻便、温暖、舒适，坚持要穿到底，决不屈服。

孩子们很快就明白了，让这只"丑小鸭"改变主意简直是不可能的！当同学们再次嘲笑、耍弄小麦克斯韦的"奇装异服"时，"丑小鸭"伸出了自己在乡间长大的拳头，马上便有两个淘气包倒在了地上，其余的孩子见势不妙都不敢再胡作非为了。动手不行，他们便想办法孤立小麦克斯韦。老师提问小麦克斯韦时，他们便在下边出怪声，做鬼脸，起哄，常使他忘记自己回答到什么地方了。麦克斯韦就是这时候落下了说话结巴的毛病。他变得沉默和孤僻了。他常常一个人坐在树下，背背歌谣，画一些只有他自己才看得懂的画，或者抽抽陀螺看画在上边的色条的奇妙变化，或者专心致志地演算父亲出给他的数学题……只有周末父亲带他去博物馆参观或者到郊外旅行时，才是他最快乐的时刻。

其实，麦克斯韦从小到大一直有一些人把他看成是一个倔强而又古怪的人。

几年前，当他还在乡间别墅中生活时，他的家庭教师—— 一个小伙子，就因为他"不听话"而大伤脑筋。一次，小麦克斯韦坐在大洗衣盆中漂在池塘里玩，家庭教师怒气冲冲地用竹竿往回钩他，二人相持不下。还有一次，小家伙的耳朵被家庭教师撕出了血。但他不肯向暴力让步，他只接受引导。

而 6 年后，当 16 岁的麦克斯韦考进了苏格兰最高学府爱丁堡大学时，他又几乎重演了刚进入中学时的悲剧。这个全班年龄最小的同学似乎完全不在乎上流社会的礼仪习惯：握手时，不像大家那样戴着雪白的手套；就餐时，也不彬彬有礼、谈笑风生，而是一声不响地狼吞虎咽，如入无人之境；吃完饭，谁也不看，起身就走。

一次，一个同学好奇地跟在他后边，看他在教室里干什么。这一看不要紧，吓了一跳。原来，麦克斯韦一个人站在玻璃窗前，左摇右晃地看个不停。

"准是他脑子出了毛病！"

很快，他们身后聚拢来一大帮大学生，都来看麦克斯韦"发神经"。

麦克斯韦在哄笑声中惊醒过来，怔怔地看着大家，他不知道发生了什么事。原来，他在观察阳光在玻璃上引起的折射变化呢。

这时，学生们最为敬畏的福布施教授走进来，发现了他们哄笑的原因，他拉过来如梦方醒的麦克斯韦，向大家介绍说："这是爱丁堡中学最优秀的毕业生麦克斯韦，他的论文已在《爱丁堡皇家学会学报》上发表了。"

"啊，《爱丁堡皇家学会学报》！"大学生们一下子呆若木鸡。那是他们梦寐以求却难以企及的权威科学杂志啊！眼前这位小老弟，就是那位大名鼎鼎的 14 岁的数学家？！

其实早在 3 年前，麦克斯韦就曾一鸣惊人，让同学们看到"丑小鸭"是怎样变成白天鹅的。

那年他 13 岁，上中学已经 4 年了。虽然人们已不再敢公开取笑他，但他在同学们心目中还是那个落落寡合的口吃的乡巴佬。直到有一天，情况发生了变化——爱丁堡中学公布数学和诗歌比赛结果，这两项比赛的第一名由同一个学生获得，他就是麦克斯韦！

从此，没有人再取笑他的服装和语音；从此，各种奖励接踵而至，而同学们也暗中把他当成了崇拜的明星。

一年以后，这颗"明星"发出了他中学时代最为耀眼的光辉，这就是福布施教授所说的那篇论文的发表。

麦克斯韦从小就对数学和物理产生了浓厚的兴趣。小时候父亲叫他画静物，交卷时父亲发现他笔下的瓶插花竟是一些几何图形：花瓶是梯形的，菊花是一簇圆圈，还有一些大大小小的三角形，大概是叶子……等到上了中学，尽管学校里还没开几何课，他就已经能用硬纸板制作出各种立体几何图形了——从正方体、棱锥四面体，直到正十二面体！

为培养他的数学才能，父亲定期带他去参加爱丁堡皇家学会的活动。这个学会由科学和艺术两个组织构成。一次，艺术学会的一个名叫海伊的老画家的讲演激起了麦克斯韦的强烈的兴趣。他在画布上用两根钉子固定长短不一的线绳，画出了大小不一的漂亮的椭圆！

从此，麦克斯韦家的地上、墙上到处都画满了大大小小胖胖瘦瘦的椭圆。麦克斯韦发现，无论是改变绳子的长度，还是改变两根钉子之间的距离，都可以改变椭圆的胖瘦长短，而只有一个焦点（两根钉子靠在了一起）的正圆是有两个焦点的椭圆的特例。如果用数学公式表示，就是一个二次方程。

但麦克斯韦并没有满足于对前人经验的深刻理解上，他经过几个月废寝忘食的琢磨和实验，第一个用几何作图法完成了一头大一头小的卵形曲线的画法。工具仍然是两根钉子和一条绳子。

麦克斯韦仍不满足。他导出了比椭圆公式复杂得多的卵形曲线公式，又把这些曲线公式同光学联系起来。他把卵形曲线公式同物理学家得出的光的曲面折射公式进行比较后发现，它们竟然完全一样。于是，他把这一发现写成论文。

爱丁堡大学权威数学家福布施教授读完这篇解决了解析几何中一个高深课题的论文后，惊喜地问来送论文的麦克斯韦的父亲："请问作者是谁？"

"我的儿子。"

"他在哪里供职？"

"还在爱丁堡中学念书。"

"他今年多大了？"

"14岁。"

教授和他的同事们面面相觑。他们开始怀疑这篇论文是抄袭的。经过短暂的冷场后，他们决定留下论文"再研究研究"。

结果是：皇家学会专门组织了一场数学学术报告会，由于作者年龄太小，论文《关于卵形曲线及多焦点曲线的绘制》由福布施教授代为宣读，麦克斯韦光荣地接受了皇家学会授予的一枚数学金质奖章；同时，论文在《爱丁堡皇家学会学报》上发表，麦克斯韦获得了"少年数学家"的称号……

当大学生们确定了眼前这个"发神经"的同学，就是当年那个天才的数学少年后，惊愕变成了赞叹，他们眼中流露出钦佩的光芒。

不久，他们又亲眼看到这个好"发神经"的小老弟纠正了一位物理老师所用公式的错误。起初，麦克斯韦以为老师是笔误，课间便提醒那位老师。不料那位老师核对讲义之后说："没错。这个公式我已经教了好几年了。"放学之后，麦克斯韦追上那位老师，将自己用三种方法验证的公式错误抄在纸上交给他。那位老师不以为然地笑笑说："如果你的结论是对的，我就叫它'麦氏公式'！"

然而第二天，那位老师在课堂上对自己的公式做了纠正，对麦克斯韦表示了歉意与谢意。而麦克斯韦却不承认这是"麦氏公式"，他说："我不过是给老师做了点儿补充。"

一年之后，同学们又在《爱丁堡皇家学会学报》上读到了麦克斯韦的第二篇论文：《滚动曲线的理论》。这篇论文具有相当高的学术水平，它列出了几十种复杂的曲线公式。

这以后，麦克斯韦在科学探索之路上越走越远——

19岁,爱丁堡大学的摇篮已显得太小,麦克斯韦接受福布施教授的建议,进入英国最高学府剑桥大学学习。

23岁,麦克斯韦在剑桥大学毕业后留校,发表论文《彩色实验和眼睛视觉》,为近代色彩学奠定了基础。

24岁,麦克斯韦接过电学大师法拉第老人的火炬,发表论文《法拉第的力线》,用数学的方法把法拉第关于电流周围存在磁力线的思想概括成一个方程式。

31岁,麦克斯韦发表论文《论物理的力线》,第一次预见了世界上存在电磁波。

34岁,麦克斯韦发表论文《电磁场动力学》,用严密的数学方法论证了电场与磁场的交变发生,这就是电磁波,把法拉第朦胧的猜想变成了科学的推论。

42岁,麦克斯韦撰写的划时代的电磁学巨著《电磁学通论》问世,为近代电子科学技术的诞生和发展开辟了道路,奠定了理论基础。从此,麦克斯韦作为一代科学巨匠的地位得以确立。

诺贝尔
（1833—1896）
瑞典化学家、实业家

> 科学是没有国界的，因为她是属于全人类的财富，是照亮世界的火把，但学者是属于祖国的。
>
> ——诺贝尔

艾尔弗雷德·诺贝尔出身于一个发明之家。诺贝尔的父亲、两个哥哥、一个弟弟——两代五个男子汉都曾投身发明事业，为之呕心沥血，历尽艰辛。他弟弟埃米尔在实验中死于爆炸事故，那年埃米尔只有22岁。

诺贝尔本人堪称近代炸药之父。他在中国发明的古老的爆炸力较小的黑色火药的基础上，陆续发明了威力越来越大也越来越安全的流体炸药、胶质炸药以及现在仍在普遍使用的黄色无烟炸药。他取得第一项专利的发明是煤气表，那年他才23岁。诺贝尔一生的发明创造很多，获得的专利多达255项，其中有关炸药的为129项。难怪当时有人称他为"科学狂人"、"发明狂人"。

诺贝尔没有子女，他在遗书中声明，将他920万美元的遗产作为基金存入银行，每年把利息奖给对于物理、化学、生理或医学、文学、和平事业做出重要贡献的人。这就是诺贝尔奖。

1833年10月21日，艾尔弗雷德·诺贝尔生于瑞典的斯德哥尔摩。这个家庭新成员动不动就感冒发烧，一年到头总是待在家里，很少到室外去。

母亲为他费尽了心血，最后不得不轻声对丈夫叹息道："这个可怜的小生命到底能够活多久呢？"

8岁了，他仍然身体瘦弱，脸庞窄小，皮肤白里透青。他虽然体弱，却是一个意志坚强的孩子。

"妈妈，我真的能去上学吗？我去行吗？妈妈，你说呀妈妈！"

不知什么时候，艾尔弗雷德又来到正在厨房削马铃薯皮的妈妈身旁，又问起了这句话。妈妈被缠不过，只好放下手里的活儿，两手温柔地扶着他那瘦削的肩膀，蹲下身子看着他的眼睛说："真的。从明天起——真的。"

这个似乎只能躺在床上听妈妈讲故事打发时光的孩子终于上学了，而且上的是斯德哥尔摩的一流学校——雅克布斯小学。

然而，他大部分时间还是在母亲身边度过的。因为他身体时常坚持不住，因此只好留在家里读自己喜爱的书和课本，画画，写作文，有不认识的字或者不懂的地方便问母亲，他有着旺盛的求知欲和好奇心。

因为常常生病，一般孩子尽情淘气的乐趣他很少得到。即使天气和身体状况都很好，放学回家后他也没有力气再去淘气了。他也没有朋友。渐渐地，他开始喜欢一个人到田野、丘陵、河边去，静静地把自己融化到大自然中。

孤独，给了艾尔弗雷德观察自然、思索问题的机会，他也从中找到了无穷的乐趣。他后来说："我在少年时代研究了自然这个最好的教科书。"

年底，诺贝尔三兄弟兴高采烈地拿着成绩单回家了。两个哥哥成绩出色是不出妈妈所料的，让妈妈感到惊喜的是小儿子，尽管他的上课出席率最低，可是全部学科都得了最高分。在同年级的82个人中，只有两人取得了这样好的成绩。

"真不简单，艾尔弗雷德！"

两位哥哥都拍着弟弟瘦削的肩膀大声夸赞，可是母亲明白，好强的小儿子最遗憾的是没有像哥哥们那样得到无缺席奖。

诺贝尔家有过富裕的时期，两个哥哥都曾在高级住宅区的漂亮住宅里度过舒适快乐的孩提时代。

父亲伊曼纽尔，是一位外科医生的长子，从小就十分聪明，可他却不愿在学校里死板地学习。他身强力壮，臂力很大，14岁就当了船员。

但是当他过了 3 年海上生活之后，突然想改行当建筑家，于是就考进了一所建筑专科学校，因为他对制图和机械向来非常感兴趣。他的才能立刻得到了发挥。还在读书的时候，他就 3 次得到奖给优秀建筑家的奖励。毕业后，他又设计了一些高楼和大桥，年纪轻轻就在事业上取得了很高的成就，所以生活条件相当优越。

然而，艾尔弗雷德却没赶上家中的好时光，他只能在穷人区一所灰色的、简陋的石造房子里呱呱坠地——是一场大火烧掉了诺贝尔家的房子和幸福生活。

可是生性乐观的父亲却是"江山易改，秉性难移"。他仍然整日去想那些别人没有想过的不着边际的事情，总想凭借自己的智慧制造出世界上还没有的东西，总是不断地搞实验。一次次的失败不能让他灰心，周围人们的议论纷纷他也不放在心上。

这时候，母亲安德雷特的美德起了作用。本来，她身上也有科学家的遗传基因，因为她是以发现淋巴管而闻名于世的瑞典博物学家安·德鲁贝克的后裔，而此刻，家里最需要她的却是勤俭持家、坚忍不拔、宽厚慈爱——丈夫为了自己的发明事业，在艾尔弗雷德 4 岁的时候又去了芬兰和俄国彼得堡，一去就是 5 年。幸运的是，她在一个勤劳的农民家庭里长大，意志坚强，体格强壮，吃苦耐劳，心地善良。她开了一个小店，卖牛奶和蔬菜，靠由此得来的微薄收入抚养孩子。

孩子们尽管年龄尚小，但是却很懂事，他们想：父亲在国外孤军奋战，母亲抚养我们终日辛苦，我们也必须想点儿办法助母亲一臂之力。于是，9 岁的罗伯特和 7 岁的路德维希每到休息日就出去找活干。他们像安徒生童话里那个"卖火柴的小女孩"一样，在街上卖火柴，把挣到

的钱交给母亲。可是母亲却总是劝孩子们不要管钱的事,要去学习他们自己感兴趣的东西。看到母亲终日忙个不停,艾尔弗雷德也想帮妈妈干点儿什么,可是心有余而力不足,刚干起来就累得疲惫不堪。他多么羡慕哥哥和其他孩子那健康的身体啊!

父亲不向任何艰难困苦低头的坚强意志和对从事科学研究的极大热情,母亲正直亲切的为人,都给了诺贝尔三兄弟以极大的影响。

其实,艾尔弗雷德只在小学读了一年,就永远结束了他的正规学校教育。他刚过完 9 岁生日,就随全家迁往彼得堡,和日思夜想的父亲团聚了。父亲在彼得堡建立了"诺贝尔工厂",为俄国军队制造地雷和水雷。他们重新有了宽敞的住宅和优越的环境。父亲聘请了最优秀的人才做家庭教师,在家中教授他们哥仨儿。一个先生加上三个学生,小小的"诺贝尔学校"就这样诞生了。谁能想到,这个家庭学校的成材率竟高达百分之百!按照《简明不列颠百科全书》上的说法,艾尔弗雷德 16 岁就成为化学家。然而此时老师看着他苍白的小脸,却有些担心他跟不上两个哥哥的成绩,特别是在俄语学习方面。不料,艾尔弗雷德的俄语水平提高得比哥哥们还快。不久,他的读、说能力甚至超过了久居俄国的父亲。老师高兴极了,抚着他的肩称赞说:"你是语言的天才,再学几门外语怎么样?"

"那太好了!先生,我想学英语和法语。"

"之后还有德语和意大利语……我想你能学会好几门外语。"

可以说,在少年时代,艾尔弗雷德在语言学和化学方面就显示出了非凡的才能。在他 16 岁周游世界时,已经至少掌握了 5 门外语了。除此之外,他还非常喜好文学。他读了大量的小说和诗,后来自己也偷偷地写起诗和文章来了。他特别喜欢英国诗人雪莱,常为他优美的诗句所感动。

"嘿,想不到艾尔弗雷德还是个文学少年呢!"

"长大了当诗人怎么样?"

哥哥们的笑谈常使艾尔弗雷德面红耳赤,像心中的秘密被人揭穿了一样。他想:要是真的像雪莱那样,成为一个能够打动人心的诗人该有多好啊!

孩子们另一个与他们朝夕相伴的好老师是父亲。一有空闲父亲便把孩子们叫到一起——对了,来这儿一年之后,那个后来以身殉职的化学家埃米尔也降临了人世——向他们讲解这些年身边发生过的事情以及现在的工作，这是他的一大乐趣。孩子们对爸爸谈的机械原理和艰难的发明非常感兴趣。他们一边听一边也在动脑筋，想要琢磨点儿新东西出来。无论孩子们提出多么不成熟的想法，父亲都绝不轻视。他把这些孩子都看成是小大人，同他们一起思考，有时还认真地讨论。而且，只要有空，他就带着儿子们在工厂中到处转，把机械的构造原理讲给他们听，有时还让他们实际操作一下。

可是，一看到水雷、地雷这类武器，一听到父亲谈到"敌人"或"战争"这类字眼，艾尔弗雷德的心中总要蒙上一层阴影。他不止一次地问父亲："人类都是兄弟，应该和睦相处。爸爸，我们为什么要制造用于战争的武器呢？"

父亲总是用手抚着儿子颤抖的肩膀说："相信我，儿子。我也不想制造武器。如果没有武器也能安心过日子那该多好。那是我的理想。可是你看，我们生产的武器不是用于进攻的，而是为了保卫和平的。要想消灭战争，首先得拿起武器……"

对爸爸讲的道理，艾尔弗雷德其实是将信将疑的。他身上自始至终跳动着一颗诗人的心，他是一个不折不扣的和平主义者。

16岁那年，艾尔弗雷德开始周游世界。父亲意识到，这个儿子同他的两个哥哥不一样，科学和文学都对他有着强烈的吸引力，应该让他去接触世界各地的先进文化，使他自愿选择科学的道路。

父亲的目的达到了。两年以后，当儿子再次回到彼得堡时，他的决心已定：雪莱说，人类都是兄弟。让我成为科学家，用我的发明为人类造福吧！

于是，人类有了"诺贝尔"。

塞 尚

（1839—1906）

法国画家

我画得很慢，我看到自然是极端复杂的，连续不断地进展着，必须非常清楚地看着对象，正确地感受，要紧的是要有个性，有力地表现自己。

——塞 尚

他长眠在家乡埃克斯附近的墓地中，从这里可以望见在纯净的空气中显得湛蓝的圣维克多山，这座山从童年时代起就以四时的景色变化深深吸引着他，并成为他日后一直喜爱的主题。他的墓很简朴，就像他的人一样。他生前并没有得到任何殊荣，他的艺术长期不被人们所理解和接受，甚至他最要好的朋友、著名作家左拉，也一直怀疑他是个平庸之材。但在他逝世后，各种荣誉接连不断地涌来。他的艺术对20世纪世界美术的发展产生了深远的影响，他本人也被誉为"现代绘画之父"。

这个人就是保罗·塞尚。他的重要性至今仍无可置疑。他的一些轶事也为人们所津津乐道。比如，他在生活中像个隐士，每天清晨去做弥撒，8点钟开始在室外作画，如果天气不好，就在画室内工作。他沉迷于绘画中，几乎没有什么特别的生活需求。但他画过的画自己却不大在意，它们经常被遗落在松树下面或山坡上。所以他作画之后，家人经常要到树林或田野中去拾回他的作品。

塞尚画画时不喜欢别人在一旁观看，任何一点干扰都会影响他的工作。他画得很慢，对模特要求却很严格，他们要一动不动。有一次，一位有名的画商伏拉尔为他当模特，伏拉尔胆战心惊地爬到木箱上的一把摇摇晃晃的椅子上。塞尚向他保证椅子不会倒，伏拉尔只好小心地保持着身体的平衡，但时间长了他有些放松，一下子失去重心，摔了下来。塞尚冲他气冲冲地喊道："你把姿势弄坏了，告诉你，应当像苹果那样一动也不动。一个苹果动吗？"可怜的伏拉尔不得不用浓咖啡提神，偶尔露出倦容，塞尚就狠狠地瞪着他。这个画像画了很久才完成。

保罗·塞尚 1839 年生于法国普罗旺斯的艾克斯。这是个典型的法国外省小镇，这里远离城市生活的喧嚣和繁乱，而显得和平、宁谧。和许多法国南部小镇一样，街道用鹅卵石铺成，两旁长满了绿色梧桐，还有许多尖顶的教堂和红房顶的房子。而最美的要算离这不远的圣维克多山，它在塞尚的一生中都深深地吸引了他，尤其是在晚年，塞尚更是对圣维克多山非常迷恋。这座离艾克斯 12 公里的山，有着宽阔的山谷和平坦的地面，松树布满了山峦，在阳光的照耀下显得非常美丽。圣维克多山多次出现在塞尚的画里。

塞尚在艾克斯度过了童年和少年时代。

塞尚的父亲路易·奥古斯都·塞尚，原来是一家帽店的店主，他借 19 世纪中期的工业革命的机会，大大赚了一笔，成为当地有名的暴发户，成了当地最大的银行家和债权人。事业的成功，加之缺乏文化修养，助长了他专横的性格。而塞尚的母亲原是父亲店铺里的女仆，地位低下，所以老塞尚主宰着家里家外的一切。

塞尚从小就多愁善感，并且性情古怪。他容易激动，爱争吵，而且很怕羞，直到晚年，在描绘女性人体时他还感到拘束。他性格的形成可能与他的出身有关，他是在父母正式结婚前出生的，而母亲又是地位低下的女仆。他性格的形成也许还与父亲的专横有关，父亲不允许塞尚有任何非分之想，对他常常横加干涉，即使到了塞尚 40 岁时，还检查儿子的邮包，而他认为这一切都是合法的。但归根结底，正是这种敏感的性格才使塞尚有可能成为艺术家，因为作为艺术家就是要比一般人敏感、容易激动。

不过，这种性格却使小塞尚与当地的孩子格格不入。他父亲的发迹和放债也使他们一家受到敌视，别的孩子理所当然地要把怒气发泄在可怜的小塞尚身上。他从小就对周围的一切感到恐惧，有一种强烈的不安全感。这也使得他的性格更加内向，使他能常常审视自己的内心世界，这对他日后走上艺术道路也不无影响。

像所有的暴发户一样，老塞尚很关心儿子的未来，他希望儿子能受到良好的教育，将来继承和发展自己的事业，为家族争光。

但小塞尚对发财不感兴趣，他喜欢艺术。也许在他最孤寂的时候，是艺术而不是别的什么给了他巨大的安慰。他从艺术中还获得了一种巨大的精神力量。

由于生活在偏僻的小镇，塞尚无法接触到更多的艺术品，更无法看到大师们的杰作。在当地的修道院中，收藏有本地区一位不太出名的画家的作品，还有一些三四流的风俗画和宗教画。这些成为塞尚最早接触到的艺术品。但对一个孩子来说，这些画已经足以引起他的幻想并唤醒他对艺术的热爱了。

15岁那年，他进了镇上的一所免费的美术学院学画，后来又到布尔东学院选修美术课，但并没有显露出他的艺术才华。这时他主要热衷于文学，他在本子上写满了诗句。在他的一些描写死亡的诗中反映出他的恐惧与不安。比如，一首诗写他在可怖的黑夜里漫游，一会儿被魔鬼追逐，一会儿又被僵尸搂抱。

爱弥尔·左拉是塞尚的好朋友，他后来成为著名的作家。有趣的是，左拉这时画的画比塞尚好，还获得了1857年的美术奖学金，而塞尚的文学修养也让左拉吃惊，他的诗歌和作文在学校里都得过奖。塞尚熟读了很多法国诗人的作品，还翻译过罗马大诗人维吉尔的作品。左拉对塞尚说，他自己的诗是用大脑写的，而塞尚的诗则是用心灵写的。

塞尚和左拉这两个天才在一起，相处得非常融洽。他们对艺术有着广泛的爱好，左拉一再劝塞尚学习绘画。他们还都喜欢音乐，在一个业余音乐团体中，塞尚吹短号，左拉吹笛子。

然而好景不长，不久，塞尚不得不遵从父亲的意志，进了法学院。

法学院的课程对塞尚来说实在是枯燥无味，他多么渴望用色彩和线条来描绘自己的内心世界啊!他写信给左拉，抱怨自己选择了法律的羊肠小道，但这种选择是被迫的。不知是旁观者清，还是左拉更有主见，他在信中又是骂，又是劝，又是恳求，又是鼓励，总之，他用尽了一切办法，想使朋友从法律的"铁窗"后面回到艺术的殿堂中。出自内心的需求，再加上受到朋友的激励，塞尚决心当一名画家。他同大多数性

格内向的人一样,有着十分执拗的性格。他认准了的事就要坚定地做下去。于是,他请求父亲允许他退学,做一名画家。父亲对此十分生气,他对儿子说:"当一名画家?你想一辈子受穷吗?"不管儿子怎么说,父亲就是不同意。父子间的冲突开始了。母亲当然是站在儿子一边,尽管她不懂艺术,但她相信自己的儿子,塞尚当时临摹的《缪斯之吻》她一直带在身边,被她当做最心爱的东西。她的想法很简单:既然儿子喜欢画画,为什么不让他试试?但固执的父亲坚决反对,双方进行了一场旷日持久的论战。两年后,父亲被这场"持久战"搞得疲惫万分,他不想再争下去了,更主要的是,他认为儿子已不可救药,已经没有可能完成自己的心愿了。他宣布停战,同意了妻子和儿子的要求。这是个春天,塞尚欣喜地放弃了法律学业,和左拉一起来到了艺术之都巴黎。

这时的巴黎,会聚了一群群狂热的年轻人,他们有的热衷政治,有的热爱艺术,他们激烈地讨论着艺术、政治和社会问题。这种文化氛围正是产生艺术的温床。塞尚这个来自外省的青年,有着一副中等身材,显得有些土里土气。他穿着一件红背心,留着很长的头发和胡子。他在这个时期非常崇拜古代大师们的作品,但他无法按照学院派的要求画出优美而复杂的人体,因为他的个性与这种方法格格不入。他还没有找到自己的风格和立脚点。画了一段时间后,他对自己是否真正具有艺术才能产生了怀疑。他在初次到巴黎的 6 个月后,便失望地回到了故乡。

父亲收留了儿子，让他在自己的银行当职员。塞尚工作之余仍到本地的绘画学校学画，他仍然坚定地认为自己应该学画而不是经商。他对商界越来越感到厌倦乏味。

恰好这年夏天左拉回到艾克斯度假，好朋友见面，自然非常高兴。左拉又一次劝说塞尚到巴黎去碰碰运气。左拉在那里创作了他的第一部长篇小说《克洛德的忏悔》。塞尚看到左拉已初露头角，便也跃跃欲试。塞尚的父亲已经看出了儿子不是经商的料，于是答应了塞尚的请求。1862年11月，两个朋友又一起来到了巴黎。塞尚按照父亲提出的条件，申请报考美术学院。美术学院招收学生审查很严格，他们看了塞尚送去的画，认为过于粗野，他们没有看到"粗野"后面的勃勃生气和天才的闪光。总之，他们轻而易举地把一位天才排斥在门外。

虽然出师不利，但塞尚并不灰心，经过一年的磨炼，他的性格和思想都成熟起来，他坚持走自己的路。他仍经常参加咖啡馆的聚会，和一些新进的画家交往。这些画家的反叛精神影响着他，他开始对学院派失去了兴趣，还参加了1863年的"落选沙龙"。从此，他正式开始了自己的艺术生涯。

塞尚在少年时代受到父亲的压制和周围人的嫉恨，现在又受到正统的学院派的轻蔑和漠视。在少年时代他只能以孤独和冷漠对抗周围的一切，现在情况就不同了，他要以"野蛮的风格"来对抗以正统自居的学院派的压制。他非常勤奋，每天上午到"瑞士画室"画人体素描，下午有时到卢浮宫临摹名画，有时在自己的画室作画，晚上又到"瑞士画室"画素描。可无论怎样努力，他遭遇的总是失败。于是他演出了世界美术史上最具反抗性的一幕——他推着一部手推车，上面放着两幅油画，在一群朋友的陪同下把画送到评审团面前。可那些"艺术权威"们根本不知道他们面对的是什么。

塞尚一次次被拒绝，一次次被排斥，但他仍默默地画着，在嘲笑声中完成了一件又一件不朽的艺术杰作。

在世界美术史上，毋庸置疑，保罗·塞尚是个闪亮的名字。

爱迪生

（1847—1931）
美国发明家

> 失败也是我需要的，它和成功对我一样有价值。只有在我知道一切做不好的方法以后，我才能知道做好一件工作的方法是什么。
>
> ——爱迪生

　　他的发明数量之多，令人叹为观止，仅获得专利权的发明就有1093种。在人类文明史上，还有哪个人能在发明数量众多这一点上比得过他呢？而且，这都是一些多么重要的发明啊！白炽电灯、留声机、电影放映机、电影摄影机、碱性蓄电池、打字机……没有这些发明成果，很难想像我们今天所生活的世界会是什么样子。他的一生，象征着美国人由穷变富的理想，因而被美国人誉为公众英雄。他就是托马斯·阿尔瓦·爱迪生。

　　1847年2月11日，爱迪生出生在美国俄亥俄州的米兰市。他的家境比较贫困，一家人主要靠父亲种田维持生活。爱迪生从小就对这个世界充满了好奇，什么事都问，而且还有一个"毛病"——什么事情都想自己试一试。这个"毛病"给他带来一系列灾难，可也给他打开了一扇扇迈向未知世界的大门。比如，为了弄清"火到底是怎么回事"，他一次一次地点火观察，结果把邻居的谷仓引燃了。

好在父母非常理解儿子的天性，并不因此而严厉地惩罚他。可是别人往往就没有这样的耐心了。7岁时，爱迪生上了学。可是还不到3个月，就被迫永远地离开了学校。老师没有能力解答这个孩子提出的各种稀奇古怪的问题，就以为他不是低能儿就是捣蛋鬼。老师对爱迪生的母亲南希说："您的儿子一点儿也不用功，而且总是提一些十分可笑的问题。昨天上算术课时，当我讲到'2加2等于4'时，他竟问：'为什么？'您说，这还像话吗？十分遗憾，我不能让他留在这里继续妨碍别的学生学习。"

南希当过小学教师，她才是伟大发明家的真正摇篮。她不但耐心地回答儿子的一切问题，而且还给他讲了许多有意思的故事，推荐他看了很多书……在母亲推荐给爱迪生的书中，他最喜欢一本介绍了大量物理和化学实验的小册子——《自然读本》。后来爱迪生曾回忆说："《自然读本》是我读到的第一本科学书籍，那时我还不到10岁。"

不久，爱迪生开始做实验。他在地下室里建立了自己一生中第一个实验室。他把妈妈给的零用钱全都买了实验用品。200多个贴着"毒"字样的瓶子和长短粗细不一的试管排列在木架上，10岁的爱迪生在这里开始了自己光辉的事业。

"看报！看报！先生太太请看报！"一个孩子在一列火车车厢内灵巧地穿来穿去，兜售报纸。一大摞报纸很快就卖光了。这个很讨人喜欢的报童就是爱迪生。由于家庭生活日益贫困，他不得不从11岁就开始走向社会，谋求生路。他先是帮别人把花送到市场上卖掉，后来又当上了报童。他挣来的钱大部分交给爸爸妈妈贴补家用，剩下的就自己留下买书籍或化学药品。

小爱迪生迷上了读书。12岁时他就读过英国历史学家吉本写的《罗马帝国兴衰史》和休谟写的《英国史》。他卖报的那列火车的终点站有个图书馆，火车到终点要停大半天才能返回。他就利用这段时间去图书馆读书。久而久之，图书馆的管理人员都熟悉他了。一天，一位工作人员问他读过多少书了，他说："第一架上的两层书我已经读完了。"那位工作人员哈哈大笑起来，说："哪有这么读书的呢？这些书都是互不相干的呀！"爱迪生说："管它呢，反正我是要把这些书都读完的。"那位工作人员认真起来，诚恳地说道："孩子，你的精神真让人敬佩。可是，书籍是无穷无尽的，而人的生命是有限的。你要选定一个目标，然后围绕这个目标有选择地读书。"爱迪生恍然大悟，从此改变了

自己的读书方法。

走上社会之后，爱迪生喜欢实验的"毛病"不但没被克服，反而变本加厉了。因为在火车上卖完报之后就没事儿干了，他就恳求列车长，允许他在行李车的一角做实验。列车长答应了他的请求。于是，爱迪生把家里的小实验室精简压缩之后转移到火车上。一闲下来，他就钻进自己这个小天地里摆弄起化学药品来。

然而，不幸又落到了爱迪生头上。一次，火车震动很厉害，竟把爱迪生放在实验台上的装黄磷的瓶子摇晃倒，掉在了地上。瓶子碎了，黄磷撒了出来。黄磷的燃点很低，平时必须浸泡在煤油里，否则接触空气后在正常室温下也会自燃。

火一下子着了起来，爱迪生连忙脱下衣服扑打。列车员听见爱迪生的呼喊，一齐上来扑打，才没有酿成严重的火灾。

列车长走过来，把爱迪生的实验用品一股脑儿扔出了窗外，又狠狠地打了爱迪生一个耳光。

这一年，爱迪生 15 岁。他被赶下了火车，从此结束了他的卖报生涯。

这位列车长如果知道，这个惹祸的孩子日后会成为为人类做出巨大贡献的大发明家，他出手也许就不会如此重，因为正是他的那记耳光使这位大发明家终生右耳耳聋。

一个小孩专心致志地趴在路轨上玩耍，一列火车在他身后风驰电掣般地驶来,这时,一个少年闪电一般冲过来抱起孩子滚下路基……

这个少年就是 15 岁的爱迪生。被救孩子的父亲是这里的火车站站长,他原来当过电报员。为了报答爱迪生对他儿子的救命之恩,站长把自己的收发报技术教给了爱迪生。4 个月之后,少年爱迪生已经是一名出色的铁路电报员了。

铁路电报员的工作每班 12 小时,隔两天就有一个夜班。由于爱迪生休班时总是舍不得时间休息,而要忙着看书和做实验,上班时就免不了要打打瞌睡。为了防止值班人员睡觉误事,铁路局规定夜班电报员必须每隔一个小时向局里发一次信号。能不能搞个自动发报装置呢?爱迪生冥思苦想,反复试验,终于想出了一个好办法。他把电报机同报时钟连在了一起,每当报时钟打点时,电报机就自动向局里发一次信号……

然而,好梦并没有做多久。像以往一样,天才的发明再一次给他带来噩运:局里发现爱迪生的"作弊"行为后,将他开除了。

爱迪生只好四处奔波,这个车站干几天,那个车站干几天。无论在哪儿,他干来干去总干不长,因为尽管他的收发报技术无可挑剔,可经常"不务正业"。

某车站解雇爱迪生是因为他的衣袋里装着一个小本,不管什么时候,他都会突然掏出这个小本,匆匆地往上记些什么。一次,正在接收电报时,他却突然发电让对方暂停,拿出小本写了一阵后才让对方继续发报。有时,他又光忙着往小本上记东西,把该发的电报都给耽误了。人们哪里知道,这个小本上记的都是他头脑里突然冒出的灵感的火花。

另一个车站解雇他还是因为他那永远也做不完的倒霉的实验——站长室的天花板上突然漏下了一种液体,点点滴滴落在了贵重的地毯上……原来是爱迪生在楼上房间里打翻了做实验用的硫酸瓶。站长怒气冲冲地告诉他:"先生,我们这里需要的是电报员,而不是实验员!"

解雇归解雇,爱迪生的收发报技术却越来越精、越来越有名了,因为他总是在琢磨,总是在练习。他经常被派去收发速度最快的新闻电报。在波士顿,他被朋友推荐到当时有名的西方联合电报公司工作。人们要看一看这小伙子的技术到底怎么样,所以刚一报到就叫他去接收纽约发来的重大新闻电报。发报人也好像要显显手段似的,越发越快。

爱迪生从容应对，处乱不惊。对方忽然发来了一串含混不清的数字信号，屋里的人都怔了一下。收报完毕，爱迪生交上译电稿。同事们看了不禁暗暗吃惊，竟然一字不落一字不错，包括那串不知所云的数字！

于是，这个"不务正业"的人被同行公认为"敏捷而准确的电报员"。

流浪生涯使爱迪生的生活十分困难。他常常囊空如洗，不得不向朋友借钱。可是不管环境如何艰苦，他都丢不掉两大嗜好：读书和做实验。他的衣食住行节俭到了吝啬的程度，省下的钱全都用来买电料和书籍了。一次，他花30元钱买的一件衣服刚一上身就被硫酸烧坏了，他却坦然地说："上帝不允许我花费这么多钱在穿衣上。"看书和做实验占去了他大部分时间，他每天只有4个多小时睡眠时间。特别是在得到了《法拉第电学研究》这本书之后，他更是把全部心思都放在了这本书上。他后来说："一生中对我帮助最大的书，要算这本《法拉第电学研究》了。"

爱迪生的第一项发明是投票记录机。那年他21岁。为了这项发明，他负债累累，费尽心血，却不料没有人买这项发明的专利。

第二年秋季的一天，在纽约证券交易所闹哄哄的人群中，人们看到了这个穷愁潦倒的小伙子。他总是绕着那架报告股票行情的机器转。突然，机器发生了故障，人群大乱，管理人员急得直冒汗，可就是弄不明白毛病所在。

"让我来看看吧。"小伙子微笑着推开众人。不到两小时，机器又正常工作了。周围的人发出一片赞叹声。那个小伙子就是爱迪生。

第二天，经过严格考核，爱迪生被聘为交易所机械室主任，月薪很高。不久，他就发明了新式的"股票报价机"，以4万元的价格卖给了该交易所。这使爱迪生结束了赤贫生涯，开始有条件开展自己的发明事业了。

后来他辞去了交易所的职务，先开了个小工厂专门搞发明，后又放弃了小工厂，创办了世界上第一所大型"发明工厂"——工业实验室。他打破了科学家单枪匹马从事研究的惯例，组织一批专门人才，由他分派任务，共同致力于一项发明。以后欧美各大公司全都仿效他的做法，从而开辟了科学研究的新时代。

爱迪生每天的工作时间都在 20 小时以上。在工作时，他精神专注到了无以复加的程度。1873 年夏日的一天清晨，人们见他穿戴一新，匆匆走出房门。忽然，他又收住脚步，迟迟疑疑地返回屋里。过了一会儿，朋友们登门来催，见他正在室内心神不安地走来走去。见到朋友，他这才想起：原来自己是要去参加自己的婚礼！

克服了重重障碍，爱迪生在 30 岁以前就已完成了四重电报装置的研究，研制出提高了音响质量的碳质送话器，发明了"会说话的机器"——留声机。

爱迪生虽然发明成果众多，但令人遗憾的是，由于从小缺少正规教育，没有科学理论的指导，他的事业走了许多弯路。有一位著名物理学家说他的实验方法是"草垛里寻针"。但不管怎么说，爱迪生都是一位杰出的发明家，他的很多发明成果，极大地改变了人类的生活。

巴甫洛夫

（1849—1936）

俄国生理学家

> 科学需要一个人贡献出毕生的精力，假定你们每个人有两次生命，这对你们说来仍是不够的。
>
> ——巴甫洛夫

巴甫洛夫是俄国生理学家、心理学家，高级神经活动学说的创始人，诺贝尔生理学和医学奖获得者，俄国科学院院士。巴甫洛夫的研究集中在心脏生理、消化生理、高级神经活动生理三个领域，其中在高级神经活动生理领域的研究成果尤为丰硕。他证明了大脑和高级神经活动由无条件反射、条件反射双重反射构成；揭示了"精神活动"是大脑这一"物质肌肉"活动的产物，同样需要消耗能量。他提出：人除第一信号系统即对外界直接影响的反应外，还有第二信号系统即引起人高级神经活动发生重大变化的语言。正是这个第二信号系统学说，揭示了人类特有的思维生理基础。

1890年10月的一天，在俄国彼得堡军医学院的一间教室里，铃声响过之后从门外走进一位精壮的中年教授。他就是学院最年轻的教授巴甫洛夫。

他的到来，是大家热切期盼的，在教室里引起了小小的轰动。一个学生迫不及待地问道："请问巴甫洛夫教授，什么是条件反射？"巴甫洛夫轻轻笑了一下，愉快地说道："好吧，我给大家讲个故事。从前，在俄国中部的梁赞城里，有户人家养了一条狗，主人怕狗乱跑乱咬人，就用一根很粗的锁链把它锁了起来。从此，这条狗一见到人就"汪汪"乱吠，并且龇牙咧嘴，看上去非常凶恶。一天，一群孩子从这户人家门前经过，那条狗拼命地冲着他们狂吠，孩子们谁也不敢接近它。只有一个脑袋很大的孩子不但没躲，反而愈来愈靠近那条狗。'我去把锁链打开，它就不会再叫了！'这个孩子很坦然地说道。小伙伴们一面叫他不要打开锁链，一面吓得四散而逃。那个孩子真的把锁链打开了。奇怪的是，狗不仅不咬他，反而温顺地摇着尾巴，接受他的抚摸。"

巴甫洛夫停了一下，看着一个个瞪大了眼睛的学生问道："大家知道这是因为什么吗？"学生们摇摇头，静等教授的下文。

"其实，当时我也不知道原因，只是通过研究发现：套上锁链，对那条狗来说是一种刺激，也就是一种条件。这种条件引起了它保护自己的反射，因此这条狗变得异常凶恶。而一旦打开锁链，消除了这种条件，便不再引起它保护自己的反射，因此它变得温顺起来。"

原来，那个为狗打开锁链的孩子，就是被人们誉为"生理学无冕之王"的巴甫洛夫，而学生们也不知道，巴甫洛夫为研究看似简单的条件反射付出了多少代价。这位著名的生理学家有句名言："要做科学的苦工！"因此，人们又充满敬意地称他为"科学的苦工"。

这位"科学的苦工"的一生，的确是充满艰辛和坎坷的一生，同时又是辉煌的一生。巴甫洛夫在晚年总结自己所走过的道路时，常常带着感激的心情回忆起父母对他的培养与教育。他说："我总是感激我的父亲与母亲，他们教会我过简单朴素的生活，使我有可能受到高等教育。"

1849年9月26日，巴甫洛夫生于俄国中部梁赞城的一座小木屋里。他的祖辈是穷苦的农民，父亲是一位平凡的乡村牧师。巴甫洛夫起初接受的教育也是继承父业做一名好牧师。但巴甫洛夫的成才，却是从一个破书架起步的。巴甫洛夫的父亲虽然是一个教士，但却喜欢非宗教神学内容的书刊，包括自然科学著作。父亲的嗜好给孩子树立了榜样。父亲的破书架成了巴甫洛夫接触社会科学与自然科学知识的起点。父亲要求巴甫洛夫经常读书，并要求他每本书要读两遍，读后要能够提出问题，思考答案。十三四岁时，巴甫洛夫已经阅读了大量书籍，这使他知识大增，眼界大开，思想上也发生了很大的转变，他开始怀疑宗教神学而崇尚自然科学与民主精神。而当他读了达尔文的《物种起源》之后，就立志走献身自然科学的人生道路。

巴甫洛夫的成功，在很大程度上得益于父亲的开明。当巴甫洛夫打算放弃神学而转学生理学时，父亲并没有因为儿子有违自己的初衷而斥责他，相反，父亲十分尊重他的兴趣与新的选择，但他建议儿子在教会学校毕业后再转学。可巴甫洛夫已经等不及了："我不能浪费时间了，我有很多事情急需知道。我特别想知道人体的构造是怎样的。知道这些，我才能帮助人，使人类变得更健康、聪明而又幸福。我已经下定了决心，我会下工夫的。"父亲明白儿子的话是经过深思熟虑的，于是站起来高声说："好吧，我祝你成功！"一个穷教士家庭能够培养出一位科学巨人，除了重视文化教育外，更重要的是尊重孩子的兴趣，因为"热爱才是最好的老师"。

巴甫洛夫的父母不仅在学习上给他影响和支持，还培养了他高尚的品格。由于父亲收入微薄，家中又有很多兄弟姐妹，巴甫洛夫家的生活一直非常拮据。为了维持家庭生活，父亲一方面努力工作，恪尽职守，丝毫不肯马虎和懈怠，另一方面总是挤出时间干一些力所能及的农活，以增加家庭收入。而他的母亲则去做女佣，挣钱补贴家用。父母始终相信只有诚实的劳动所得用起来才心安理得，他们有着劳动人民的淳朴品质和虔诚信仰，把劳动放在生活中一个非常重要的位置上。巴甫洛夫继承了父母正直、善良的品格，从小养成了不怕苦、不怕累、勤奋学习、努力工作的良好习惯。有一次，他和弟弟一起挖坑准备种苹果树。一阵挥汗如雨的劳动之后，坑挖好了。不料父亲一看，摇摇头说："你们挖错地方了。这里太阳照射不到，根本不能种苹果。"弟弟一听，就像泄了气的皮球一样，准备放下铁锹不干了。可是，巴甫洛夫却不想放弃，他拉着弟弟，在父亲指定的地方，重新挖起坑来，一直到将苹果树苗种好为止。这种从童年时代培养起来的坚忍不拔的毅力，成为巴甫洛夫在科学事业上取得巨大成功的重要因素。可以说，家庭在巴甫洛夫的成长之路上扮演着一个极为重要的角色，它不仅为他营造了良好的学习氛围，更使他懂得了人生的真谛。良好的家庭氛围使得巴甫洛夫在才智和人格双方面均得到了健全的发展。

1870年，巴甫洛夫带着一张"贫困证明书"进入彼得堡大学攻读生理学。巴甫洛夫在大学期间，学习更加勤奋，一直获得奖学金。正是靠这为数不多的奖学金才使他艰难地完成了大学学业。在大学三年级

时，他听了著名解剖学家伊·法·齐昂教授关于生理学的一次演讲，更加激发了他学习生理学的兴趣。他刻苦学习，阅读了大量的书籍，大学毕业时，获得了金质奖章。1875 年，他转到军医学院深造，1879 年在该院获得硕士学位，1883 年获得博士学位，留校任生理学讲师。这一段学习生活对巴甫洛夫来说十分重要，因为他不仅积累了广博的知识，还学会了使用手术刀。

巴甫洛夫生活的年代，科技发展突飞猛进，人类对于自身各个部分的构造已经相当清楚。不过，统一指挥协调躯体各部位运动的"司令部"——大脑，却仍像一个谜团一样困扰着人们，人们急于知道人的大脑和内脏器官的工作原理，了解高级神经活动的规律，却苦于无从观察而进展甚微。一次偶发的事件，让巴甫洛夫大受启发。有个猎人枪支走火，子弹射进了自己的腹部。医生救了猎人一命，但令人遗憾的是伤口长期不能愈合，只好用消毒纱布盖着腹部，留下一个通向胃部的小洞，透过这个瘘管，医生可以清楚地观察到猎人胃部的生理活动情况。由此，巴甫洛夫受到启发：为什么不通过瘘管来观察动物的器官活动情况呢?于是，巴甫洛夫开始了生理学发展史上最有意义的实验。

他把狗的食道切断，把切断的食道两端缝在狗脖子的皮肤上，让狗饿上一段时间。然后，他把饥饿的狗拉到实验室，在它面前放了一盘肉。狗一见肉，便贪婪地吞吃起来，然后咽下去。咽下去的肉掉到了食盘里——因为狗的食道已被切断，肉根本进不到胃里。

但狗仍贪婪而徒劳地吞吃着，四五分钟之后，奇怪的现象出现了，从狗胃里引出的一根橡皮管中流出了大量的胃液。胃液的分泌是狗的第十对脑神经——迷走神经的冲动引起的。巴甫洛夫对狗的迷走神经也动过手术，已在上面引出一根丝线。他轻轻拉动了一下丝线，切断了狗的脑与胃之间的联系。结果，狗尽管还是在不断地吞咽鲜肉，但胃液却停止了分泌。这就是著名的"假饲"实验，它可以使人们收集到胃液并进而研究胃液的分泌机制。

1894年，巴甫洛夫在"海登海因小胃"基础上，制成了保留神经支配的"巴甫洛夫小胃"，并创造了一系列研究消化生理的慢性实验方法(如唾液瘘、食道瘘、胃瘘、胰腺瘘等)，利用这些实验方法可以获得关于消化腺分泌全过程和消化液成分的基本材料，能够长期地观察活体动物的正常生理过程，为搞清神经系统对整个消化过程的调节机制奠定了基础，对于营养学和医学有重要价值。为此他获得了1904年诺贝尔生理学和医学奖。他是俄国第一个荣获诺贝尔奖的科学家，也是世界上第一个获得诺贝尔奖的生理学家。

从1903年起，一直到生命的最后一刻，巴甫洛夫连续30余年致力于高级神经活动生理学和大脑生理学的研究，从而发现了大脑皮层和大脑两半球活动的规律，建立了高级神经活动学说，也称大脑皮层的条件反射学说。

这一次，他又开始用狗进行实验。他给一条狗动了手术，在狗的腮上开了个小口，把一根细细的导管安在它的一个唾液腺上。当狗吃东西流唾液的时候，一部分唾液就通过导管流到了外面。

巴甫洛夫通过实验发现，只要食物落到狗的口中，它就会分泌唾液，如果食物是湿的，分泌的唾液就少些；如果食物是干的，分泌的唾液就多些。食物刺激口中的神经导致胃中的一系列反应，这种反射活动是狗和其他一切动物生来就有的，巴甫洛夫称它为非条件反射。这就像灰尘落进眼睛里人会眨眼一样，是与生俱来的反应，不需要任何训练就会产生，动物和人都是这样。

后来，巴甫洛夫又做了一个相当著名的实验：在给狗喂食之前打开电灯，这时狗是不会流唾液的，可是在打开灯以后，紧接着给狗喂食，它的唾液就流了出来。以后，只要是给狗喂食的时候就打开灯，也就是让灯光和食物总是同时出现。这样重复训练多次之后，只要灯光一亮，即使没有食物，狗也会流出口水来，而在重复训练之前，狗对于"开灯"是不会有反应的。巴甫洛夫从这一现象推知，经过了连续几次实验后，狗已经把灯光同食物的出现联系了起来，将"开灯"视作"进食"的信号，因此对灯光像对食物一样产生反应，引发了只有"进食"才会产生的流口水现象。后来巴甫洛夫又发现，除了灯光外，其他的刺激，比如声音等也能引起狗的唾液分泌。巴甫洛夫把这种现象称为条件反射。条件反射是对日常生活经验的总结，"望梅止渴"、"画饼充饥"、看见别人身上起鸡皮疙瘩自己身上也跟着起、看见别人打哈欠自己也跟着打，这些不自主的生理反应均是由条件反射引起的。这证明动物的行为是因为受到环境的刺激，神经和大脑做出反应而引起的。这种功能不是先天就有的，而是后天的训练形成的。这个今天的常识在一个多世纪以前是科学上的一大突破。

巴甫洛夫关于高级神经活动的学说清楚地表述了条件反射活动在争取机体生存的斗争中所具有的生物学意义。人和动物对内、外界环境的适应都是通过非条件反射和条件反射来实现的，非条件反射只能对恒定的环境变化进行适应，而条件反射能够根据对生命活动有利或不利的不同刺激信号，决定其行动，产生精确的反应，使之适应生存的环境，不被淘汰。

从"非条件反射"到"条件反射"，巴甫洛夫经历了漫长而又艰苦的实验过程，他的研究弄清了许多复杂的问题，对生理学和医学的发展都有巨大的贡献。

巴甫洛夫不仅是一位伟大的生理学家，还是一位伟大的心理学家。他把对动物及人脑功能的研究应用到心理学领域，并取得了巨大的成就。他将动物和人的神经类型分为四种基本类型。巴甫洛夫对高级神经活动的研究，开辟了大脑皮层生理学的新领域，奠定了心理学的生理学基础，推动了生理学和心理学的发展。

1907年巴甫洛夫当选为俄国科学院院士，后又被英、美、法、德等22个国家的科学院选为院士。他是 28 个国家（包括中国）生理学学会的名誉会员和 11 个国家的十几所大学的名誉教授。1935 年，巴甫洛夫以 86 岁的高龄，主持了在苏联召开的第 15 届国际生理学大会。

作为一位著名的科学家，巴甫洛夫终生坚持勤奋工作，不懈地进行科学研究，这种有规律的脑力劳动，延缓了衰老，使他健康长寿，直到晚年还以惊人的创造力从事科学研究。

在生命的最后一刻，巴甫洛夫一直密切注视着自己越来越糟糕的身体状况，不断地向坐在身边的助手口授生命衰变的感觉，他要为一生挚爱的科学事业留下更多的感性材料。

巴甫洛夫不仅在科学研究方面给人类留下了宝贵的财产，还留下了一笔珍贵的精神遗产，他以深邃的思想影响着人们的人生态度。他生前曾写有一封致苏联青年的信，其中有着极为深刻的见地和极为诚恳的忠告，并对立志献身科学的青年们提出了殷切希望，他说："首先要循序渐进，我一谈起有成果的科学工作所应具备的这个重要条件时，总不能不感到心情激动。要循序渐进，循序渐进，循序渐进。你们在攀登到科学顶峰之前，务必把科学的基础知识研究彻底。还没有充分领会前面的东西时，就决不要动手搞后面的事情……科学需要一个人贡献出毕生的精力，假定你们每个人有两次生命，这对你们来说仍是不够的。科学要求每个人有极紧张的工作和伟大的热情。"

巴甫洛夫虽然早已经离开了人世，但他的科学研究成果一直在造福着人类，他献身科学的精神更将永远鼓舞着后来者。

弗洛伊德

（1856—1939）

奥地利心理学家

虽然"天才"一词已不加选择地用在很多人头上，但是对于弗洛伊德，我们不可能找出更恰当的称谓。他是一位天才。

——霍　尔

弗洛伊德这个名字，是 20 世纪最响亮的名字之一。他对世人最大的贡献是创立精神分析学说，因而有"精神分析学之父"之称。这一学说对西方现代人文科学和社会科学的许多领域，比如心理学、医学、人类学、文学、艺术、哲学等，都产生了重大的影响。有人说他可以与哥白尼、达尔文相媲美，有人又把他与莎士比亚、歌德相提并论。

1856年 5 月 6 日，在摩拉维亚的弗莱堡(今捷克弗赖贝格镇，当时由奥地利统治)，有个名叫阿美丽的年轻女子生下了一个男孩，他长着满头长长的黑发，母亲就给他起了个绰号："小黑鬼"。他就是西蒙·弗洛伊德。

弗洛伊德的父母都是犹太人。犹太民族有着悠久的历史，是一个多灾多难的民族。从公元前 6 世纪以色列王国和犹太人的神殿被破坏之后，犹太人就开始了流浪的历史。流落在欧洲各地的犹太人在漫长的历史中所遭受的屈辱和歧视，弗洛伊德从小就深深地感受到了。这样恶劣的环境，也造就了弗洛伊德坚忍不屈、自强不息的品格。

弗洛伊德的父亲叫雅各布·弗洛伊德，是位毛织品商人，1851年生于德国的加里西亚。他心地善良，诚实单纯，乐于助人。雅各布·弗洛伊德是在40岁的时候，即1855年同弗洛伊德的母亲阿美丽结婚的，她当时只有20岁。在此之前雅各布·弗洛伊德曾结过两次婚。弗洛伊德有两个同父异母哥哥，他们分别比弗洛伊德大24岁和20岁。

弗洛伊德的母亲阿美丽是一位聪慧的女子，她的童年是在俄国的敖德萨度过的。她从小聪明、活泼而美丽。当1848年欧洲发生革命时，她随同父母迁往维也纳。她对弗洛伊德的影响比弗洛伊德的父亲要大，这主要是因为她更长久地与弗洛伊德生活在一起。弗洛伊德的父亲1896年就去世了，而阿美丽一直与弗洛伊德共同生活到1930年她去世时。

弗洛伊德的父母都是虔诚的犹太教徒。弗洛伊德很小就开始接受宗教教育，并很早就熟悉了《圣经》。

弗洛伊德两岁的时候，曾经有过一个信天主教的保姆，她常抱着弗洛伊德去教堂，让他看教堂里的圣像和壁画。保姆还给他讲了许多《圣经》中的故事。他刚刚学会说话时，有一次曾对家里人说上帝怎样指导他做事，家里人都感到非常惊讶。

弗莱堡是弗洛伊德出生的地方，也是他在3岁之前生活的地方。弗莱堡这个当时还在奥地利版图内的小城，给弗洛伊德留下了十分美好的回忆。弗莱堡的工业主要是纺织业，而且以手工业为主。到了19世纪50年代，弗莱堡的手工纺织业已日趋衰落，同时，犹太工商业的处境每况愈下。于是，雅各布·弗洛伊德在未来的生活方向上做出了新的选择。

1859年，也就是弗洛伊德3岁的时候，他们一家离开弗莱堡，迁到了德国的莱比锡。第二年又迁往奥地利的维也纳。

维也纳是闻名世界的文化名城，有着悠久的文化传统，它为弗洛伊德的成长提供了十分有利的条件。

在历史上，犹太人曾经三次被逐出维也纳。到19世纪，随着奥地利经济的发展，犹太人才被允许返回维也纳。19世纪70年代时，在大约200万维也纳人中，有十分之一是犹太人。当时，奥地利皇帝弗兰兹·约瑟夫不支持排犹主义，这使犹太人的处境与以往相比好了许多。但是，犹太人仍没有摆脱被侮辱和歧视的命运。

在弗洛伊德5岁的时候，有一次父亲拿给他和妹妹一本有关波斯的书，纵容他们撕书中的彩图。这件事虽说是一种游戏，但却让弗洛伊德从此爱上了读书，这是父亲始料未及的。

有一件事给幼小的弗洛伊德印象非常深。那是弗洛伊德 6 岁的时候，母亲告诉他："人是由泥土做成的，所以人必须回到泥土中。"弗洛伊德不相信母亲的说法，于是母亲就在他面前把两手搓来搓去，然后指着掉下来的皮屑说："这就是和泥土一样的东西。"这使他吃了一惊。从此之后，他常常会想到"人必须回到泥土中"这句话。

弗洛伊德没有上过小学，他的小学教育是由父亲来完成的。虽说父亲的文化水平不高，所掌握的知识不是来自犹太教法典，就是来自自己的生活经验，可是极具天赋的弗洛伊德能很好地理解父亲传授给他的那些知识，他的理解和分析能力很强。他从父亲那里得到了必要的基本知识和生活经验，同时也使他们父子的感情加深了一步。

弗洛伊德从开始读书那天起，就对历史与文学非常感兴趣。他从小就崇拜古代迦太基名将汉尼拔和法国的拿破仑，因为这两个人曾经率军打败过歧视和压迫犹太人的"神圣罗马帝国"和天主教会的军队。这件事表明弗洛伊德从小就对历史有一种深刻的洞察力，一种能把生活和历史联系起来的能力。

1865 年，9 岁的弗洛伊德以优异的成绩比标准入学年龄早一年通过了中学入学考试。

在中学期间，弗洛伊德是个十分勤奋的学生。他孜孜不倦地读书，在努力学好各门功课的同时，还大量阅读课外读物。他从不满足于课本上的知识。他涉猎的图书范围很广，包括历史、文学、地理、数学、物理、化学、外语等多门学科。他在自己努力学习的同时，还帮助妹妹们学习,指导她们掌握有效的学习方法,帮助她们克服学习中的困难。

弗洛伊德不但爱读书,同时也爱思考。他经常和自己的同学讨论问题,有时还会发生非常激烈的争论。从小养成的这种努力研究问题的习惯,对他后来的成长起了很重要的作用。

弗洛伊德像很多犹太人一样,很善于吸收其他民族的文化养料。对文学的爱好,使他阅读了大量优秀文学作品。

歌德是弗洛伊德非常喜欢的作家,他对歌德的代表作《浮士德》非常熟悉,在他后来写的《自传》中就曾引用过《浮士德》里摩菲斯特的一段十分精辟的话:"对科学的广泛涉猎是徒劳无功的,每个人只能学到他所能学到的东西。"歌德的一些诗也让弗洛伊德如醉如痴,他经常朗诵歌德的一些短诗。

弗洛伊德还特别推崇英国的莎士比亚。弗洛伊德自 8 岁起开始读莎士比亚的著作,对其中精彩的篇章非常熟悉,几乎都能背诵。他读完了莎士比亚的所有著作,被他的朋友称为"莎士比亚迷"。他甚至还对莎士比亚有些独到的研究——他认为莎士比亚从气质上看不像一个英国人,而更像一个法国人。他还坚持说,莎士比亚这个名字可能是一个法国名字的讹传。

在语言方面,弗洛伊德具有很高的天赋。他精通拉丁文和希腊文,熟练地掌握了法文和英文,还自学了意大利文和西班牙文,对犹太民族的语言希伯来文也很熟悉,这使他在上大学后,能够直接通过原文阅读亚里士多德和其他古代哲学家的著作。他特别偏爱英语,他有一次对朋友说,他在整整 10 年间所读的唯一的书就是英文著作。

在中学里,弗洛伊德是个才华出众的学生,他在读 8 年制中学的后 6 年中,成绩始终是班里的第一名。17 岁时,他以"全优"的成绩从中学毕业。弗洛伊德曾在《自传》里写道:"在中学,我连续 7 年名列前茅,所以享受了许多特权,得以被保送到大学里就读。"

在中学毕业前夕,弗洛伊德面临着人生的抉择。上大学是没问题的,但学什么呢?他兴趣广泛,各门功课成绩又都很优秀,这使他陷入了困惑。中学时代,他曾向往做一名政治家,以从政治方面来改善犹太人被压迫的命运。最终,由于受到达尔文的进化论思想的强烈吸引,他产生了想进一步了解世界的愿望,于是就选择了医学。1873 年秋天,弗洛伊德升入了维也纳大学医学院,开始了一种全新的生活。

顾拜旦

（1863—1937）

法国体育活动家

> 在生活中最重要的事情不是胜利，而是斗争；
> 不是征服，而是奋力拼搏。
>
> ——顾拜旦

1937年9月2日，一颗伟大的心脏停止了跳动——现代奥林匹克运动的奠基人皮埃尔·德·顾拜旦男爵与世长辞了，终年74岁。

1863年1月1日，顾拜旦出生于法国巴黎一个贵族之家，父亲是保皇派官僚，母亲是一位虔诚的教徒，热衷于慈善事业。

顾拜旦从小聪明勤奋，少年时代就对体育有着广泛的兴趣，喜爱划船、骑马、击剑等项运动。在上中学时，他在老师的指导下又涉猎了灿烂的古希腊文化，并对此产生了浓厚的兴趣。中学毕业后，他先入军事学校就读，后又入巴黎大学攻读法律、政治，随后又去英国深造，学习教育学。在英国期间，顾拜旦对那里开展得十分活跃的学校体育、课外体育活动非常欣赏，受到英国18世纪教育家托马斯·阿诺德的"运动是青年自我教育的一种活动"思想的深刻影响，立志要"发展体育运动，振兴法兰西"。回国后，他没有投身军界、政界、法律界，而是创办了"普及、振兴学校体育委员会"，热心地为学生和各界人士组织各种体育协会，举办各种类型的运动会，还撰写了《运动的指导原理》、《教育

制度的改革》等一系列著作，提出了很多改革教育和发展体育的建议，引起法国各界人士的重视，并产生了一定的国际影响。他为了改变教育界重视智育、轻视体育的偏见整整奋斗了 20 年。

1888 年，顾拜旦代表法国参加了在美国波士顿举行的体育训练大会，进一步了解了世界体育发展的动态，敏锐地感到近代体育的发展正在走向职业化。于是，他于 1889 年创办了《体育评论》杂志，积极宣传自己的体育思想和主张，第一次提出要举办类似古代奥运会的世界性体育比赛。为了进一步考察各国开展体育运动的情况，顾拜旦又陆续访问了包括奥林匹克发源地希腊在内的许多欧美国家，并结识了各国的许多体育界人士。这些活动，进一步丰富和发展了顾拜旦的体育思想。

顾拜旦在考察各国体育运动发展状况时，发现国际上各个体育组织之间充满了矛盾，对立情绪十分严重，体育运动日趋商业化，因而深感恢复奥林匹克运动，继承古代奥林匹克精神，用"团结、友好、和平"的精神指导体育比赛的迫切性。于是，他开始着手进行创办现代奥运会的工作。

1892 年 11 月 25 日，在巴黎大学文学院举办的"法国体育界"成立 3 周年纪念大会上，顾拜旦发表了题为《复兴奥林匹克》的著名演说。他慷慨激昂地指出："体育必须国际化，一定要恢复奥运会。"并提议成立一个世界性的体育组织——国际体育竞赛协会。他的演说和倡议得到与会者的热烈反响和积极支持。从此，欧美一些社会知名人士团结在顾拜旦周围，为早日恢复奥运会做了大量积极而有成效的工作。

经过多年的酝酿和顾拜旦及其同事们的精心筹备，"恢复奥林匹克运动会代表大会"于 1894 年 6 月 16 日在巴黎胜利召开，来自 12 个国家的 79 名代表出席了会议。会上通过了"恢复奥林匹克运动会"的决议，确定了奥运会的宗旨，并决定成立奥运会的永久的领导机构——国际奥林匹克委员会，顾拜旦当选为该组织的秘书长。

为了使第一届奥运会能如期顺利召开，顾拜旦不辞辛劳地做了大量耐心细致的工作，克服了重重困难，显示出非凡的组织能力和创造性。在这届奥运会开幕式上，希腊国王亲自出面代表政府要求把雅典作为奥运会的永久主办地，但顾拜旦为使奥运会成为全人类的共同财富，为使奥林匹克精神能在世界上广泛传播并不断发扬光大，坚决拒绝了这个请求。

1896年，顾拜旦接替希腊著名诗人维凯拉斯，开始了他30年的国际奥委会主席生涯。在任职期间，他努力维护和贯彻奥林匹克宗旨，积极捍卫奥林匹克精神的纯洁性，为发展国际体育运动做出了重大贡献。在他任职的30年中，国际奥委会成员由14个发展到45个；在他的支持下，先后成立了20多个国际单项体育组织。他还打破古代奥运会的惯例，从1900年第二届奥运会起，让女子获得同男子一样的参加奥运会的权利。

顾拜旦不仅是一位杰出的国际体育界领导人和卓越的社会活动家，还是一位多才多艺的艺术家。他创作的散文诗《体育颂》，荣膺1912年第五届奥运会艺术比赛金质奖。在这篇诗作中，他热情歌颂了体育，抒发了他的奥林匹克理想。《体育颂》也因此成了文学史和体育史上的不朽杰作。顾拜旦还亲自设计了奥委会会旗和会徽。

1925年，顾拜旦因年事已高，主动辞去了国际奥委会主席的职务，但被聘为终生名誉主席。

1936年奥运会首次点燃奥林匹克圣火，顾拜旦不顾年老体弱，亲赴希腊奥林匹亚，在为奥林匹克圣火引燃火种的仪式上发表了讲话，希望奥林匹克圣火永远燃烧下去。

顾拜旦去世后，遵照他生前的愿望，他的遗体安葬在国际奥委会所在地瑞士洛桑，而心脏则安葬在奥林匹亚宙斯神庙前的圣火坛旁边。这颗伟大的心脏将永远和奥林匹克运动的脉搏一起跳动。

摩尔根

（1866—1945）

美国遗传学家

你若要问我怎样去获得这些发现，那么我会这样说：

靠勤奋，靠聪明地运用假设，靠寻觅有利的材料……

——摩尔根

  鹰击长空，鱼翔浅底，枫红松青，柳暗花明……世间万物千姿百态，绚丽多彩。什么是生命的基本属性？对于这个问题，自古以来一直是众说纷纭。多少年来，人们都在自觉不自觉地探索着遗传的奥秘，但直至距今 100 多年前，人们对于遗传规律的认识还很肤浅：不知道基因和染色体，甚至连受精时精子和卵子的作用也不能正确理解。在遗传学领域中第一个获得诺贝尔奖的是遗传学家托马斯·亨特·摩尔根。他对现代遗传学做出了重要的贡献，并为后继者探索遗传学的奥秘指明了方向。

  在摩尔根之前，奥地利人孟德尔经过 8 年的艰苦努力，提出了两条重要的遗传学定律，即分离定律和自由组合定律，第一次用数学方法把生物遗传规律表示出来，在科学史上具有重要的意义。

  摩尔根丰富和发展了孟德尔的遗传学说，建立了比较完善的基因学说。

  1910 年，他选择了体积小、占地少、繁殖快的果蝇做试验，发现了性连续遗传的存在，提出了基因连锁和交换现象。这一发现成为遗传学的第三大定律。

1915年，摩尔根和他的学生完成了《孟德尔遗传原理》一书。1919年，摩尔根出版了《遗传的物理基础》一书。1926年，摩尔根出版了《基因论》。这些著作大大丰富和发展了孟德尔的遗传学说，形成了较为完整的基因理论，为揭示遗传物质的本质提供了方向。

摩尔根1866年出生在美国霍普蒙特一个古老的大家庭中。

小的时候，他就对各种生物有着异乎寻常的兴趣。他整天东奔西跑，拿着捕捉蝴蝶用的网，同小伙伴们一起四处采集蝴蝶标本。强烈的好奇心使他很想知道动物身体的构造。有一次，他和堂弟约翰·亨特·摩尔根两人抓来一只猫，他们正想解剖时，觉醒的猫发起怒来，从桌子上跳下来，逃之夭夭。摩尔根10岁的时候，家里把位于百老汇大街的住宅顶楼的两个房间给了他。他将两间房屋装饰一新，作为他放置标本的场所，然后把各种鸟类标本、鸟蛋、蝴蝶、化石整理了一番，细心地贴上标签，工工整整地陈列在里面。从此，这里成了他的专有领地，家里其他人不得入内。据说，摩尔根的妹妹内莉一辈子都住在这座房子里，直至1956年她去世时，这两间房屋里一直保存着摩尔根小时候采集来的那些标本。

1880年，摩尔根在过完14岁生日后，进入肯塔基州立学院的预备科学习。在这所学院里，学生的生活规律是严格的。包括摩尔根在内的全体学生都是陆军士官候补生，学生们必须穿戴价值20美元的制服（学费仅15美元），并要受到每周5天、每天1小时的军事训练，而校规达189条之多。

学院的学术活动很有限，规定一般学生只能在古典文学和科学之间进行选择。出于对科学的热爱，摩尔根毅然选择了后者。为学习科学的学生开设的课程有数学、物理学、天文学、化学、农学、园艺学、兽医学、文明史、拉丁文、德文、英文、实用机械学、工程学等。

尽管科目繁多，但对摩尔根来说，最感兴趣的还是博物学。这门课的任课教师是克兰多尔教授。这位身材瘦削、胡须别致的自然科学家，以他过人的聪明才智和博学，给了摩尔根许多正确的指导，使他愈发迷恋上了博物学。摩尔根十分喜欢这位教授，以至他许多年后，都一再说再也没有碰到过比克兰多尔先生更为高尚的人和更为优秀的教师。

在大多数美国学校里，博物学包括地质学和生理学的某些内容，特别是与煤炭有关的部分。因此，在克兰多尔的影响下，摩尔根在大学时代，暑假总是在马里兰和肯塔基度过。在那里，他参加了联邦政府的地质调查工作，在酷热而满是灰尘的郊外，为了寻找煤和其他矿产，他连续工作，历尽艰辛。在这些实践中，摩尔根逐渐确定了毕生从事科学研究的信念。

由于成绩优秀，1886年摩尔根获得了肯塔基州立大学当年唯一授予的理科学士学位。而且根据教授会投票的结果，摩尔根被选为毕业生代表做临别演讲。

此后，他进入霍普金斯大学深造。这对于爱好生物学的摩尔根来说，无疑是一个最为适当的学习场所。

在等待霍普金斯大学1886年秋季开学那段时间，19岁的摩尔根在马萨诸塞州伊普斯威奇湾小港的暑期学校里开始学习海洋生物学。摩尔根在这里学到了研究生物学所必须具备的基本技能。这为他后来进行生物科学研究奠定了坚实的基础。

霍普金斯大学是一所私人资助的大学，是在当时美国和欧洲教育界享有盛名的一所高等学府，各个科系的教学研究实力都很强，经济也十分宽裕，又是当时仅有的几所重视研究生教育胜过本科生教育的学校之一，因而它吸引了美国全国各地的优秀学生。

而对于摩尔根来说，更为重要的是霍普金斯大学对生物学学术研究的重视。当时在美国大学中，大部分自然科学学科都受到冷遇，哲学、文学、历史却格外受到重视。而在霍普金斯大学，生物系的实力是很强的。当时，学校新建了一座生物实验室，并在切莎皮克湾建立了一个海洋生物实验室，生物系还创办了自己的杂志，即《霍普金斯大学生物学实验室研究项目》。

来到霍普金斯大学，对摩尔根来说仿佛进入了一个全新的世界。能亲耳聆听当时颇有名望的几位生物学家的直接教诲，并在他们的指导下学习生物学，是摩尔根梦寐以求的事。摩尔根开始发奋钻研起来，他把大部分时间都用来学习生理学和形态学这两门基础课程。这所大学里不仅有许多知识渊博的教授，而且还常常聘请一些著名学者来讲学，他们带来了丰富的知识财富，也开阔了摩尔根的思路和眼界。

另外，这所大学还鼓励学生不要迷信专家权威，努力培养学生独立实验的能力和大胆探索的精神。摩尔根热心地接受这种教育，这种教育也影响了他的一生，使他养成了有错必纠的习惯和怀疑一切的精神。

在霍普金斯大学，摩尔根的生物学成绩一直名列前茅。他的多篇论文先后发表在《美国博物学家》、《大众科学月刊》及《形态学杂志》等期刊上。这些论文虽然大部分是描述性的，但却体现了摩尔根在生物学研究方面的扎实功底。

摩尔根在霍普金斯学习了两年之后，于 1888 年获得理学硕士学位。之后，摩尔根来到了马萨诸塞州的任兹霍尔——海洋生物实验室所在地。这里有种类丰富的海洋生物，对全美各院校的生物学家有具有强大的吸引力。在这里，摩尔根在布鲁克斯的指导下，进行了有关海蜘蛛的研究，布鲁克斯建议他研究海蜘蛛的种系发生关系。摩尔根采用了新方法研究它们的胚胎发育过程，证明它们应该归入真正的蜘蛛类。

1890 年春天，摩尔根在霍普金斯大学接受了博士学位，并获得了布鲁斯研究基金——这是在霍普金斯大学工作的正式研究员们为之竞争的新建立的研究基金。摩尔根把这笔基金完全用在了生物学研究中。他旅行到牙买加和巴哈马群岛附近水域，以便更深入地进行生物学研究。他还到欧洲去旅行，并在那里待了很久，以便考察那里的各种生物。

在摩尔根年满 25 岁的 1891 年，经过几年的科学研究锻炼，他已有了很深的功底，各方面也逐渐成熟起来，于是，他告别了给予他无穷智慧的霍普金斯大学，到靠近费城的布林马尔学院做生物学副教授。

这是摩尔根平生第一次登上讲台，他每周讲课 5 天，讲授普通生理学和普通动物学。他的讲课不像别人那样，死背书本，按部就班，而是别出心裁，以科研需要为出发点。他把教书当做思考的机会，利用这个机会发表他对各种问题的见解，向学生们奉献最新研究成果。学生们被他热情的态度和丰富的知识深深地吸引了。他使学生们了解了大千世界的广阔，了解了各种引人入胜、变化万千的实验方法。同时，作为一个年轻的教师，他按照自己的科研课题，继续进行科研活动，主要是对柱头虫、蛙类以及海蛸虫进行描述性的研究。在这一时期的科学实践中，他更清晰地认识到了实验研究的重要性，他一生都崇尚这种研究方法。

正是在这段时间里，摩尔根开始为他日后的科学研究定下模式。1897年，摩尔根出版了第一本书《蛙卵的发育——实验胚胎学引论》。1903年，对于摩尔根的一生是一个重要转折点，他接受了友人威尔逊的邀请到哥伦比亚大学任实验动物学的首席教授。他在这里度过了将近四分之一世纪。正是在这所大学里，摩尔根在遗传学领域里取得了惊人的成就，他的遗传学理论构成了蓬勃发展的生命科学的基础。

孙中山
（1866—1925）
中国政治家、革命家

革命尚未成功，同志仍须努力。

——孙中山

　　鸦片战争以后，中国人民为了从帝国主义和封建主义的盘剥和压迫下解放出来，进行了可歌可泣的革命斗争。无数的革命者前赴后继地探索救国救民的真理，寻求祖国独立、民主、繁荣、富强之路，为实现自己的革命理想而英勇奋斗。孙中山就是他们中的杰出代表。

　　从 19 世纪末开始，孙中山怀着强烈的爱国热情，在国内外积极从事拯救中国的政治活动，成立了资产阶级革命团体兴中会、同盟会，提出和宣传资产阶级民主革命纲领"三民主义"，领导和发动了多次武装起义，推翻了清王朝，建立了中华民国。1912 年 1 月 1 日，他在南京任中华民国临时大总统。不久政权被"窃国大盗"袁世凯篡夺。孙中山为维护民主政治，又领导了"二次革命"和"护法运动"。后来，他吸取历次革命失败的教训，抛弃了一些旧观念，积极欢迎和接受共产国际和中国共产党对他的帮助，毅然改组国民党，采取了"联俄、联共、扶助农工"三大政策，同中国共产党结成了反帝、反封建的统一战线，实现了第一次国共合作。在深刻的历史转变过程中，孙中山无论是在思想上还是在行动上都能够"适乎世界之潮流，合乎人群之需要"，站在时代潮流之前，和历史共同前进。毛泽东评价他"全心全意地为了改造中国而耗费了毕生的精力，真是鞠躬尽瘁，死而后已"。

1866年11月12日，孙中山出生在广东中山翠亨村一个贫苦农民家庭。他是家中的次子。

母亲为祈求"北方真武玄天上帝"的保佑，给长子取名帝眉，次子取名帝象。这就是孙中山乳名"帝象"的由来。稍长他取名文，号日新，取《大学》里"苟日新，日日新，又日新"之义。后又以"日新"的粤语谐音，改名"逸仙"。后来他在日本从事革命活动时，化名中山樵，孙中山之名便由此而来。

孙中山家除有父、母和祖母外，还有哥哥、姐姐和妹妹，他排行老三。家境从祖辈起就非常贫寒。他祖父是个没有土地的佃耕农；父亲16岁时便只身到澳门谋生，后来返回翠亨村成家，靠租种田地度日。像旧中国农村许多贫苦人家的孩子一样，孙中山从6岁起便跟姐姐上山打柴草，年纪稍长，又开始干牧牛、除草、插秧、挑水等各种农活。有时还随外祖父驾船出海取蚝。他没有鞋穿，常赤脚走路，很少吃米饭，主食是番薯。

童年时代的艰苦生活，使孙中山对农民的悲惨境遇感触很深，也使他萌发了自由、平等、博爱的思想。"生而为贫困之农家子"的孙中山后来说："我所以要坚决进行革命的原因，是为了不愿意中国农村永远这样穷苦，我愿意中国的儿童都有鞋穿，有饭吃。"他也一直没忘记自己是个"农家子"，直到1922年，他还坦率地对外国友人说："我是苦力的儿子，我自己也是苦力，是和穷人的孩子一起长大的。"

因为家贫，交不起学费，孙中山到10岁时，才进私塾读书，除练习写字以外，便是机械地背诵《三字经》、《千字文》及"四书""五经"之类的书。

他更喜欢的是夏日坐在大榕树下，听参加过太平天国运动的农民冯爽观讲他追随天王洪秀全南征北战的故事。有一次，他很遗憾地说："洪天王灭了清朝就好了！"冯爽观摸着孙中山的小脑袋，高兴地说："你真是'洪秀全第二'啊！"这以后，孙中山真的以此自居起来，稍一有空，就跑去看三合会会员练武，回家便舞枪弄棒，操练武艺，在他幼小的心里埋下了革命的种子。

这时候的孙中山已隐隐地觉察到当时的中国社会有许多不合理之

处。县里的差役到村上，不是催粮，就是逼税，还抓人、派差。孙中山看到这些胡作非为的事，气愤地说："这些官兵就是强盗。"姐姐因为缠足痛得直流泪，他看了十分不忍，便对母亲说："为什么姐姐的脚好好的，却要用布把它包扎起来呢？你看姐姐痛得这么厉害，不缠可以吗？"听到母亲否定的回答后，他愤愤地说："女子把双足缠成这样，实在是毫无道理的。"一些富户家的奴婢，吃的是残汤剩饭，穿的是破衣烂袄，还常受主人打骂。孙中山认为这是违背常理的。从这些事上，他开始产生了对现行社会制度的怀疑和不满，也渐渐认识到了封建制度的没落和腐朽。

1878年，12岁的孙中山和母亲一道去檀香山投奔哥哥孙眉。第一次离乡到海外，孙中山大开眼界，他后来这样回忆当时的情景："始见轮舟之奇，沧海之阔，自是有慕西学之心，穷天地之想。"

不久，孙中山进了火奴鲁鲁意奥兰尼学校读书。当时，这所学校只有三名华侨学生。在学校里，孙中山学习非常勤奋，很快就掌握了英语。他阅读了不少有关西方资产阶级民主革命的书籍，特别喜欢读华盛顿、林肯等资产阶级革命家的传记。课余他还自修国学。他当年的同学唐雄后来回忆说，孙中山"课余有暇，常不喜与同学游戏，自坐一隅，辄读古文，吟哦不绝，有时笔之于纸……"丰富的中西学知识，为他后来领导革命斗争打下了良好的基础。

1882年7月，孙中山离开檀香山回国。他乘的船刚近国土，便受到清朝官吏的盘剥，这事给他刺激很大，他愤怒地对乘客们说："中国掌握在这些腐败的官吏手中，只会一天天衰败下去，我们能视而不救吗？"

回乡后，他开始在村民中大力宣传社会改革的必要，并和好友陆皓东等人砸了村庙"北极殿"中的神像，却因此引起了一场轩然大波，孙中山被迫出走香港。但他没有屈服，他默默地说："我，终究是要回来的！"

个久，他抱着"救国工作自救人开始"的信念，进入广州博济医院附设的南华医学堂读书。他觉得，一方面致力政治，一方面致力医术，从这两方面同时努力，也许会有收获。

后来，孙中山又转到香港的西医书院学习，这里教学设备完善，师资水平很高。他在这里学习了整整 5 年，除钻研医学知识外，还广泛研读西方的政治、军事、历史等学科的著作。这时的孙中山，既勤奋好学，又活泼好动，是一个朝气蓬勃、性格豪爽、脚踏实地且充满人情味的有为青年。他和要好的陈少白同住一屋，房中除了两张铁床外，到处都堆满了书籍，二人常嬉戏打闹，甚至用书本、杂物互相抛掷。

这时候的孙中山，仍很关心政治问题。他"以学堂为鼓吹之地"，常对人抒发爱国情怀，阐述革新抱负。课余时间或节假日，他常往来于广州、澳门等地，和志同道合者共同寻找救国真理，探索中国的出路。他和陈少白、尤列、杨鹤龄三人交游甚密，提出"勿敬朝廷"的口号，倡言革命，以至于"其他之交游，闻吾言者，不以为大逆不道而避之，则以为中风病狂相视也"。他们四人也因此被称为"四大寇"。

1892 年 7 月，孙中山以最优异的成绩，被授予医科硕士学位。结束学习生涯后，他先去澳门行医，后到广州，并很快成为一位知名良医，"不满两三月，声名鹊起……就诊者户限为穿"。与医术相比，他更关心国家、民族的"痼疾"，认识到"医术救人，所济有限，其他慈善事业亦然"，而"医国"比"医人"更重要。

1894 年 1 月，孙中山回到家乡翠亨村，闭门十几天草拟出 6000 多字的《上李鸿章书》，提出"人能尽其才，地能尽其利，物能尽其用，货能畅其流，此回事者，富强之大经，治国之大本"的主张。随后带着它北上天津面呈北洋大臣李鸿章，遭到李的拒绝。孙中山好像被当头泼了一盆冷水一般，他方"知和平方法无可复施，改良无济于事，只有釜底抽薪，推翻清廷，才能拯救中国"。

从此,孙中山走上了民主革命的道路。

1894年10月,28岁的孙中山去檀香山联络华侨,宣传革命思想;同年创立了兴中会,提出了"驱除鞑虏,恢复中国,创立合众政府"的革命主张。第二年在广州发动起义失败。之后,孙中山开始流亡国外。

1905年8月,中国同盟会在日本东京成立,提出了"驱除鞑虏,恢复中华,创立民国,平均地权"的16字纲领,孙中山被推举为总理。同盟会的成立,结束了各省革命党人各自为政的局面,实现了18个省革命党人大联合。

辛亥革命胜利后,有报纸评论道:"武昌革命系奉孙逸仙命令起义,拟建共和政权,其首任总统,当属之孙逸仙。"孙中山则认为自己组织革命,"乃为救国,非为一己之谋"。但当他从纽约返抵上海之后,还是被推选为中华民国临时大总统。在南京就职后,他回答记者的一句话是:"予不名一钱也,所带回者,革命之精神耳。"他日夜萦怀的是国家的统一富强和人民的安居乐业,丝毫没有考虑个人的权力和享受。他在一座平房内办公,在一幢简陋的小楼里居住。在临时大总统府内,从总统、总长到一般小职员,每人除供给食宿外,只发给财政部发行的军用券30元。他始终以"人民的公仆"自居,禁止人们以"万岁"、"万寿无疆"之类的词句称呼他。

1925年3月12日,孙中山因患肝癌在北京逝世,结束了自己为国为民的一生。

莱特兄弟

（1867—1912；1871—1948）

美国发明家

> 勤奋、认真是成功的发动机，想像、创新是成功的螺旋桨。
>
> ——莱　特

　　你向往像鸟儿一样在天空中自由自在地飞翔吗？你知道帮助人类完成飞上云霄梦想的人是谁吗？他们就是飞机的发明者——莱特兄弟。莱特兄弟是 20 世纪美国最著名的发明家。哥哥叫威尔伯·莱特，弟弟叫奥维尔·莱特。因为兄弟俩共同发明了飞机，所以人们总是亲切地称他们为"莱特兄弟"。莱特兄弟作为人类航空先驱受到人们的崇敬，曾获得多种荣誉和奖励。在基蒂霍克他们试飞成功的地方建有莱特兄弟的纪念碑。

　　回首人类百年航空史，飞机工业的发展紧紧伴随着人类科技的飞跃、社会的发展和文明的进步。然而，让飞机成功地飞上蓝天这一历史性的成功来之不易，这一划时代的飞行不仅是多少世纪以来人类梦想、希望和奋斗的结晶，也饱含着发明家本人的心血和汗水。

　　在飞机诞生之前，人类航空的发展经历了从幻想到冒险、从理论探索到实践的漫长过程，但这些冒险活动大都落得非死即伤的悲惨命运。人们逐渐认识到，飞行是复杂的，单靠冒险无济于事。要想实现升空飞行的理想，首先必须研究飞行这门新的科学。伟大的艺术家达·芬奇是第一位以科学的态度研究飞行的人。他设计了扑翼机,还曾尝试设计直升机和降落伞。到 18 世纪末期,笨重的飞艇和任意飘游的气球已把人们送上了天空,但是,这些依赖空气浮力的航空器,摆脱不了自然力尤其是风力的影响。大科学家牛顿有一句名言:"如果我比别人看得远些,那是因为我站在巨人们的肩上。"这句话同样适用于最终成功发明第一架飞机的莱特兄弟。在他们生活的 19 世纪,飞机的研制进入一个空前活跃的时期。一方面有关飞机升力、阻力、稳定与操纵的理论初步建立起来,另一方面动力飞机的研制探索取得了宝贵的经验。尽管先驱者们没有最终研制成功有动力、可持续飞行的飞机,但他们的工作为莱特兄弟打下了坚实基础。没有他们的先驱性工作,就没有莱特兄弟最终的成功。

威尔伯·莱特生于 1867 年,比奥维尔·莱特大 4 岁。莱特一家人住在美国俄亥俄州迪顿市的郊外,爸爸名叫米尔顿·莱特,是个牧师,为人正直,乐于助人,经常在家乡附近巡回传道,深受人们的敬爱;妈妈名叫凯瑟琳,是个贤惠的家庭主妇。威尔伯和奥维尔在家中分别排行老三和老四,他们有两个哥哥和一个妹妹。兄弟两人非常活泼好动,从小就喜欢会动的机器,比如雪车、四轮车、脚踏车等。他们喜欢机械是得自祖父的遗传。他们的祖父是个制作车轮的工匠,家里有各种各样的工具,兄弟两个把那里当做他们的乐园,经常跑去看祖父干活。时间一长,他们就开始模仿着制作一些小玩具。他们还喜欢拆装机器,比如一些旧的时钟、坏的磅秤等等。而且,两个小家伙还经常把妈妈准备丢掉的废铜烂铁捡起来,做成许多新鲜有趣的玩具。有一次,他们把一大堆被人家丢弃的橡树果实和旧铁钉捡回来,制成许多陀螺玩具分送给玩伴。这两个心思巧妙、手艺不凡、喜爱创造发明的兄弟,陆陆续续搞出了许多令人惊奇的发明。韦尔伯 10 岁、奥维尔 6 岁那年,兄弟俩花了好几天时间,自己动手,用爸爸的木工工具把原本破旧不堪的手推车改造成一辆坚固而实用的运货车。他们的"杰作"得到了爸爸的称赞,邻居们也对这两个小兄弟的行为惊羡不已。

爸爸妈妈对兄弟二人非常支持,时常给予他们鼓励和指导。这年冬天,威尔伯和奥维尔在妈妈的帮助下自己动手做了一架爬犁。一开始,兄弟两个找来很多木条和工具,不假思索就干了起来。"不行!"妈妈阻止他们说,"干什么事情都得有个计划,我们得先设计一个图样,然后

再做！"兄弟两个明白了这个道理，就跟妈妈一起设计图样。妈妈量了一下兄弟俩身体的尺寸，画出一个很矮的爬犁图纸，并且解释说："要想叫爬犁跑得快，就得制成矮矮的，这样可以减少风的阻力。"第二天，莱特兄弟的矮爬犁果然赢得了和小伙伴们的比赛。这件事让他们明白干任何事情都不应莽撞冲动，应首先弄清其中的道理，解决关键问题，这样才能事半功倍。

后来他们就特别注意研究阻力问题。有一次，镇上举办脚踏车比赛，许多参赛者的脚踏车都是新的，一副志在夺魁的架势。只有莱特兄弟的车子看起来怪里怪气——车子的把手特别低，几乎快接近前轮了。虽然怪异的车形遭到耻笑，可是他们却获得了第一名。原来，莱特兄弟的车子当时就已经运用了类似现代跑车的原理，空气阻力很小。

爸爸知道两个儿子喜欢各种小机械，也经常送给他们新奇有趣的玩具，积极引导和培养他们的兴趣和爱好。圣诞节到了，爸爸又从外地给他们带回了圣诞礼物：一个能在空中高高飞行的竹蜻蜓。"鸟才能飞呢！它怎么也会飞？"威尔伯有点怀疑。爸爸笑了笑，当场做了表演。他先拧了几下竹蜻蜓上面的橡皮筋，然后一松手，它就发出呜呜的声音，向空中高高地飞去。兄弟这才相信，除了鸟、蝴蝶之外，人工制造的东西也可以飞上天。于是，兄弟俩便把竹蜻蜓拆开，想了解一下它为何能飞上天去。这小小的竹蜻蜓，激起了小哥俩强烈的好奇心。从此，莱特兄弟开始研究使物体悬浮在空中的问题。最初，他们仿制了几个竹蜻蜓。当新的竹蜻蜓在空中飞起来时，他们高兴极了。可是，在制造尺寸大得多的飞行玩具时，却怎么也飞不起来。这是莱特兄弟在飞行器研究中所遇到的第一次挫折。然而，他们并没有退缩，决定节省零用钱，并利用节假日打工,攒钱进行实现飞行梦想的实验。爸爸妈妈知道以后非常高兴,爸爸说:"韦尔伯是个数学家,而奥维尔却是个发明家。可别小看了他们,只要他们俩密切合作,日后总会搞出一些名堂来的。"

后来,他们不断用勤奋的大脑和灵巧的双手制造各种小机械。他们在高中时代曾尝试过办报纸,用家里的老式手推车和其他一些边角废料制造出了一台印刷机,这台机器用起来省时、省力、高速,深得业内人士好评。不久,年轻的莱特兄弟又创办了一个小型的印刷厂。后来,在威尔伯的提议下,他们停掉了印刷厂,转行生产、修理自行车。奥维尔野心更大,有一阵子曾想要生产汽车,只可惜威尔伯对此不感兴趣,因而未能实现。

19世纪末,已有很多人对飞行器进行过艰难的探索和深入的研究,并做了大量的实验,可是,包括电话发明者贝尔和发明大王爱迪生在内的所有人的努力都失败了。以至于许多科学家都悲观地认为,不可能制造出一架能够载人的飞行器。人们的飞天梦似乎破灭了。然而,年轻气盛的莱特兄弟却对发明飞机始终充满着火一样的热情和无比坚定的信念。1896 年夏,25 岁的奥维尔染上了伤寒。养病期间,两兄弟听

说了德国航空先驱奥托·利连索尔在一次滑翔飞行中不幸遇难的消

息。按说，这条消息对那些梦想飞行的人是一个打击，但熟悉机械装置的莱特兄弟却从中认定，人类进行动力飞行的基础实际上已足够成熟，利连索尔的问题在于他还没有来得及发现操纵飞机的诀窍。莱特兄弟儿时制作飞行玩具的激情复活了，他们满怀激情投入了对动力飞行的研究。

莱特兄弟没有上过大学，但他们一方面很重视通过书本学习航空理论知识，另一方面也注重亲身实践。他们开始广泛阅读有关飞行原理的书籍。他们认真学习数学，勤奋钻研空气动力学等方面的科学知识。莱特兄弟不仅努力掌握前人的研究成果，而且十分注意直接向活生生的飞行物——鸟类学习。他们常常仰面朝天躺在地上，一连几个小时仔细观察鹰在空中的飞行，研究它们起飞、升降和盘旋的规律。当年孩子气十足的飞行之梦，已转化为坚定的发明信念。用丰富的知识武装起来的莱特兄弟更加坚信飞机的发明是可能的。特别值得指出的是，在发明飞机的过程中，莱特兄弟的配合也是完美无缺的。哥哥威尔伯勤勤恳恳，扎扎实实，拥有工程师般的细致和严谨；弟弟奥维尔则有着艺术家般的丰富想像力，敢于不断地创新。两颗如此智慧的大脑相互补充，密切配合，还有什么人间奇迹创造不出来呢？

在认真总结了前人的经验和教训之后，莱特兄弟决定从滑翔飞行实验入手。正像母亲在他们儿时制作玩具时所告诫的那样，一定要在动手之前把需要做什么想清楚。他们对于如何最终成功研制出飞机有清晰的思路。1901年9月18日，威尔伯·莱特给美国西部工程师协会作学术报告时，阐述了他的思路："要制造一架飞行机器，三个主要的障碍是如何制造升力机翼、如何获得驱动飞机飞行的动力和在飞机升空之后如何平衡并操纵飞机。前两个问题在某种程度上已经得到解决。只有平衡与操纵的难题仍然摆在了所有试图解决飞行问题的人面前。一旦这个问题被攻克，飞机的时代就会来临。"在他们看来，飞机能不能顺利飞行，关键就在于如何设计和控制它在飞行过程中前后左右各个方向的受力平衡，特别是要处理好飞机的重心和升力受力点之间的关系。他们与众不同的技术思路与探索过程，使兄弟俩在两年后成为最早的能够在天空自由飞翔的人。

靠着一丝不苟、严谨求实、不断钻研的刻苦精神，莱特兄弟不仅迅速掌握了当时最先进的飞行器制造技术，而且在许多方面都做出了重大突破。在观察飞机在空气中改变方向的情况的过程中，莱特兄弟发现，只要用与拉线相连的小棍加以调节，使翼梢保持不同的迎风角度，就能控制飞机的航向。这是一个非常重要的发现，它对莱特兄弟日后的成功影响极大。从 1899 年开始，莱特兄弟先后研制了三架滑翔机。在风大、人烟稀少的基蒂霍克反复进行了上千次飞行实验。在这期间，他们的滑翔机多次飞行了 1000 米以上的距离。这在当时是十分难得的。头两架滑翔机令人满意地解决了飞机的稳定和操纵问题，但由于完全使用了过去留下的机翼升力和阻力数据，因此这两架滑翔机的飞行性能不高。于是他们决定自己进行实验，以获得尽可能准确的数据，用以指导飞机设计。这些实验是利用自行车轮加装实验部件旋转进行的。之后他们又在家乡迪顿市的自行车修理铺内建造了一个小型风洞，对几千种机翼模型进行了精确的动力和拉力实验，设计出了最佳的机翼剖面形状和角度，以便获得最大的升力。在前人的实验中，由于担心机翼过大会使得飞机难以操纵，因此一般机翼面积都不是太大。而驾驶员自身的位置变化也严重地影响飞机的重心。莱特兄弟把机翼面积增大了一倍，达到 28.6 平方米。而在飞机整体的升力增加后，飞机对于驾驶员自身位置的变化也不那么敏感了，这就使得飞机尽管机翼面积大大增加，但可操纵性能并没有比小机翼飞机降低。经过千百次平淡而枯燥的重复实验，莱特兄弟利用自己获得的精确数据，制成了第三架滑翔机。他们利用它共进行了 700 次滑翔飞行，都能保持飞行稳定和安全。它的极大成功，为研制动力飞机提供了直接依据并使莱特兄弟增强了取得最终成功的信心。

1903 年，莱特兄弟已不再满足于滑翔飞行，他们想要制造一种不借助风力也能飞行的机器。有一天，车行门前停了一辆汽车，司机向他们借了一把工具，用来修理一下汽车的发动机。弟兄俩灵机一动，想到用汽车的发动机来推动飞机飞行。但当时没有一家公司愿意冒险制造航空发动机。倔强的莱特兄弟并没有就此罢手，他们充分发挥了自身的优势，自己动手制造了一台 12 马力的活塞式发动机，这种发动机远比当时的蒸汽发动机更为先进。

有了发动机，还缺少什么呢？他们想到了在孩提时代父亲给他们买的那个玩具竹蜻蜓上的螺旋桨，通过发动机推动螺旋桨旋转产生的升力可以使飞机飞行。但螺旋桨的制造也十分困难。当时没有现成的理论模式，莱特兄弟从头摸索，以杰出的才能和高超的技艺，成功地制造出一个当时最好的木制螺旋桨，然后把它与发动机一起安装在飞机上，这就是莱特兄弟在第三架滑翔机基础上研制的航空史上第一个主要依靠动力飞行的航空器——"飞行者一号"。当年 9 月，"飞行者一号"的部件被运到北卡罗莱纳州的基蒂霍克，经过就地组装，12 月 17 日上午 10 点 35 分，在威尔伯·莱特协助下，奥维尔·莱特操纵"飞行者一号"飞机飞离地面。第一次飞行留空时间很短，只有 12 秒时间，飞了约 36.6 米，但这是一项伟大的成就：它是人类历史上第一次有动力、载人、持续、稳定、可操纵的重于空气的飞行器的首次成功飞行。这次飞行为人类征服天空揭开了新的一页，也标志着飞机时代的来临。当天晚些时候，威尔伯又把飞行纪录改写为 59 秒留空时间、255 米飞行距离。从此，人类真正插上了翅膀，飞上广袤的天空，可与浮云为伴，与百鸟竞飞。现在，每个到基蒂霍克观光的人都会看到一块镌刻着简单铭文的巨石，巨石所在即是奥维尔当年驾机升空的起点。

莱特兄弟把他们研制成功动力飞行器的消息告诉报社，可报社不相信有这种事，拒不发布消息。莱特兄弟并不在乎，也没有陶醉于这一巨大的成功，而是不断进取，继续改进他们的飞机。1904 年 1 月—5 月，莱特兄弟制造了"飞行者二号"飞机，性能有了很大提高。1905 年又制造了"飞行者三号"飞机，它共飞行了 50 次，能进行难度较大的机动飞行和有效操纵，表明这架飞机已具备实用性，因此被看作是第一架实用飞机。1906 年，莱特兄弟的飞机在美国获得专利发明权。1908 年，他们的新飞机已经能够以每小时 64 公里的速度飞行 160 公里了。1909 年他们获得美国国会荣誉奖。

飞机的诞生，深刻地改变和影响着人们的生活。作为一种空中交通工具，飞机使运输、旅行的时间大大缩短，让人类的生存空间成为真正意义上的"地球村"。今天，飞机不仅在数量上剧增，而且性能也有显著改进。今天的飞机最大速度可达每小时 3000 多公里，最远飞行距离可达数万公里，留空时间长达十几小时。人类无尽的智慧必将为飞机未来的发展提供更为广阔的前景。面对这些进步人们不应忘记，所有这一切都是从 12 秒开始的。

居里夫人

（1867—1934）

法籍波兰物理学家、化学家

科学家不要想财富，他们也不应拥有财富。

——居里夫人

在近代科学的历史上，有一系列具有重大意义的事件，镭的发现就是其中之一。这一伟大发现不仅给人类带来了攻克顽症——癌的新方法，在医学史上做出了重要的贡献，而且引起了科学和哲学两门学科的巨大变革，为人类探索原子世界的奥秘打开了大门。这种放射性元素的发现者，是一位举世闻名的伟大女性，也是世界上第一个两次获得诺贝尔奖的科学家——杰出的法籍波兰科学家居里夫人。

这位伟大女性和她的丈夫居里先生一起，经过艰苦的努力，发现了钋和镭，并以锲而不舍的精神用了 45 个月的时间从几十吨沥青矿渣中提炼出 0.1 克镭。它的成功具有划时代的意义，开辟了科学世界的一个新领域，从此一门新兴学科——放射学诞生了。1903 年，为了表彰他们夫妇的杰出贡献，瑞典皇家科学院授予他们诺贝尔物理学奖。

丈夫去世后，这位杰出的女科学家在失去亲人的巨大精神痛苦和疾病缠身的双重折磨下，以顽强的毅力和为科学而献身的精神勇敢地站了起来，继续独立进行放射性元素的研究工作，成为巴黎大学理学院物理学教授。她成功地分离了金属镭，分析了镭元素的各种性质，并

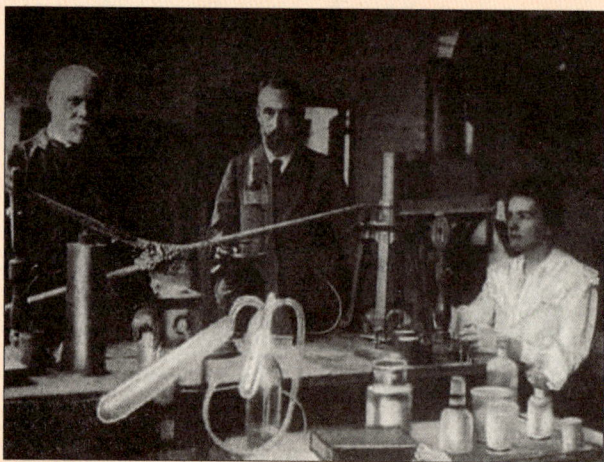

测定了它的原子量，同时发表了著名的《论放射性》一书。为了表彰居里夫人在居里先生去世以后所取得的一系列重大科研成就，瑞典皇家科学院于 1911 年再次向她颁发了诺贝尔奖。

　　居里夫人原名玛丽·斯可罗多夫斯卡，出生于一个波兰教师家庭。她的双亲都是有见识的人，尽管家境贫寒，但他们对子女的教育却从不马虎，因此，玛丽从小就受到良好的教育和熏陶。她天性聪明，求知欲强，三四岁时，就常常专心致志地听哥哥姐姐念书，并很快学会了自己看书。她的记忆力很好，一首诗只要看两遍，就能一字不差地背诵下来。

　　由于家中子女多，经济上不宽裕，玛丽小时候，家里很少有贵重的玩具。但父亲的那些物理仪器——玻璃管、天平等，却让童年的玛丽产生了极大的兴趣。她常常踮起脚尖极其快乐地久久地注视着它们，而且总是反复念叨着父亲教给他的话：物—理—仪—器。从那时起，当物理教师的父亲就把对科学的强烈好奇心传给了这颗幼小的心灵。

　　玛丽 6 岁时进了一所私立小学。尽管比周围的同学年龄小两岁，但她却是一个出色的学生，对任何科目都不感到困难，功课永远第一：算术第一、历史第一、德文第一、法文第一……她总是比别的孩子更早做完功课，然后帮那些智穷力竭的同学解决困难，所以老师十分喜欢她。

　　玛丽读书非常专心，不管周围环境多么嘈杂、吵闹，她都能双肘伏案，用手指堵住耳朵，全神贯注地读书，仿佛周围的一切都不复存在了。这种方法常使其他孩子觉得十分有趣。有一次，同学们想吓一吓她，他们把椅子叠起来放在玛丽的旁边，想看她会怎样。玛丽仍在看自己的书，完全没有察觉周围的一切。当她读完书站起来时，椅子突然哗啦一声倒了下来，同学们哈哈大笑起来。但玛丽只是伸手揉了揉酸疼的肩膀，说了声"真没趣"，便走开了。

玛丽 10 岁的时候，不幸接踵而来：先是她的大姐死于伤寒，接着慈爱的母亲也因肺病去世了，不久，父亲又失去了公职。这一系列灾难，对这个幼小的姑娘打击甚大，使玛丽很早就认识到了生活的残酷和艰辛。但逆境也培养了她的不屈性格，使她过早地成熟和坚强起来。

玛丽 14 岁时已经是一所官办中学的出色学生了。她学习非常用功，15 岁那年捧回了全家第三枚奖章——优秀生金质奖章，但是她也为此付出了代价——因过度劳累，体力不支而病倒了。

1883 年 6 月 12 日，她参加了中学毕业典礼，告别了自己的中学时代。父亲为了使她的身体尽快得到恢复，将她带到乡下的叔叔家里，玛丽在那里度过了一生中最愉快、最无忧无虑的一年。她和伙伴们一起到森林里散步、采蘑菇、荡秋千、游泳、滑雪橇，她甚至还学会了骑马。乡村情趣盎然的生活，陶冶了玛丽的性情，也增长了她的见识。

从乡下回来后，由于家境困难，16 岁的玛丽不得不找了一份家庭教师的工作。这份工作很辛苦，而报酬却很低，但玛丽并不在意，这不仅是因为她勇于吃苦，还因为她在心中憧憬着另外一种生活，一种美好的理想在吸引着她——步入巴黎的大学校园。当时许多本地青年都争着做家庭教师，以期挣钱到国外留学。

1883 年 9 月，为了得到一份稳定和收入较高的工作，缩短去巴黎求学的时间，玛丽告别了父亲，到远离华沙的乡下去做家庭教师。在将近 4 年的寄人篱下的艰苦生活中，玛丽始终没有放弃自己的理想，在没有任何老师指导的情况下，她以顽强的毅力独自在知识的迷宫里探索，艰难地向科学的高峰攀登。这几年中，玛丽通过学习渐渐悟出了自己真正的兴趣所在，开始把全部精力转向数学和物理学。

这段乡村家庭教师的生活结束后，玛丽回到了阔别已久的故乡，又踏进了那个充满温暖的家。最使她高

兴的是，她回来后，有机会生平第一次进入一个实验室。在这个所谓的"博物馆"里，玛丽的眼界大开。她常在晚间或星期日到那里去，独自一人做物理、化学实验，她迷恋这些实验，兴趣越来越浓，常常工作到夜里很晚才恋恋不舍地离开她心爱的静电计、试管和精密天平……可躺在床上，她却又久久不能平静，那些小小的成功激动得她彻夜难眠。这时，她更加确信，自己已把生命牢牢地系在了向科学进军的壮丽事业上。

1891 年秋天，玛丽终于实现了自己多年的梦想——登上了一列开往巴黎的列车。这位年仅 24 岁的姑娘没有想到，也绝不会想到，此行是她在黑暗与光明之间作了最终的抉择，是在毫无变化的渺小岁月与广阔的生活空间之间作了最后的抉择。从此，她的生活掀开了新的一页。

在玛丽的一生中有一个值得纪念的日子——1891 年 11 月 3 日，这一天她兴致勃勃地向那梦中的宫殿——著名的法兰西共和国理工学院走去。这所高等学府是一个充满智慧的地方，它像磁铁一样深深吸引了玛丽，使她感到无比兴奋、无比幸福。她的灵魂中涌起一阵阵冲动，让她热烈地投向新生活为她提供的一切，她开始奋力地向那无边的知识海洋里遨游！

玛丽开始了十分艰苦的学习生活。为了排除一切干扰，获得安静的学习环境，节约每分每秒用于学习，玛丽尽量回避娱乐活动，也不参加朋友聚会，一个人搬到离学校很近的地方住。为了节约开支和节省时间，她吃的十分简单，有时连续几天只吃抹了黄油的面包。每天早上，她是全班到课堂最早的，而且总是坐在离讲台最近的地方，专心致志地听教授讲课。在实验室里，她经常夜以继日地工作。在无数次实验中，她充分地展示了自己思想的敏捷性和独创性。巴黎的冬夜，异常寒冷。一天晚上天气格外冷，玛丽房间中的洗脸盆里的水都冻成了冰，她实在冻得无法忍受，只好把所有的衣服都穿上，又盖上被子，而且还在被子上压上了唯一的一把椅子，以便用增加重量的办法取暖。那一夜，她就是这样一动不动地等待着自己进入梦乡。这种奇特的、几乎不近人情的生活方式，使一向健壮的玛丽的健康受到损害，终于有一天，她因贫血在同学们面前晕倒了。可是当她的姐夫一小时后赶到时，面色苍白的她已经在预习第二天的功课了。姐夫只好强行把她带回自己家里，并每天给她吃牛排，规定她按时就寝，才使玛丽逐渐恢复了健康。

用功，不断地用功……正是对科学的极大热情，使这个波兰女子能够蔑视任何困难，并把贫寒引为骄傲。也正是在这刻苦用功、离群索居的生活中，她愈来愈清楚地意识到自己有能力学习人类已发现的一切。

在理工学院学习期间，她始终是这般顽强刻苦，因此，她的学习成绩一直十分优异，各科成绩都名列前茅，并且先后获得了两个学位：物理学学士学位和数学学士学位。

在玛丽一生中，尽管理工学院的 4 年学习生活比任何一个时期都穷苦得多，但却是她个人历史上极为重要的 4 年。直到晚年，她还深深地缅怀这段时光，因为这一时期奠定了她未来成功的基础。正是从这时起，玛丽开始一步一个脚印地向科学高峰攀登，并在科学史上留下了一串串闪光的足迹……

卢瑟福

（1871—1937）

美国物理学家

科学家不是依赖于个人的思想，而是综合了几千人的智慧，所有的人想一个问题，并且每人做它的部分工作，添加到正建立起来的伟大知识大厦之中。

——卢瑟福

1871年8月30日，在远离新西兰首都惠灵顿的泉林村一座普通的小木房子里，伴随着一阵响亮的婴儿啼哭声，乡村木匠詹姆斯的儿子降生了。在当时，没有人能想到这个胖乎乎的小男孩就是将来要离开新西兰去加拿大和英国工作，并取得巨大科学成就的原子核物理学的奠基人。欧内斯特·卢瑟福，他的名字将永远同他对原子核的发现联系在一起。

这位伟大的科学家提出的原子放射性变化理论，推翻了整个科学界原有的各种设想，为原子能的利用起了先导作用，也为人类进入新的时代开辟了广阔的前景。

卢瑟福的童年生活既非常愉快，又十分艰苦。家乡清澈的河水，茂密的山林，给童年的卢瑟福以极大的兴致。他很小的时候就经常同小伙伴们在小河里叉鱼，在丛林中捉鸟，尽情地享受着大自然赐予的种种乐趣。另一方面，为了帮助父亲支撑这个家，他年龄稍大就经常帮助父亲在农场干活，或到牛棚里帮母亲挤牛奶。生活的艰辛和神奇的大自然的陶冶，使卢瑟福从小就养成了勇于克服困难和富于幻想的性格。

富于幻想是爱好科学的阶梯，10 岁时卢瑟福心里就萌生了一个愿望：有朝一日自己也要成为一名科学家。在一本物理学教授鲍尔费·斯图亚特编写的教科书上，他歪歪扭扭地写上了自己的名字和年龄。他的母亲将这本书一直珍藏到晚年，而且常怀着自豪的心情，以此来夸耀自己的儿子。

童年的卢瑟福非常喜欢搞一些精制的小发明。有一次，卢瑟福发明了一种可以发射"远程炮弹"的大炮，而且还巧妙地设计出增加射程的方法。在这一小小的发明中，充分显示出他非凡的创造才能。又有一次，卢瑟福拆开了一个报废的时钟，并修好了它，而从此这时钟一直都走得很准，令他父亲惊奇不已。还有一次，他自制了一架在当时价格相当昂贵的照相机，并且自己冲洗显影，成了一个入迷的摄影师。

1882 年，由于家庭搬迁，卢瑟福来到哈夫洛克的一所学校继续学习。为了培养人才，他的老师雷诺兹总要在每天上午正式上课前为求知欲强的孩子另外安排一小时课程，这让勤奋好学的卢瑟福受益匪浅。由于学习努力，他成绩一直名列前茅，15 岁时就得了奖学金，随即进入纳尔逊学院读五年级。

纳尔逊学院院长是从剑桥来的福特先生，因此，这所学院的教学完全是英式的。在这里，自然科学课程被列为选修课，当时许多学生都讨厌这门课程，只有卢瑟福毅然选修了这门课，成为班里唯一一名选修这门课的学生。教自然科学的利特尔·约翰博士，非常欣赏他的这种钻研精神，给予他特别的关注和培养。人们常常看见他们师生二人沿着离校不远的黑姆登大街，一边散步，一边讨论着科学问题。有时还会停下来，蹲在地上一边画图一边讨论问题。正是从这时起，这位诲人不倦的教师使卢瑟福开始真正懂得了科学对人类进步的重大意义，并确立了终生献身于科学研究的人生方向。

渐渐地，卢瑟福对自然科学产生了浓厚的兴趣，他抓紧每时每刻拼命地学习自然科学知识，常常忘记了周围的一切。就是在无比嘈杂的环境中，他也能专心致志地读书，即使有人拿书本敲他的脑袋，他也全然不觉。这种"书呆子"式的学习方式，使他的同学觉得很好笑，于是他们便进行各种恶作剧，比如揪他的耳朵，或者在他身后搞些小动作。只有在迫不得已的情况下，他才使用有力的臂膀予以回击，结果每次必然以一个个"挑衅者"纷纷求饶而告终。

正是由于这种惊人的自制力和百折不挠的学习精神，使卢瑟福在

1889年,亦即刚满 18 岁时,就顺利通过了入学考试,从而有了进入新西兰大学坎特伯雷学院继续深造的机会。

当时的坎特伯雷学院继承了英国某些古老的传统,尽管学生们学的是理科课程,却授予他们文科学位。由于学习刻苦努力,卢瑟福 21 岁时就取得了文科学士学位。1897 年,经过一段时间的潜心学习,他又以数学、物理学两个第一的成绩,获得了文科硕士学位。在数学方面他还获得了高级大学奖学金,这使他得以在新西兰大学继续学习了一段时间。

4 年的学院生活对大多数学生来说已经足够了, 他们要考虑寻找工作和挣钱了。毋庸置疑,只要愿意,凭卢瑟福的聪明才智,他完全可以找到一个报酬较高的工作。但对卢瑟福来说,学习远比工作挣钱更让他感兴趣,虽然经济拮据,但他立志当一名科学家的理想从未动摇过。因此,他十分珍惜在大学里继续学习一年的机会,除了已取得的学位外,他还想向更高的目标攀登——争取获得理科学士学位。

学院当时规定,想要获得这一学位的学生,必须进行某些有独创性的研究,而当时坎特伯雷学院实验条件很差,学院所拥有的仪器设备十分简陋,而且先进仪器很少。但是,就是在这种条件下,卢瑟福仍然顽强地开始了他的研究。没有良好的仪器设备,他就自己动手,利用最廉价的材料设计和制造。没有实验室,他设法找到一个简陋、寒冷、四面透风的小泥板棚代替。在这个被同学们戏称为"小破棚"的简易实验室中,他废寝忘食地制造了一台高频率的检波器,并通过它用交流电去磁化铁或钢——事实证明,这是一个效率很高的检波器。1894 年他发表了一篇在物理学界有着深远影响的论文——《使用高频放电法使铁磁化》,当时许多国家的科学家都读了这篇论文,并给予很高的评价。不久,卢瑟福获得了理科学士学位。

在坎特伯雷学院,卢瑟福是一个以勤奋著称的穷学生,一个又一个学位的获得并不能解决他的吃饭问题。为了挣钱以维持生活,他先是利用课余时间进行私人授课——在此期间,他结识了一位后来成为他终身伴侣的姑娘玛丽;接着他又到学院附近的一所中学找到了一个代理中学教师的职位。但在课堂上,他只津津乐道地讲解自己的一套科学理论,远远超出了学生所能理解的范围。结果,学生们只好各行其是,课堂秩序往往乱得不可收拾。毫无疑问,卢瑟福算不上一个合格的教师,但在这段教学生涯中,他却丰富了自己的理论,为日后进一步从事科学研究创造了条件。

经过 5 年的学习，卢瑟福先后取得了文科硕士和理科学士学位，这已是当时他的祖国——新西兰所能给予他的最高荣誉。

1895 年，对于卢瑟福来说是一个重要的转折点。这一年，对热爱科学的青年极具吸引力的英国科学界要在新西兰大学物色两名候选人，获选者除了可以获得奖学金外，还可以到英国的著名大学去深造。经过考试和几番周折，卢瑟福终于成了其中一位入选者。他多年的愿望实现了！

卢瑟福登上去往英国的轮船，站在甲板上，回头眺望着渐渐远去的祖国。他想到自己这样一个出身穷乡僻壤的青年，现在居然要到著名的英国剑桥大学去深造，心情久久不能平静。他随身带着的坎特伯雷学院比尔顿教授的推荐书上写着："卢瑟福先生才华横溢，通晓数学分析法和图解法，对于电子及其绝对测定法之最新成就，具有极为广博的知识。卢瑟福先生为人诚恳，和蔼可亲，乐于帮助他人克服困难，凡与他有过交往的人，莫不竭诚赞许，尊为良师益友。我们衷心祝愿他在英国的科学研究同他在新西兰一样，取得非凡的成绩。"

卢瑟福来到英国后，进入剑桥大学的卡文迪许实验室。这个实验室在当时的英国是独一无二的，虽然它成立不过 24 年，但却吸引了众多著名的科学家，全体工作人员唯一关心的就是物理学的发展。对物理学的热爱，将这批人紧紧团结在一起，组成了当时世界上最为出色的科学团体，其中大多数人不久后都闻名于世界物理学界。在来实验室工作的最初的日子里，置身于这样一个才华出众的群体中，和这些出类拔萃的人一起工作，卢瑟福显得有些胆怯和拘束。

在科学界久负盛名的实验室主任汤姆生不仅学识渊博，而且待人友好，乐于助人，他对卢瑟福的才华非常赏识，愿意将他收在自己门下做研究生。这一切给了卢瑟福以极大的鞭策和鼓舞。

1896年，卢瑟福开始转入新的研究领域，致力于 X 射线的研究工作。直到这时，卢瑟福作为实验物理学家的惊人才华才明显地表现出来。

1898 年，卢瑟福开始研究与 X 射线有关的问题，同时还完成了一项绝妙的实验，通过这个实验，他推算出离子在两个金属片之间移动的精确速率，这是人们第一次直接计算出带电粒子的速率。

正当卢瑟福在科学研究上突飞猛进的时候，一个对他一生有重大影响的变化发生了，1898 年，加拿大一所大学的代表来到英国，打算在这个集中了最为优秀的科学家的卡文迪许实验室中，为蒙特利尔麦克吉尔大学挑选一名物理学教授。

大学教授在当时是令人神往的职业，卢瑟福十分希望自己能前往加拿大任教，他深知这个职位可以给自己的科学研究工作带来莫大的好处，但当他真的成为教授候选人时，又有些犹豫。

对此，汤姆生教授也十分为难：一方面，他不忍心放走这位才华横溢的得力助手；另一方面，他深知卢瑟福是一位在科学事业上很有前途的青年，自己决不应阻碍他的发展。最后，目光敏锐的汤姆生教授写了一封热情洋溢的信，极力推荐卢瑟福去麦克吉尔大学担任物理学教授。

1898年秋天，卢瑟福登上了横渡太平洋的轮船，他即将再次来到一个新的国度，一个新的生活画面又要在他眼前展开了。

麦克吉尔大学的物理实验室，在设备等方面虽然比不上卡文迪许实验室，但比起当时大多数实验室来，还是要好得多。在这里，卢瑟福担任了实验室的领导者。他当时虽年仅29岁，但在物理学界的声望，却远远超过了年龄比他大一倍的大多数同行。

最初的讲课效果并不理想，因为卢瑟福同许多有才华的人一样，喜欢滔滔不绝地讲述高深的理论，其程度远远超过学生的理解水平。不过卢瑟福很快就以和蔼可亲、平易近人的态度赢得了学生们的好感和赞誉。他经常从百忙中挤出一部分时间同学生交谈，解答他们提出的疑难问题。他那种不知疲倦的工作态度，使学生们深受感动。

在麦克吉尔大学期间，卢瑟福全身心投入到对 α 粒子和 β 粒子的研究工作中。随着一系列科研成果的取得，他的声望愈来愈大，在公众心目中成了才华盖世的人物。

其实，卢瑟福卓越的才华和他那细致踏实的工作作风是分不开的。不论在什么地方，他都专心致志地埋头于科学研究，每星期总有五个晚上，他要在实验室里一直工作到深夜十一二点。正是这种孜孜不倦的工作热情和充沛旺盛的精力，使他在加拿大工作的短短几年里，完成了众多的实验工作，写出了大量的论文。

1904年6月，卢瑟福将自己创立的放射学理论总结为《放射学》一书，这本书后来成为这一学科的经典著作，一版再版。

卢瑟福在放射现象研究领域中所取得的卓越成就，揭开了物理学新的一页，得到全世界的认可。1908年11月，卢瑟福和他的妻子玛丽应邀前往斯德哥尔摩，接受瑞典国王颁发的诺贝尔奖。这位一代物理学大师，以自己卓越的科学成就，登上了荣誉之巅。

丘吉尔

（1874—1965）

英国政治家

> 我们必须为自己的祖国献出自己的辛劳、汗水和热血。
>
> ——丘吉尔

1938年，法西斯侵略战争的乌云笼罩着欧洲。3月，法西斯德国吞并了奥地利，接着就把侵略的魔爪伸向捷克斯洛伐克、波兰。由于英、法两国政府长期以来一直执行纵容侵略战争的绥靖政策，到1940年6月，法西斯德国又先后占领了丹麦、挪威、比利时、卢森堡和荷兰，不久，法国也葬送到希特勒的铁蹄之下。

希特勒在欧洲的军事胜利，引起了英国国内对首相张伯伦的绥靖政策的严重不满。就在挪威即将陷入德军之手的时候，5月10日，张伯伦被迫辞职，丘吉尔继任英国首相。

法国沦亡以后，希特勒想劝说英国谈和，遭到丘吉尔的拒绝。于是希特勒对德军下令，准备入侵英国。

1940年7月10日，历史上称为"不列颠之战"的大空战正式开始。最初，德国空军集中轰炸英国的港口和海上运输线；随后，不分昼夜地轰炸英国的海军基地、雷达站和飞机场。

9月15日，德国空军开始大规模轰炸伦敦和英国其他工业城市，双方空军进行了激烈交锋。丘吉尔本人在这次保卫战的关键位置——

设在阿克布里奇的英国皇家空军第十一战斗机联队司令部里，亲自督战。空袭没有削弱英国人民的斗志，反而增强了他们反法西斯的斗争决心。希特勒入侵英国本土的计划被无限期地搁置起来，法西斯德国第一次在战场上遭到重大失败。

丘吉尔在国难当头之际，毅然领导英国人民英勇抗击法西斯侵略，从而赢得了巨大的声誉。在第二次世界大战期间，他与斯大林、罗斯福并称为反法西斯的"三巨头"。

1874年5月25日，马尔巴罗公爵七世的小儿子，刚满24岁的伦道夫·斯宾塞·丘吉尔勋爵，初次带着他的美国新娘珍妮·杰罗姆回到故里——伍德斯托克小镇。这对结婚才6周的新婚夫妇，受到了小镇上的人们的热烈欢迎，马车被簇拥着来到通往布伦海姆宫的路口，镇长致了欢迎词："伍德斯托克镇市政当局并全体居民，对任何涉及到尊贵的丘吉尔家族中任何成员幸福的事情都不能漠不关心，祝愿新婚夫妇'伉俪情深，恩爱无间，永葆康乐'。"

深秋时节，珍妮已有孕在身，尽管如此，她对外出狩猎仍很感兴趣。有一次她在狩猎中不慎摔了一跤，受了点儿惊吓。11月30日凌晨1点30分，伦道夫勋爵夫妇婚后仅7个半月就生下了一个早产儿——温斯顿·丘吉尔就这样成了伟大的约翰·丘吉尔家族中一名嫡系后裔。

温斯顿，用他妈妈的话说是"一个最难管教的孩子"。他童年的大部分时光是在家庭女教师爱维莉丝特太太的照料下度过的。在他的心目中，爸爸只知道忙于各种政治活动，妈妈则"喜欢骑马，爱穿紧身衫，身上常常溅满泥污"。7岁时，父母毫不留情地把他送入寄宿学校，尽管这种做法很符合当时的社会风尚，但对他来说，不幸的是第一次上学，就被送进了一所极糟糕的学校。学生在校只要稍不顺从，就会遭到毒打。校方认为他"淘气"、"贪吃"。在一个假期里，爱维莉丝特太太偶然在他身上发现了多处受虐待留下的伤痕，并让他妈妈看了这些伤疤。就这样，温斯顿只在寄宿学校待了两年就转学到汤姆逊两姐妹在布赖顿办的一所学校。13岁时，父亲又把他送到哈罗公学深造。

温斯顿中小学时代过得并不愉快，他中年时曾说过，中小学时期是"我平生最枯燥和苦闷的时期……过着不安、压抑、乏味、单调的日子"。他的父母到学校探望儿子的次数并不多，而且每当他放假时，父母常常离家外出，以至他16岁时在给妈妈的信中恳求道："请千万千万千万千万千万千万来看看我……请务必来。"

在那个年代的英国，出身高贵的青年男子所学的专业中最受重视的是神学、法律。温斯顿在自己喜欢的课程上，能取得十分出色的成绩。比如，他能背诵多首麦考莱的抒情诗，并在全校获奖。但在拉丁文、法文和数学方面，成绩却极其一般。基于这个原因，温斯顿决定下一步的求学目标是桑赫斯特皇家军事学校，这是一所专修军事的学校，被其他学生视为"笨蛋的乐园"。

军校入学考试已迫在眉睫，那时温斯顿18岁。爸爸决定让他离开哈罗公学，到给临阵磨枪的学生辅导的"补习教师"那里去上课。这位私人老师是W.H.詹姆斯上尉。詹姆斯上尉给不少通常被认为是愚笨的学生进行过补习，有着出色的成功记录。他采用的方法是，首先对过去的考卷进行仔细分析，据此列出可能考试的题目，然后指导学生有条理地解答这些题目。詹姆斯上尉并不认为温斯顿是一个令他满意的学生，在给伦道夫勋爵的信中，说温斯顿在学习上漫不经心、粗心大意，还"总想当场对他的辅导老师指手画脚"。好在最终温斯顿通过了桑赫斯特皇家军事学校的入学考试，虽未能达到爸爸希望他考上的步兵专业的分数标准，但却大大高于要求不甚严格的骑兵专业的分数标准。伦道夫勋爵得知温斯顿考试成绩不甚理想后十分生气，在给儿子的信中说他的考试成绩"丢人现眼"，反映出"你懒懒散散、听天由命、轻率从事的学习作风"。然而，事情的最终结果却是，当温斯顿回到伦敦后得知他被转入步兵专业学习。他进入这所皇家军事学校时还不满19岁。

军校坐落在伯克郡的桑赫斯特，是一所培养步兵和骑兵军官的学校。学生每天早6点45分开始上课，除了吃早饭和午饭的时间外，一直进行到下午4点。开设的科目有：队列操练、地形学、战术、军事管理和军法、射击、体操和马术等。

军校的纪律比温斯顿所想像的当然要严格得多，但不像中学和小学要求的那么苛刻，可爸爸却给他定下了更严格的规矩———一学期4个月，回伦敦家里度周末不得超过一次。温斯顿对许多训练科目有兴趣，而尤为喜欢马术。他常常向下士军阶的教员和勤杂人员慷慨解囊，设法改进自己的"生活质量"。有一次他病了几天，不得不住进校医室，他"明智地塞给医护人员几枚银币"，从而享受了"王子"般的护理。温斯顿认为，该摆阔时没有理由小手小脚。

在温斯顿成为步兵士官生后，伦道夫勋爵对他的态度也开始有所转变，他觉得儿子变得"漂亮潇洒起来了"，认为"他站得笔挺，逐渐变得稳重"。然而，由于伦道夫勋爵的健康状况迅速恶化，使得父子之间的这种密切联系突然中断了。在爸爸、妈妈动身到世界各地旅行之后，温斯顿设法说服了医生，让他看了看爸爸的病情诊断书，知道爸爸的身体日益衰竭并将过早死亡。就在父亲去世前夕，温斯顿通过了桑赫斯特皇家军事学校的毕业考试，在130名学生中，他的成绩名列第20名，这比他的入学成绩所排的名次有了明显的提高。他在马术训练这一科目的考试中成绩最好，于是产生了一个强烈的愿望——争取加入骑兵部队。他决定提出申请要求分配到第四骠骑兵团。

1899年2月，温斯顿成为中尉，被派往第四骠骑兵团，该团驻扎在奥尔德肖特镇。这里40年来一直是军事基地。入伍后的头6个月，新任的中尉军官必须与普通新兵一样接受严格的马术训练。但温斯顿与新兵不一样，通常在训练后可以洗上热水澡，进行按摩，使紧张的肌肉得到松弛。他非常喜欢马术训练，一天两小时的马术训练，他乐此不疲，即使被弄得浑身酸痛也心甘情愿。

在温斯顿早期的戎马生涯中，部队里的许多高级军官对他另眼相看，他们想知道，伦道夫勋爵的这个儿子究竟有多大能耐。有一次，温斯顿被挑出来担任坎布里奇公爵来该团视察期间的侍卫官。他还经常会收到请帖，几乎天天可以参加舞会。但他并未这样做，部分原因是军队的训练生活使他感到精疲力竭。更重要的是，他已有了自己的抱负，即仿效父亲在政治上有所作为。他在给母亲的信中写道："玩弄政治游戏是一种极好的把戏，一个高手在真正置身于其中之前，经常磨砺是十分必要的。不管怎么说，这 4 年健康而快乐的生活，既负有责任又经受锻炼，对我有益无害。我越是研究军事，就越喜欢它，也更加确信，这是我之所长。"

军队生活的一大优点是休假方便。1899 年 10 月，温斯顿被任命为军官后 8 个月，就享受了两个半月自由自在的休假生活。他突然做出决定，要到古巴去。当时西班牙军队正在那里与开展游击战的古巴起义者进行战斗。为了使这次旅行得到正式批准，温斯顿亲自拜访了陆军元帅沃尔斯利勋爵。他刚刚接替坎布里奇公爵，被任命为英国陆军总司令。沃尔斯利勋爵批准了这一计划，将温斯顿介绍到情报部，情报部请他尽可能多地搜集有关西班牙军队使用的新式武器的情报。

去古巴之前，他首先来到美国。温斯顿在纽约过得十分愉快，对美国留下了良好的印象，这或许是温斯顿终生对美国怀有特殊感情的基础所在——当然，他的美国血统和亲缘关系也有助于这种感情的滋长。11 月下旬他到达古巴，加入西班牙军队的一支分遣队，随部队行军 8 天，穿越原始丛林，经常受到游击队的骚扰，亲眼目睹了对敌方阵地进行的袭击。11 月 30 日，温斯顿 21 岁生日这一天，他接受了炮火的洗礼，只是由于游击队仅有一些旧的步枪，射击的命中率又很低，才幸免于难。

虽然温斯顿为安然度过这一切而感到庆幸，但他却承认："战争中有许多时候使我认识到，我们仅仅为了猎奇冒险而不顾生命危险的做法是何等草率。"在古巴期间，他还利用业余时间给《每日纪事报》撰稿，赚一些零花钱。这家报纸曾在 1891 年聘请温斯顿的父亲为记者，那时他正在访问南非。令温斯顿感到欣慰的是，他被授予西班牙红十字勋章，以表彰他在亲身参加的那场战斗中所表现出的"勇敢精神"。

温斯顿非常喜欢读书，通过阅读《罗马帝国衰亡记》、《英国历史论文集》、《共和国》等著作，他很快找到了自己所要走的道路——通过写作争取经济上的自立，以使自己全力从政。1898，温斯顿出版了《马拉坎德野战部队纪实》，1899 年发表了《萨伏罗拉》，1900 年又出版了两部书。这些成功使温斯顿开始变得相当富裕。

1900 年，小有名气的丘吉尔竞选议员获胜。从此开始了自己辉煌的政治生涯。

爱因斯坦

（1879—1955）

美籍德国物理学家

> 为寻求真理的努力所付出的代价，总是比不担风险
> 地占有它要高贵得多。
>
> ——爱因斯坦

爱因斯坦对卓别林说："人人都懂您的艺术，您一定会成为一个伟大的人物。"

卓别林对爱因斯坦说："没有一个人懂得您的相对论，您已经成为一个伟大的人物。"

的确，几乎没有人不知道相对论，但很少有人真正懂得它。爱因斯坦也许是科学史上最伟大、最神秘、最受人崇拜的一位巨星。同时代的科学家称他为"20世纪的牛顿"。

那么，让我们看看这个科学巨人是怎么长大的吧。

1879年3月14日，爱因斯坦出生于德国一个犹太人家庭。

4岁时他还不会说话，人们开始担心这孩子可能根本不会说话。后来开始学着说了，可是从他嘴里说出的每一个词儿人们听起来都需要费很大劲儿。7岁了，他还是只能固执地重复大人教给他的一些短句。邻居怀疑他是个低能儿；老师干脆就认为他生性愚钝不堪造就；同学们则叫他"小老头"，因为他一点儿也不喜欢和同龄的孩子们一起热热闹闹地玩耍，总是独往独来，躲在一边糊里糊涂地像说梦话一样地自言自语。在青少年时代，爱因斯坦的才能一直不断地受到人们的怀疑。

刚上小学时，一次手工课堂上，老师拿起爱因斯坦做的小板凳对大家说："天哪，你们看，难道世界上还有比这更丑陋的小板凳吗？"

"有。"爱因斯坦不慌不忙地站起来，从桌下又拿出一个小板凳，"这是我第一次做的。"

上中学时，德语老师曾对爱因斯坦说过："请原谅我的直率吧，您永远不会有所作为。"

上大学时，一位很有威望的教授认为爱因斯坦勤奋有余而才华不足——他甚至不了解物理是多么难学。一次，教授问爱因斯坦："您为什么不去学医学、法律或者语言文学呢？"

爱因斯坦回答道："第一，我对这些不感兴趣；第二，我为什么不能在物理学领域碰碰运气呢？"

在常人眼里，爱因斯坦的确是个怪孩子；在死板的教育制度下，爱因斯坦也真的算不上一个好学生。小学教师送来的成绩单使父亲感到很痛心——这哪里像一个机电工程师的儿子呢？他16岁时去考工业学校，因为现代语言和历史一类的课程不及格而没能够一次考中。除了父母，很少有人注意到他独特的兴趣和潜在的能力。

很小的时候，爸爸送给爱因斯坦一个罗盘。他很快就发现，不管自己怎样转动，那抖动的罗盘指针都一直不变，一直指向北方。他惊得目瞪口呆，双手颤抖："是什么力量让它指向北方呢？"他悄悄放下罗盘，把北边的东西翻了个遍，结果什么也没找到。

爸爸并没有因为房间被儿子弄得一塌糊涂而生气，反而感到非常喜悦，他真诚地表扬了孩子爱动脑筋的习惯，又耐心地向他解释了磁场的原理。从此，物理世界的奥秘以其特有的神秘力量吸引着小爱因斯坦。

爱因斯坦的出生地叫乌耳姆。德国有一句古老的俗语："乌耳姆的居民都是天生的数学家。"爱因斯坦的父亲海尔曼的确具有卓越的数学才能，由于家境困难不能继续求学，这个善良乐观的人后来成了商人和机电工程师。人们相信爱因斯坦的逻辑思维能力是从父亲家族遗传而来的，而他自己却说："我没有任何天才，有的只是强烈的好奇心。因此，不存在遗传性问题。"

爱因斯坦10岁时进入慕尼黑教会中学。12岁时，偶然落到爱因斯

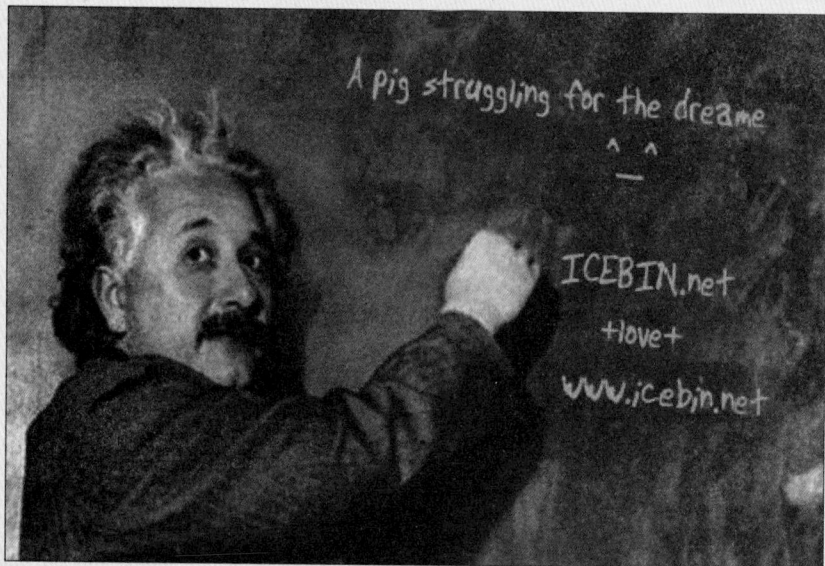

坦手中的一本小书——《欧几里得平面几何学》，给他留下极强烈的印象，书中所展示出的包含着许多严整规律的宽广世界使他肃然起敬。那段时间每逢星期五，爱因斯坦家里总要邀请一位在慕尼黑学医的波兰大学生吃晚饭。他向爱因斯坦介绍自己的哲学观点，推荐给他一些自然科学书籍，包括近代地球物理学创始人之一洪波尔特著的5卷本的《宇宙》和一套20本的带插图的自然科学通俗丛书。这些书给小爱因斯坦留下了永生难忘的印象。

在中学时代，爱因斯坦在自然科学方面表现出了比较强的学习能力，据说他在几个月之内就独立学完了中学数学教学大纲规定的全部内容。爱因斯坦本人后来回忆道："12岁至16岁时，我掌握了基础数学，包括微积分原理。"值得注意的是，爱因斯坦学习从不死记硬背。一次，有人问他音速是多少，他回答道："我背不下来。能在任何一本手册中找到的东西为什么要记住它，给自己加重负担呢？"

爱因斯坦一生都对音乐很入迷。有人说这种爱好是他从母亲那里继承来的，因为他母亲是个具有很高音乐天赋的人。小时候，每当母亲用钢琴弹奏莫扎特或贝多芬的奏鸣曲时，他就会放下手里的一切，一动不动地站在钢琴旁入神地倾听。当他自己拿起小提琴时，也像着了魔一样，眼睛闪着亮光，手激动得打颤。稍大一点，他就自己创作歌曲，配上赞美上帝的歌词，一个人又拉又唱，或者在街上边走边唱。上中学时，他是学校乐队里出色的第一小提琴手。他一直是巴赫的崇拜者，他说："我能对巴赫的创作说些什么呢？听它、演奏它、爱它、读它，并且——不妄加评论！"有好多年，爱因斯坦最喜爱的活动是同母亲或妹妹双人联弹钢琴或即兴创作主题变奏曲。成名以后，有一次他本应在一个庆祝会上作报告，可他却给与会的人演奏了一段动听的小提琴曲。

爱因斯坦心地善良，热爱自由与和平，从小就反对对人的个性发展的一切束缚和限制。

很小的时候，当大人们一谈起政治，谈到暴虐的俾斯麦政权或德意志帝国的兴起时，小家伙就害怕起来，赶忙离开房间。一天，德国军队穿过慕尼黑街市，"所有的好德国人"都涌到窗前喝彩助威。小孩子们尤其对士兵发亮的头盔和整齐的步伐感到神往。但是爱因斯坦却不一样，他既害怕又瞧不起这些"打仗的妖怪"。他请求母亲把他带走，带到一个他自己永远不会变成那种"妖怪"的国度去。后来他说："如果有谁在军乐伴奏下怡然自得地迈着正步，仅仅因为这一点，我就蔑视他；让他长脑袋是错误的，因为这样的人有一根脊梁骨就足够了。"中学时代的一个假期，他从慕尼黑跑到了米兰，发现那里的气氛适合他这个喜欢梦想的人，便放弃了德国国籍，可是也没有申请加入意大利国籍。他想不要任何依附，做一个世界公民。22岁时，他终于加入了中立国瑞士国籍。

爱因斯坦是在犹太教的传统中长大的，可是在国立学校念书时，人们却给他灌输天主教教义。10岁的孩子当然不会觉得《旧约》和《新约》之间有什么冲突，它们讲的都是先知们的苦难和救世主牺牲的故事。他以同样的热情喜爱这两种故事，正如他既喜欢自己的罗盘又喜爱音乐和诗歌一样。可是有一天，老师拿了一根大铁钉走进了教室，告诉学生们说，这就是把耶稣钉在十字架上的那颗大铁钉。忽然之间，所有的目光都盯到了爱因斯坦身上，好像就是他把耶稣钉死似的。他看见同学们的脸突然变了颜色，充满了奇怪的仇恨，这是他所不能理解的。他脸红了，感到无限羞愧——并不是为自己，而是为那些人。他从座位上站起来，冲出了教室。

若干年后，第一次世界大战爆发，德国93位著名科学家联名发表宣言，为德国的侵略行径辩解，甚至把手舞屠刀的德国皇帝吹捧为"世界和平的卫士"。爱因斯坦非但没有在这份宣言上签字，反而与一位哲学家一同起草了《告欧洲人民书》，呼吁欧洲科学家竭尽全力，争取尽快结束这场人类大屠杀。然而却没有什么著名人士在这份宣言上签字。

面对这个荒唐的世界，面对老师和同学们的愚昧和违反逻辑，少年爱因斯坦只能是孤独的。他跨过了时空的长河，同阿基米德、牛顿、斯宾诺莎、笛卡儿、海涅、席勒、歌德、贝多芬、莫扎特、巴赫等人结成了朋友。15 岁以前，他已经熟悉了这些数学家、哲学家、诗人和音乐家。从这些人的作品中，他看到了一个充满秩序和法则的和谐的世界。这个世界抚慰了他敏感的心灵上的创伤。

16 岁时，爱因斯坦担负起做人的责任的时刻到了。父亲要求儿子忘记那些"荒唐的哲学"，投身到机电工程这个"体面的行业"里去。爱因斯坦走投无路了，可他一想到要做个手艺人，就本能地产生反感。可是，他该怎样来反抗这个世界呢？

一天，他读了一篇爱默生的文章，找到了答案。文章说："假使一个人坚定不移地按照自己本心行事，世界就会转过来迁就他。"

最终，他的坚持取得了胜利，父亲迁就了他的意愿。他决心将来以物理和数学为毕生职业。经过两度努力，他终于考上了瑞士苏黎世综合工业大学。在那里，他狼吞虎咽地读完了这两个专业所有他可以找到的书籍，并将触角伸向几个相关学科。

大学毕业时，他拿到了教师资格证书，但由于是犹太人，很难找到工作，最后好不容易找到了一个专利局核对员的职位。他并没因此而自暴自弃。他一个小时接一个小时地伏案计算着数字，心里却梦想着天上的群星。一有空闲，他就在草纸上写那些复杂的数学公式。但是一听见上司的脚步声，他就匆匆将演算纸扔到纸篓里。

爱因斯坦的勤奋，源于他对大千世界的想入非非。正是这种从童年就已开始的漫长持久的想入非非，使爱因斯坦创立了狭义相对论和广义相对论，使人类对宇宙的认识产生了质的飞跃。

爱因斯坦后来说，这两种理论的萌芽都发生在他的少年时代："我有时自问，怎么偏偏是我创立了相对论呢？我认为其原因如下：一个正常的成年人不见得会去思考空间和时间问题。他会认为这个问题早在童年时代就搞清楚了。我则正相反，智力发展得很慢，成年以后才开始思考空间和时间问题。很显然，我对这些问题比儿童时期发育正常的人想得要深。"

如此看来，一个天才的成长轨迹，也许比普通人更简单。

毕加索

（1881—1973）

西班牙画家

> 对艺术家来说，成功太重要了。这不只是为了生活，主要还是为了能看清自己的工作和生命的价值。
>
> ——毕加索

　　1898年6月28日，大病初愈的毕加索来到巴塞罗那附近的一个叫荷尔达的小村子休养。这里浓郁、古朴的西班牙民间风情，对毕加索后来的绘画风格产生了巨大影响。他热爱这里美丽的大自然风光，热爱这里淳朴正直的农民，经常在绘画之余，和农民一起套车、赶牲口、酿酒、割草……在这里，他生活得非常愉快。

　　他还经常和朋友们一起去附近的山区写生。有一次，他们在山上发现了一个很大的山洞，里面怪石兀立，空气清凉，他们几个人一商量，就把这里作为天然画室每天来此从事创作。毕加索的许多反映西班牙风俗民情的绘画作品都是在这里诞生的。1899年2月，他创作的《亚拉冈人的习俗》在马拉加获得金奖，从而奠定了他在绘画界的地位。

　　巴勃罗·毕加索是20世纪西方最伟大的艺术家之一，他在自己漫长的艺术生涯中，创作了数以万计的艺术作品，在世界美术史占有重要地位。

　　1881年10月25日，巴勃罗·毕加索出生在西班牙南部的马拉加

省。他的父亲当时在城里的艺术学院任教，并兼任当地博物馆的馆长,对绘画艺术很有研究,使毕加索从小受到了良好的艺术熏陶。

毕加索很小的时候，便在父亲的指导下学习素描，掌握了炭画所要着重表现的明暗变化的基本技巧。上学后,毕加索的绘画才能在学校里一直是非常出众的，但其他功课的学习成绩却一直不佳,数学尤其差。父亲常常担心他将来可能因为学习成绩差而不会有很好的前途,但看到他在绘画方面表现出的超人天赋,便同意他专心学习绘画。他画了很多素描,显示出了准确的临摹能力。除了这些练习以外,他还不断地描画他所见到的人和物。他绘画的主题有海港、海滩、大力神塔以及鸟瞰全城的岩石。他最喜欢的模特是妹妹洛拉,他给她画了许多素描,有干家务活的,也有抱着洋娃娃玩的。

1895年夏天,毕加索一家来到巴塞罗那。这里的艺术学院还遵循着正统的古典主义的原则,但在学院外面到处洋溢着现代主义的艺术气息。毕加索的父亲几经努力,让儿子进入他所任教的巴塞罗那艺术学院学习。

入学考试,第一道题是画一个披着被单的模特,第二道题是画一个站立的裸体人像。毕加索用了5天时间,出色地完成了作品,被学校的老师称为"神童"。

在巴塞罗那艺术学院学习期间,毕加索创作的《科学与博爱》,获1897年全国美术展览会金奖。由于这所学校的教学方式陈旧,两年之后毕加索离开了这里,在叔叔的资助下,进入马德里的圣费尔南多皇家美术学院学习。但毕加索最终还是没有完成学校规定的全部课程,原因是他对学校里墨守成规的教学方式极为不满。这使叔叔大为恼火,一气之下停止向他提供学习绘画的一切费用。毕加索的生活顿时陷入了困境。

但父亲是支持儿子的,他省吃俭用把节余下来的钱寄给毕加索,让他在马德里继续学习。马德里的冬天异常寒冷，毕加索没钱在房间里生火取暖，还经常冒着严寒出去作画，有一次累得病倒了，几个月卧床不起，严重的猩红热使他全身都脱了一层皮。

1900年，19岁的毕加索决心到外面去闯荡一番。临行前，他雄心勃勃地为自己画了一幅肖像，并在肖像的眉宇间写下"老子天下第一"几个大字。

他先是来到巴黎，结识了几位出售现代派画家作品的画商。有的画商愿意用现金收购他的作品，有的画商还同他签订了合同，为他提供良好的创作环境。这使毕加索对自己的创作才华有了充分的认识。

不久，他又回到西班牙，打算在那里找一个安定的绘画环境，然而他苦苦奔波了几年仍未如愿。3年后他只好重返巴黎，悉心学习绘画。

在巴黎，毕加索住在一座被称为"洗衣船"的陈旧破败的公寓里，这里是巴黎穷艺术家集中居住的地方。大城市对于毕加索这样一个一贫如洗的穷画家是冷酷无情的。他生活得相当艰难，有时连买颜料的钱都没有。毕加索在最艰苦的时候认识了费尔南德·奥利维亚，这给他的生活带来了一线生机，使他逐渐从伤感中解脱出来。奥利维亚是一个非常漂亮的姑娘，曾经有过一次失败的婚姻，毕加索同她在一场雨后邂逅，成为好朋友。她很喜欢毕加索的画，两个人很快就同居在一起。这位温柔贤惠的姑娘无微不至地照顾毕加索的生活，与他共同度过了很长一段艰苦的岁月。

在巴黎这座有着古老文明的城市里，毕加索的画虽然还没有什么名气，但已经引起了一些艺术家的充分关注，许多人开始找上门来要收藏他的作品。这不仅证明他的作品得到了社会的承认，也为他增加了许多收入。毕加索因此格外高兴。

然而，也经常有一些人找上门来，要求毕加索解释他作品的内在含义，这使毕加索非常头痛。有一次，他生气地对一位朋友诉苦："什么人都想了解艺术，为什么不去了解一只鸟唱的歌，而要缠着我了解绘画？"

事实上，这类问题几乎纠缠了他一生。有一次他在饭店吃饭，一些热心的德国人认出了他，跟着他问这问那，一直纠缠到一个广场上，毕加索突然转过身，掏出手枪连开数枪，才把这些德国人吓得落荒而逃。

毕加索25岁那年十分幸运，他的许多作品被收藏家们高价买走，获得了一大笔收入。他用这些钱带着奥利维亚回西班牙度假，先看望了父母和朋友,然后去比利牛斯山区一个叫果索尔的偏僻村庄,愉快地度过了4个月的美好时光。

回到巴黎后,对艺术的深入探索又使毕加索陷入了新的苦恼。本来他已在巴黎获得成功,赢得画商和艺术家们的高度评价,但毕加索却认为艺术必须时时创新,他还要不断超越自己。经过一段时间的探索和尝试,他终于找到了一种新的创作方法,这就是后来在世界美术界产生了深远影响的立体主义。

1907年初春,毕加索成功地创作出了立体主义的绘画作品《阿威农的少女》,作品中画了5位变形裸体少女。毕加索抛弃了原有的绘画方式,大胆地以简化、扭曲、变形的创作方法使人物性格充分凸现出来,具有粗犷、奔放、古朴的神秘色彩。他的这种绘画风格,向当时根深蒂固的传统审美观念发出了强有力的挑战。作品一问世,立刻引起巴黎美术界的震惊。著名现代派绘画大师马蒂斯甚至认为这幅画是一种暴行,是企图嘲笑现代主义运动。还有的画商断言:"我们总有一天会看到毕加索被吊死在他那幅画后面。"

然而,为艺术而勇于献身的毕加索顶住了种种压力,沿着孤独而崇高的艺术之路不懈地追求着、奋斗着。

很快,许多人的审美观念发生了戏剧性的变化,人们开始赞美这幅作品的表现方式和艺术价值,开始把这幅作品说成是毕加索一生的转折点。毕加索名声大振,他的作品售价越来越高。1909年,他终于结束了自己的穷困生活,由"洗衣船"公寓搬入克里希大街一座舒适的公寓。

随着时间的推移,立体主义越来越受到艺术家们的关注,并以惊人的速度在欧洲各国兴起。毕加索的影响已远远超出美术界的范围而波及整个艺术界。然而毕加索却始终保持着清醒的头脑,他不想、也不愿意让人们认为他是立体主义画派的主将。

1911年夏天,毕加索拒绝参加在巴黎举办的一次规模空前的立体派画展。他开始摸索、寻求新的创作方式。正是这种锐意进取、勇于创新的精神,才使毕加索成为20世纪西方最有成就的艺术大师……

1973年4月8日上午11时40分,毕加索,这位杰出的绘画大师离开了人世。他曾说过:"我不怕死,死亡是一种美,我所怕的是久病而不能工作,那是对时间的浪费。"

的确,他的一生从没浪费过时间。

罗斯福

（1882—1945）
美国政治家

> 我痛恨战争，我热爱和平。但是，为了和平，必须敢于做出牺牲!
>
> ——罗斯福

这一天是 1945 年 4 月 12 日，正是春意融融、花木繁盛的季节。清晨，清新的空气和充满生机的春意，似乎给这位卧病在床的人平添了几分精神。他支撑着被工作和病魔拖累得精疲力竭的身体，坐在病榻前的小桌旁，桌上堆放着等待他审阅签署的文件。他怀着急切的心情忙碌起来，埋头在这些文件里，一直忙到快要吃午饭的时候。突然，头部一阵巨痛，使他不禁低声叫道："我的头痛得真厉害呀！"这时，只见他身体猛然向前倾斜，眼睛慢慢失去了光泽，头也慢慢地垂到了胸前……。

美国第 32 任总统——富兰克林·德·罗斯福，终于走完了他的生命历程。

罗斯福去世的噩耗，以超常的速度迅速传遍世界各地，人们感到一种不可名状的空虚和无比的悲痛。在伦敦，温斯顿·丘吉尔哭倒在圣保罗大教堂里；在美国，人们停下了手里的工作，举国上下都在默默哀悼这位伟人……

白宫四周环绕着悲痛欲绝的人群，罗斯福总统的灵柩安放在鲜花丛中，灵柩上覆盖着美国国旗，旁边放着一张空着的轮椅，它犹如一匹

等待出征的战马。

面对着这张轮椅，人们不禁回想起，当年罗斯福正是坐着这张轮椅走进白宫开始他总统生涯的。

1933年，罗斯福宣誓就任美国第32任总统时，美国正处于经济危机最严重的时刻，全国上下被一片恐惧和绝望的情绪所笼罩，经济崩溃，失业人数剧增，国家已到了生死存亡的紧要关头。

装有沉重支架的瘫痪的双腿，支撑着一个坚强的身躯，面对这如此严峻的局面，罗斯福充满信心，毫不畏惧。他将自己的坚定信念传递到每个人的心里，他竭尽全力唤醒民众，激励人民振奋精神、恢复自信心。他大声疾呼："我们唯一值得恐惧的就是恐惧本身。"他断言："这是一个伟大的国家，它将得到恢复，得到繁荣。"

罗斯福以他充满信心和活力的乐观主义精神，以他无所畏惧、坚忍不拔的毅力，鼓舞着、激励着他的民族，与他一道开始走上了艰难而又光辉的征程。

罗斯福是美国历史上唯一一位连任4届的总统，从1933年入主白宫到1945年因病猝然逝世，执政时间长达12年。他是一位对美国乃至世界有着卓越贡献的伟人。

他对美国民族的卓越贡献，不仅在于帮助人民恢复了民族自信心，还在于他对内制定的一系列政治和经济政策。他大胆实施的"新政"，通过救济、复兴、改革三个阶段振兴了经济，帮助美国人民度过了经济危机。新政的实施，对美国的政治、经济和社会都产生了巨大而深远的影响，它不仅解决了美国面临的一些迫切问题，缓和了国内尖锐的矛盾，更主要的是给人民带来了希望。

作为一个政治家，罗斯福善于借助舆论工具宣传自己的主张，以争取群众的支持。在白宫 12 年，他成功地利用了广播这个宣传媒介，他的著名的"炉边谈话"，每次都以"我的朋友"开始，他用亲切轻松的语调，及时把大政方针告诉人民。

罗斯福执政的另一个独到之处在于，他能团结持不同政见的幕僚在政府中共事，他善于从别人那里汲取知识和经验。

不仅如此，他还首创了总统个人外交模式，多次远渡重洋，与盟国首脑进行会谈，以实现共同的目标。这种举行国家首脑会议的外交形式，一直延续到今天。

然而，他最大的历史功绩还是在对外政策方面，他把一个有孤立主义传统、和平主义倾向的美国，转变成反法西斯联盟的支柱之一。他在第二次世界大战的反法西斯斗争中所起的重大作用，使他不仅被誉为美国历史上最伟大的总统之一，而且也赢得了世界人民的尊敬，成为一位对人类进步事业做出了重要贡献的伟大人物。

1950 年，哈佛大学就如何评价美国历届总统的问题在该校的著名历史学家中进行了一次调查，调查结果显示，罗斯福被列为仅次于林肯和华盛顿的"美国第三位最伟大的总统"。但丘吉尔闻讯后立即致函该校说："就对世界历史的影响而言，富兰克林·罗斯福无疑是在美国居于首位的人。"

也许你会以为，这位具有与生俱来的领袖才能的杰出人物，一定是他的父母为他创造了一个良好的环境，来培养他的那份天才。因为，家庭是塑造人的生活习惯和人生观的主要因素。

其实不然，如果罗斯福顺从了父母的安排，那么，美国只会多了一位绅士。正因为他违背了父母的意愿，美国才多了一位领袖，世界才多了一位伟人。

1882 年 1 月 30 日，罗斯福出生在美国纽约赫德逊河畔一个名叫海德公园的庄园里。这是一个十分富足的家庭，父亲是个百万富翁，母亲从自己父亲那里继承了大笔遗产，他们不仅拥有一所漂亮的住宅，还拥有大片的土地和树林。

罗斯福是他父亲 54 岁时才得到的"老来子"，所以特别受宠爱。他聪明、漂亮、健康、活泼，父亲视他为掌上明珠，母亲对他关怀备至。

为了使罗斯福成为一个心灵纯洁高尚的人，母亲在他身上倾注了全部的心血，亲自安排照顾他的生活。从他降生的那天起，母亲就开始为他记日记。在日记中，她详细记录了罗斯福的成长过程和兴趣爱好。

父亲更是疼爱这个儿子，他经常抽出时间和罗斯福在一起，教他游泳、钓鱼、划船、骑马，用肩膀驮着他在庄园周围巡视，以培养他对这块土地的热爱和珍惜。大概没有哪一位美国总统的童年能像罗斯福的童年那样充满幸福和安宁。

冬天，他和父亲一起去滑冰；春天，他让自己的玩具船航行在刚刚解冻的水面上；夏天，他带着狗去挖土拨鼠的洞穴。他最喜欢做的事是，平躺在草莓树丛中，吃着被太阳晒得热热的、在他看来是世界上最好的草莓。罗斯福就是这样生活在一个充满田园风光的、舒适的天地里。

但父母并不想宠坏他。为了使罗斯福受到良好的教育，他7岁时，父母请来家庭教师，教他法语和德语，并给他制定了严格的作息时间表。他每天必须7点钟起床，吃过早饭后，学习3个小时，午饭后再学4个小时，余下的时间才可以自由活动。

也许这样的安排对一个孩子来说是过于苛刻了些，但在罗斯福受教育的问题上，父母决不迁就他，因为他们已经为罗斯福精心设计了美好的未来。

罗斯福的父亲是个心胸开阔、颇具浪漫气质的人，他拥有大量土地，并投资铁路、船运和煤矿业，然而这一切对他来讲都不过是副业而已，他最大的乐趣还在于他的那片庄园。他热衷于这种悠闲的乡村绅士生活，他饲养了一群肥牛和骏马，还在庄园里栽种了大片的树木，他把这个庄园治理得如同世外桃源般舒适和富足。

罗斯福的父亲是个具有社会责任感的乡绅，他十分关心本地区的公益事务，但对政治却毫无兴趣。

还是在罗斯福5岁时，受总统邀请，父亲带他前往白宫拜会克利夫兰总统。这位总统执意要罗斯福的父亲接受美国驻海牙公使的职务，但罗斯福的父亲始终不答应，他说："我太爱我的庄园了，还有那些马和牛。我是个胸无大志的人，我唯一的愿望就是使我的妻子幸福，为我儿子的将来打下一个基础。"

父亲的诚恳之言，深深打动了克利夫兰总统，他点点头说："您是一个明智的人。"然后，他俯身用困惑的目光注视着罗斯福。"祈求上帝吧！"他拍了拍罗斯福的头，说，"永远不要让你当美国总统。"

这个祝愿太让罗斯福费解了，但却迎合了父亲的意愿，更坚定了他对儿子未来的设想：做自己庄园的继承人。

在对罗斯福的未来设计上，母亲和父亲的想法十分一致。她为罗斯福设想的最高理想是，长大后像他的父亲一样正直诚实、公正仁慈，成为一个堂堂正正的美国人，像他的父亲、祖父一样当个乡绅，永远在这个庄园里过宁静的生活。

为此，母亲千方百计地按照小贵族的生活方式培养罗斯福，除了让他学习语言外，还给他安排了钢琴、绘画课程。但罗斯福的兴趣从不在这上面，他怎么也学不会弹琴和画画。于是，这个表面听话、顺从的孩子，对不喜欢的课程开始巧妙地加以抵制了，他总是寻找各种借口逃避上课。他最不喜欢周日去教堂做礼拜，每逢去教堂的日子，他总是借口头痛来逃避。当他长到 12 岁时，"发病"已很有规律了，母亲诊断是"星期天头痛症"。

除此之外，罗斯福在其他课程的学习上还是十分认真的。

罗斯福从小就有着广泛的兴趣爱好，优裕的家庭环境为他的爱好提供了一切方便条件。

他喜欢集邮。他从 8 岁开始集邮，因他的家庭交游广泛，又经常到国外旅行，所以他搜集的邮票不仅范围广，而且质量高。这个爱好他保持了 50 多年，乐此不疲。

罗斯福十分喜爱大海，他对大海有着一种特殊的感情。他还喜欢读有关海洋的书，而且反复地读，海洋对他似乎有着无穷的吸引力。

他尤其喜欢船。9 岁时，他已能驾驶小汽艇；16 岁时，他就拥有了一条 7 米长的单桅帆船。他还喜欢收藏与船有关的绘画、图片和模型，甚至旧船的零件也成了他收藏的对象。入主白宫后，他办公室里的主要装饰品就是船的模型和与船有关的绘画。

幸福的生活，并不意味着罗斯福对贫困一无所知。父亲一再教导他，美好的生活并不是从天上掉下来的，而是经过人的双手创造出来的。

父母经常带他到各地旅行，这不仅开阔了他的眼界，也让他接触到了社会，了解了各地的人民。他看到了生活在贫困中的人们，看到了贫富悬殊的现象，他不仅对下层社会的人民产生了深深的同情，而且对造成人民贫困的非正义行为感到无比义愤。他开始感到，富裕的人们应该对不幸的人们负有责任，应该帮助他们。这时，一种为社会服务的责任感已深深印在他的脑子里了。

1896 年，14 岁的罗斯福在接受了在父母看来是完全必要的教育后，终于离开了庄园，走进了美国著名的格罗顿学校，也走进了他生活中一个重要的转折点。

格罗顿学校是一所寄宿学校，它是按照英国上流社会的教育思想建立起来的，是专为富家子弟进入名牌大学做准备的预备学校。进入这所学校，让罗斯福从此脱离了家庭的保护，开始独立生活。有生以来，他第一次不再是家人维护的中心人物，而成了几千名学生中普通的一个。

这所学校创办于 1883 年。学校的创办人和第一任校长恩迪科特·皮博迪是一位牧师。他是在英国接受的教育，毕业于剑桥大学。英国为特权人物服务的特权教育制度对他影响很大。年轻的皮博迪返回美国后，立志终身从事教育事业，为的是"用基督教的主旨"来培养、教育年轻人，"使他们把为国家服务的理想置于至高无上的地位"。他十分重视并渴望把他的学生培养成政治领袖，因为他深深感到"美国的政治充斥着污泥浊水，必须清除"，"格罗顿的学生任何时候都不能同丑恶妥协"。他宣称："如果格罗顿的某些学生将来没有投身政界，为国家做一些贡献，那不是因为他们没有受到激励。"

他在帮助学生树立为社会服务的理想的同时，也想方设法培养、锻炼学生的性格和毅力。他反对奢侈，提倡俭朴。他把剑桥大学、牛津大学的生活方式搬到了格罗顿学校，每个学生只有一间五六平方米的斗室，室内除了床、桌子和椅子外，再无其他摆设。他还在学校里部分地采取了斯巴达式的生活方式：早晨用凉水淋浴，用冰水洗脸。

这些校规对 14 岁的罗斯福来说，无疑是一次考验。他不再享有自己家的庄园里那些舒适的生活条件，他必须和大家一样，住在一间小卧室里，用一块布帘当房门，在皂石洗涤槽里用铁皮脸盆洗脸，过着几乎是僧侣般的生活。除此之外，他还必须遵守严格规定的生活日程，从早晨进教室开始，直到晚上上自习，都必须准时。

但是，罗斯福从容不迫地适应了新的环境。他在第一封家信中写道："我的心情和身体都很好。"他努力学习，积极参加体育锻炼和慈善活动，他的言行举止完全符合格罗顿学校的传统习惯。校长对他的评语是："他是一个聪明而又诚实的学生，是本校深感满意的成员。"

那么，是什么原因使罗斯福顺利完成从家庭到学校的过渡，并能经受住学校所给予学生的必要而又苛刻的"锻炼"呢？

1934 年，罗斯福曾说："在我的一生中，除了父母外，皮博迪博士对我的影响和将要给我的影响比其他任何人都大。"

是的，身材高大、精力充沛、朴实单纯、有着一头金发和运动员体魄的皮博迪校长，以他对事业勇于献身的精神、充满热情的性格和强健的精神力量，不仅使全校师生受到了感染，也深深吸引着罗斯福。罗斯福需要这样一个榜样，尽管他适应了学校的生活，但有时还缺乏信心和勇气。

正是在罗斯福成长的关键阶段，皮博迪主宰着他的思想、他的生活，在他的心中，皮博迪校长已取代了他父亲的地位，他要听从的、跟随的只能是这位校长。罗斯福在当了总统后，曾写信给皮博迪说："在我性格形成时期，我有幸得到你亲手指引和你的风范的激励，我把这看成是我一生的福祉之一……对于你一贯给予我的和现在给予我的一切，我深怀感激之情。"

在格罗顿学校的 4 年里，罗斯福以皮博迪校长为楷模，一直遵循着他的教诲，努力锻炼自己。罗斯福逐渐成熟起来，他的勇气和信心也在不断增强。在这里，罗斯福成了一个优秀的辩论家，他头脑灵活，思维敏捷，善用谋略。当他参加辩论时，总是努力钻研每一个问题，并且坚持自己对问题的认识。

比任何智力锻炼都更为重要的是他从皮博迪那里获得的信念。格罗顿的 4 年是罗斯福思想形成的重要阶段，也是他生活中一个重要的转折点。他已开始意识到，除了做父亲庄园的继承人外，还有更重要、更伟大的事业，他立志要做一个对社会有贡献的人。他开始对政治产生兴趣，并有意识地为以后从政做准备。

如果说，父母的培养使罗斯福具有了优雅的气质和纯洁的心灵，那么，格罗顿学校的教育不但使他成为一个性格坚强、充满自信的年轻人，而且让他拥有了终身为之奋斗的伟大目标。

罗斯福终于违背了父母的如意安排，开始了实现宏伟理想的艰苦跋涉。从进入哈佛大学，到成为律师；从当选纽约州参议员，到出任海军部助理部长……即使在 39 岁时突患小儿麻痹症，半身瘫痪，雄心勃勃的罗斯福也始终未放弃对理想的追求。他的勇气、他的决心、他的毅力，都在这不懈的追求中得到了证实。

1933 年 3 月 4 日，罗斯福终于在轮椅上实现了自己的理想，成为美国总统。在就职仪式上他所发表的题为《无所畏惧》的演说，将永远激励、鼓舞着后人奋勇前进。

巴顿

（1885—1945）

美国军事家

> 懦夫是那些让自己的恐惧战胜了责任感的人。
> 责任感是英雄气概的精华。

——巴　顿

巴顿是美国历史上最著名的将军之一。在第二次世界大战中，他历任师长、军长、集团军司令。他指挥部队参加了西西里岛登陆、诺曼底登陆等重大战役，又挥师转战法国、德国，进军至捷克斯洛伐克和奥地利边境，为盟军在欧洲战场上取得胜利建立了不可磨灭的功勋。

巴顿将军是个个性特征十分突出的人，他的自信、勇敢和冒险精神使其成为一个传奇人物，并获得了"现代骑士"的绰号。

在第一次世界大战期间，巴顿曾指挥过一支由6个连组成的坦克部队。在一场战斗中，巴顿和他的坦克部队冒着德军的炮火开到前沿阵地。由于敌人的火力太猛，坦克不能往前开了，步兵也被迫趴在地上，不能前进。

巴顿观察了一下敌人的火力部署，像发现了什么似的，迅速地跳上一辆坦克，亲自驾驶着它向德军阵地冲去。士兵们目瞪口呆地看着巴顿驾驶着坦克独自向前冲去，以为他发疯了。

巴顿独自闯过敌人炮火的封锁线，进入敌军的阵地。他冒着枪林弹雨把自己坦克部队的绸子小旗插在敌人的阵地上，然后跳上坦克又返回自己的阵地。巴顿的行为受到上司的训斥，可他并不后悔，因为他通过这次行动了解了敌人的情况，掌握了敌人的炮火节奏。当时坦克刚发明不久，还没有受到军界的普遍重视，坦克部队在军队中没有什么威望。巴顿驾驶坦克独闯敌军防线这一冒险行动使坦克部队在全军中获得了很好的声誉，也直接鼓舞了坦克兵的斗志。

巴顿的勇敢和冒险精神贯穿于他毕生的军事活动中。他身先士卒，成为高级将领后仍常常出现在前沿阵地上，他的钢盔上醒目地印着将军的徽记。他认为指挥官出现在士兵中间是对士兵士气最好的激励，而高昂的士气正是军队取得胜利的关键。在西西里和诺曼底登陆作战时，巴顿都是随第一批部队登上刚占领的海滩的。他站在滩头上用粗俗、泼辣的语言向士兵们大声鼓动着，指挥着一批批士兵向前冲去。

也有一些将军不赞成巴顿这种做法，认为这是一种鲁莽的行为——将军是指挥全局作战的，没必要冒挨枪子的危险。巴顿对这一说法极为反感。他强调说："一个忠于职守的将官，必须出现在战斗前沿，否则，他就不能面对自己的部属，去命令他们干他们自己害怕干的事情。我敢肯定，我的一切成功都是遵循这一原则的结果。"

巴顿出生于美国加利福尼亚州圣加夫列尔镇。他的家庭称得上是个军人世家。巴顿的曾祖父是美国独立战争时期的一位准将，在立下卓著的战功后被一颗子弹击中，死在疆场上。巴顿的祖父毕业于弗吉尼亚军事学院，在美国南北战争时期任联邦军上校，曾亲自组建了一支训练有素的队伍，参加了在弗吉尼亚进行的多次战役。这支部队名扬一时，被称为"坎那华步兵"。巴顿的祖父也是在战斗中身亡的。巴顿家里一直珍藏着祖父使用过的马鞍。马鞍上镶有一块金属片，上面写着：巴顿上校在第二次温切斯特战斗中殉职，因有忠诚的传令兵，此鞍、战马及军刀得以保存。

巴顿的父亲也是弗吉尼亚军事学院的毕业生。他的许多亲属都曾在军队中服过役。巴顿从懂事起，满耳听到的都是打仗、战争等话题。大一点时，他缠着家里的长辈和来访的亲属让他们讲故事，听到的也总是打仗的故事。这些打仗的故事，他总是听得津津有味。

小男孩一般都喜欢拿着刀枪玩，小巴顿对刀枪更是喜欢得发疯，整天拿着玩具刀枪冲冲杀杀。巴顿家拥有一个面积 1800 英亩的大农场，这个农场是他母亲从外祖父手里继承来的。巴顿非常喜欢这广阔的田

野，把这片土地看作他的战场，放了学就在农场里到处游逛、玩耍。巴顿的家庭很富有，在圣加夫列尔镇有很好的房子，可巴顿不喜欢城镇，宁愿过农场生活。

巴顿从小就产生了当一个军人的愿望。他常爬到一棵高大的棕榈树上，用自制的纸望远镜俯瞰整个农场，侦察"敌军"的情况。他会把田野里的向日葵、牛马随意想像成敌军，自己制订一个攻击方案，然后滑下树挥舞着刀枪向远处的"敌军"冲杀过去。

巴顿有个博学多才的姑妈，她也喜欢农场生活。巴顿常常受到姑妈的特别"照顾"——在天快黑时从广阔的"战场"的某一个角落把巴顿俘获回家。为了使小巴顿安静下来，姑妈抽出许多时间读书给他听。

巴顿家藏书非常多。姑妈给巴顿读过许多著名作家创作的富有传奇色彩的作品，如司各特的《海盗》、《十字军故事》，大仲马的《三个火枪手》、《基度山伯爵》等。巴顿听姑妈读书十分专心——事实上，除了睡觉，也只有在听姑妈读书时他才会安静下来。

巴顿上小学高年级时开始自己看书了，他喜欢读惊险和有冒险色彩的书，如《科西嘉人》、《鲁宾孙漂流记》、《亚瑟王与圆桌骑士》等。从童年时代到少年时期，他接触了大量具有古典色彩的书籍，受这些书籍影响，他身上养成一种富于想像又有骑士风度的精神，这种精神成为他性格中一个有机的组成部分。

巴顿进入少年时代后，拥有了一匹自己的马。他经常骑马在田野里驰骋。他还学会了射击，枪打得很准，辽阔的田野及在田野里出没的小动物为巴顿提供了练习枪法的得天独厚的条件。

对军事和课外书籍的狂热爱好影响了巴顿的学习成绩，他在小学和中学读书时成绩都不太出色。直到想报考西点军校时他才着了急，发奋用起功来。进入西点军校学习是美国军人后代不可动摇的理想，巴顿对西点军校更是十分向往。他先进了祖父和父亲曾学习过的弗吉尼亚军事学院学习了一年，当得到西点军校招生的消息后，便赶去参加考试。他很顺利地被录取了。

巴顿入校的考试成绩毫不起眼，可同学们到西点军校报到的第一天就觉得巴顿很不一般。巴顿身材高大，体格健壮，长相也很出众，碧眼金发，更引人注目的是他有一种特殊的气质，眉宇间流露出坚毅的神色。

巴顿在西点军校读一年级时，他的学习着重点与别人完全不同。一年级时，学校对队列训练和军体课不十分重视，对数学等文化课则抓得很紧。巴顿本末倒置，把本应复习数学的大量时间用于队列训练上。队列训练课每星期六上一次，可巴顿常常在前一个星期的星期天下午就开始苦练下一节课要学练的内容了。这样，等到星期六上课时，巴顿的规定动作已练得相当出色了。巴顿的队列训练和军体课成绩虽然好，可数学成绩却落在了后面。结果，第一学年期末考试时他吃了大亏，队列考试名列全学年第二，而数学成绩则为倒数第一。巴顿苦练队列训练有他自己的想法，他认为这方面的成绩好坏能表明一个人是否具备良好的军人素质。

巴顿在西点军校受到了有生以来第一次沉重打击——因为数学成绩差，他被留了级，还得当一年"老鼠"。"老鼠"是军校高年级生对一年级新生的称呼。巴顿在弗吉尼亚军事学院已读过一年，现在他要第三次读一年级了。换个人，自尊心一定受不了，也许会退学回家。可巴顿从没想过退学这码事。他要当一名优秀军人的志向比任何人都坚定，他下决心要在受到挫折的地方站起来，把一年级重新念下去。事实上，他经受住了考验。就在他被宣布留级

的时候,他收到家里的一封信,信上说,100万美元已过继到他的名下。可以这么说,大多数西点军校的学员,只要获得100万美元的三分之一,就会立即退学,回家去过令人羡慕的优裕生活。可巴顿早已把当一名军人作为自己毕生追求的唯一目标了,他别无选择。

巴顿没有离开西点军校,又重修了一年级。这回他接受了教训,让各科均衡发展。二年级时巴顿取得本学年的最高军阶,当了下士学员。三年级时他又获得最高学员军衔,升为军士长。

巴顿在西点军校学习时,雄心勃勃地为自己制定了三个目标:一、在队列训练中拿第一名;二、在读四年级时升为学员副官;三、在径赛运动项目上打破学校纪录,达到A级运动员标准。

制定了目标,巴顿便为之努力奋斗。他的毅力和决心都很不一般,他曾希望自己在橄榄球上打出名堂,但因为两次负伤未能如愿,可他仍在球队坚持了4年。巴顿经过艰苦的努力,终于在毕业前夕刷新了几项学校的径赛纪录,还当上了学员副官,毕业考试时队列训练成绩名列全学年第一。

在西点军校,巴顿给他的同学们留下了深刻的印象。巴顿的独特性格使他待人冷淡,在执行学校的勤务时,他一切都按照军事职责去做,对违反军纪或玩忽职守的人毫不留情,该批评就严厉批评,该汇报就向学校的教官汇报。由于巴顿在执行勤务时像个铁面无私的军官,因此遭到一些同学的白眼,同班的同学甚至给他起了个"豪猪刺"的绰号来嘲讽他。西点军校的学生有个不成文的传统,就是同班同学之间和睦相处,哪个学生违反了校规,其他人尽量替他担待,隐瞒过去。巴顿违反了这一传统,因此在同学中很不受欢迎。而巴顿对自己受不受欢迎并不在意,他唯一关心的是如何把自己训练成一个标准的军人。

巴顿对自己要求很严,很少违反校规,学校记事簿上有两次他违反校规的记录是他自觉记上的。巴顿总是把自己和寝室收拾得干净利落,这在别人眼里都是一些小事,但他认为这些小事关系到一个军人的作风。

升入高年级后,巴顿常常被派去训练低年级学生。巴顿对低年级学生十分严厉,他所下的命令必须被又快又好地执行,但他从不欺辱挖苦低年级学生。他严于律己的风范影响了低年级学生,他也得到低年级学生尊重,他的命令都能得到很好的执行。

与散漫随和的艾森豪威尔相比,巴顿注定不是一个政治家,他仅仅是一个杰出的军人。他和艾森豪威尔唯一相似之处就是都同样喜爱体育运动,无论是什么体育项目,只要对身体强健有帮助的,巴顿都积极参加。在体育方面更显出了巴顿争强好胜的性格特征。他在每项运动中都想争第一,志在必胜是他的本性。巴顿鄙视、不能容忍软弱和无能,尤其是对自己。打橄榄球时,许多人怕和他分到一组,因为稍一有怯懦的表现,就要挨他一顿臭骂。

巴顿是全年级学生中最忙碌的人,在体育方面,他对各项运动都像对待军事课程一样下了苦功。晚上,是他分秒必争看书学习的时间。他对西点军校的许多课程不感兴趣,除非不得已,才努一番力,应付一下考试。巴顿把精力和时间都花在了他认为与成为一位伟大的军人最有关系的课程和课外读物上。毕业前,他已阅读了大量军事著作,成为一个军事知识十分广博的人了。

巴顿在西点军校毕业后,先是在骑兵部队任职,参加了美国对墨西哥的战争。第一次世界大战期间,他在驻法美国远征军中从事美军第一支坦克部队的组建工作,并指挥这支部队投入了战斗。第二次世界大战中,他战功卓著。战争结束后,巴顿任第 15 集团军司令。1945 年 12 月不幸死于车祸。

回顾巴顿传奇的一生,人们不难发现,他取得成功的轨迹是笔直的、清楚的。他很小就确定了奋斗目标,目标定得很高,他的坚强性格使他能够自始至终地追求它。正如他的一个西点军校同学所说的:"他成功的秘诀是执著和勤奋。"

玻 尔
（1885—1965）
丹麦物理学家

一种深刻真理的反面并非谎言，而是另一种深刻
的真理。

——玻 尔

大千世界，芸芸众生，但能够改变世界历史进程的人却寥寥无几。
然而，在丹麦这个小小的国度里，就有一个人曾使世界历史进程发生
了一次改变。他在 20 世纪物理学领域乃至整个人类思想领域所产生
的影响，很少有人能与其相比。他就是伟大的物理学家——尼尔斯·玻
尔。

这位丹麦物理学家提出了原子结构的量子化轨道理论。这一理论
突破了古典物理学理论的框框，成为量子理论发展的一个重要里程
碑。

"有天花板那么高。"这是丹麦人用来形容聪明而又善良的人家
时所用的一句古老的谚语，也是玻尔家族常常听到的评价。

小玻尔的祖父曾任一所语言学校的校长，是一位很受人们尊敬的
人物。他的父亲克里斯蒂·玻尔是哥本哈根大学的生理学教授，国际知
名的生理学家。母亲爱伦·玻尔性情温柔，举止娴雅，主持着一个美满
的家庭，深得孩子们的爱戴和尊敬。

在这样一个家庭中，尼尔斯·玻尔度过了幸福的童年。他和姐姐、

弟弟从小就受到父亲循循善诱的教导。父亲引导孩子们观察自然，让他们充分领略大自然的美，并把一些浅显易懂的科学道理讲给他们听。尼尔斯·玻尔幼年时就对大自然有着极大的兴趣，并且表现出一种认真细致的作风和综合概括的能力。刚满3周岁时，有一次他跟着父亲散步，父亲指着一棵小树，让他看树干是多么美妙地分出树枝、长出树叶来。小玻尔全神贯注地听着，然后用大人的口吻极其认真地说："噢，原来树是这样长成的。"除此之外，父亲还经常把孩子们召集在一起听他朗读英、德两国的文学作品。当孩子们稍大一点时，父亲又让他们旁听他和朋友们的谈话，以帮助孩子们增长见闻，开阔眼界。这些做法大大促进了孩子们的智力发育，为他们后来的发展做好了准备。

玻尔从小性情沉静，安稳平和，乐于思考。从上小学起他就开始爱好木工和金工，父亲给他购置了木工用的工具和金工用的小车床。心灵手巧的玻尔在与金属打交道的过程中，掌握了熟练的金工技术，并把这种技能保持了下来。

玻尔小时候还喜欢摆弄和修理家里的钟表或其他任何需要修理的东西。有一次家里的一辆自行车坏了，他便自告奋勇进行修理，但是面对着拆得乱七八糟的零件却感到束手无策。有人提议去找修车工人，但教子有方的父亲却说："这孩子知道该怎么办。"

经过对每一个自行车零件的仔细研究，玻尔终于弄清了各个零件之间的关系，结果他不但把车子装了起来，而且将它修理得像一辆新车一样。玻尔这种锲而不舍的精神在他后来从事科学研究时同样得到了很好的发扬。

7岁时玻尔进了伽莫霍姆小学。当时丹麦实行的是旧式的初等教育制度，其特点是校规死板，教师严厉，体罚盛行。例如，当时的作文课程有一套死板的程序，要求学生所做的文章必须前有"引言"后有"结论"，所出的题目也往往陈腐俗套。玻尔对此颇感厌烦，他喜欢直截了当地阐述具有科学性的见解。因此，他在作文课上曾被认为不够"驯服"，所以成绩也不佳，不过，他却深得同样不喜欢死板教学的父亲的同情。除此之外，在上小学时，玻尔各科成绩都很出色，历史、拉丁语等科成绩在班上都名列第一。值得一提的是，玻尔取得这些成绩，并非死啃书本的结果，他学得异常轻松，好像没有费多大劲似的，那种"书呆子"的做法与他无缘。

上中学以后，玻尔在自然科学方面过人的天赋和理解力越来越明

显地表现了出来。他所学的东西远远超过了课本的范围。不仅如此，由于知识的不断积累，他常常能发现教科书上的错误和漏洞，而且常常很朴实地给予指出。他这样做，并非想炫耀什么。这种对科学一丝不苟的精神，一直伴随了他一生。

1903年，玻尔进入了哥本哈根大学的数学和自然科学系，主修物理学、数学、天文学等课程。当时，哥本哈根大学的物理学教授 C.克顿斯克森为人乐观，不拘俗礼，在物理学的多个领域都有过很多独创性的贡献，在老一辈物理学家中被认为是个全才。他一直是玻尔在大学期间的导师，指导玻尔做了硕士论文和博士论文，而且后来也一直关心着玻尔的学业、工作和生活。因此可以说，玻尔在大学里能够打下很好的物理学基础，是和克顿斯克森教授的教导分不开的。

前面提到，玻尔在中学时的表现已经很不寻常了，而到了大学阶段，他的天赋和倔强性格得到了更好的发挥。有一次上数学课，天文学教授泽依利将他和一个比他大的女生分为一组，计算某一函数的数值，并判断该函数有无周期性。起初这个女生对长得有点像乡下人的玻尔的才能有些怀疑，但一接触数学问题，她便大吃一惊，因为玻尔所谈的问题，她有许多不但没有想过，甚至没有听过。

当时的丹麦大学生是很令人羡慕的，他们可以自由地选择自己要修习的课程。玻尔选择修习无机化学，他常常到实验室里做各种各样的实验，并创造了他所在的实验室 52 年中打破玻璃器皿的最高纪录。

有一天，这个实验室里突然传来一连串的爆炸声，它震撼了整个实验楼。人们纷纷询问是谁干的，实验室管理员连看也没看便说："肯定是玻尔干的。"事情果然如此。荣获这个崇高"荣誉"并不是因为玻尔笨手笨脚，而是因为他的好奇心实在太强了，以至于常常违反实验室规定，不断去看实验到底进行得如何了，直到仪器坏了为止。正是由于这种非同一般的勤奋和认真，使玻尔在大学期间成了一个出类拔萃的学生，为以后的发展打下了坚实的基础。

1905年，丹麦最高学术机构——丹麦皇家科学院，举行一年一度的各学科有奖征文活动。按惯例，应征者都是比较成熟的和有经验的科学家。但是当时仅有20岁的大学生尼尔斯·玻尔却决定一试身手，参加物理学方面的角逐。

这次征文活动物理学方面的课题是根据著名物理学家瑞利的有关液体振动的理论确定液体表面的张力。为了写好这篇论文，玻尔不辞辛苦，做了无数次实验，并设计了一套相当复杂而巧妙的装置和方法，来研究水的表面张力，将这项工作做得十分细致而彻底，从而使结论十分准确可靠。在这篇论文中，他表现出了引人注目的独创性，这种独创性在他一生的工作中随处可见。

最终，玻尔在这次征文中获得了金质奖章。他的论文对瑞利的基本理论做出了补充和发展。这篇论文经过修改和翻译以后，于1909年在英国《皇家学会哲学学报》上用英文发表，标题是《用水注振动法测定水的表面张力》。这是玻尔正式发表的第一篇学术论文。能够在英国著名的科学杂志上发表论文，对于年仅24岁的大学生来说，无疑是一个了不起的成功。

两年后，玻尔获得了博士学位。之后，他毫不犹豫地决定到著名的

英国剑桥大学去，跟电子的发现者汤姆生学习。因为他深知，未来就在那里——科学的未来在那里，他自己的未来也在那里。

就这样，玻尔满怀青年人的希望和热情，来到了举世闻名的学术中心剑桥。来到剑桥不久，他拜会了当时剑桥大学卡文迪许实验室主任——约翰·汤姆生。从此，他开始按照汤姆生提出的建议去研究和实验。

可是，玻尔很不适应英国寒气逼人的气候，身体状况变得很糟，渐渐地他感到有些心有余而力不足，而个别人对他的偏见更使他难以忍受。在这种情况下，他的实验工作进展得很不顺利。

事也凑巧，正当玻尔进退维谷之际，当时在曼彻斯特工作的著名物理学家卢瑟福来到剑桥参加一年一度的卡文迪许聚会并做了一场讲演，在讲演中他论述了自己的新发现——原子核的存在。卢瑟福那爽朗的性格和对物理学的献身精神深深吸引了玻尔，玻尔毅然决定要和这位伟大的科学家一道工作。事情一拍即合，知人善任的卢瑟福欣然同意了玻尔的请求。于是，1912年3月玻尔来到了曼彻斯特，这对他一生来说，是一个具有决定性意义的转折点。

曼彻斯特大学的物理实验室聚集了一批有才华的物理学家。玻尔一来到这里就受到同情和鼓励，并很快结识了一批亲密无间的朋友。经过一段时间的研究，他开始在思想中酝酿关于原子结构的概念。在以后的日子里，他用了半年时间撰写了《论原子构造和分子构造》这部划时代的科学论著，提出了很多科学预言。

1918年，玻尔开始筹建物理学研究所，并发表了《论线光谱的量子论》一文的前两部分，在文中阐述了后来被称为"对应原理"的思想。第二年10月，他又在《各元素原子结构及其物理性质和化学性质》一文中，系统地论述了元素周期表的形成。

由于玻尔在研究原子结构和原子辐射方面的贡献，1922年，瑞典皇家学院授予他该年度诺贝尔物理学奖。

蒙哥马利

（1887—1976）

英国军事家

> 生活是严峻的斗争，一个男子汉应该经得起冲击和挫折。倘若想成功，必须具备许多条件，其中有两条是最关键的，即艰苦的工作和正直。
>
> ——蒙哥马利

1942 年 11 月，第二次世界大战进入到最关键的阶段，盟军在北非的军事形势十分严峻。号称"沙漠之狐"的德国非洲军团司令隆美尔发动了一连串凌厉的攻势，把盟军打得节节败退，伤亡惨重，退守到埃及附近。

蒙哥马利临危受命，接替奥金莱克英军第八集团军司令的职务，负责指挥盟军在北非的作战。即将卸任的奥金莱克把德军司令隆美尔描绘得深不可测，劝蒙哥马利采纳他制定的撤退计划。

蒙哥马利来到第八集团军司令部，迎接他的是一片混乱。军官们情绪低落，脑子里装满了失败的念头。士兵们在垂头丧气地收拾行装，准备撤退。当身材瘦小的新任司令蒙哥马利穿着肥大的沙漠军服出现在他们面前时，他们都抱着怀疑和不信任的态度，不相信蒙哥马利会有力挽狂澜的本事。

蒙哥马利观察着军官们的表情，用平静的声音命令他们坐下来，然后分析起敌我双方的军事形势：

"……埃及的防线就在这阿拉曼和鲁韦萨特山脉。如果失去这个阵地，那我们就将失去整个埃及……我们将在这里战斗，决不后退。我已经命令立即烧毁一切关于撤退的计划和指示。如果我们不能在此生存，那么我们就在此献身。"

蒙哥马利那坚定、沉着、充满信心的声音激动着每一个人的心，军官们的脸上露出了笑意，眼睛里闪烁出充满希望的光芒，一支丧失了士气的军队又恢复了战斗力。

蒙哥马利认真分析了德军司令隆美尔的战术，发现他总是派出一些变化莫测的军队出来诱敌，然后集中炮火轰击英军的装甲部队，再派出事先伪装好的、装备精良的装甲部队进行突然性很强的猛烈冲击。针对隆美尔的这种战术，蒙哥马利制定了周密的作战计划，他命令部队按兵不动，坚守阿拉姆哈勒法地区，等待隆美尔先发动攻势。

果然，隆美尔终于耐不住性子了，向英军防线发动了猛烈的攻击。

蒙哥马利抓住战机，命令英国空军全力打击德军的坦克。英军飞机猛烈轰炸，德军投入战场的几百辆坦克和战车损失惨重。

经过一个星期的激战，蒙哥马利指挥的第八集团军终于击退了隆美尔发动的攻势，重创了德军。这一胜利极大地鼓舞了第八集团军将士的斗志。

10月23日晚，蒙哥马利站在前线指挥所里，一声令下，千余门大炮一齐轰鸣，拉开了阿拉曼战役的序幕。炮弹呼啸着划破夜空，暴风雨一般倾泻在德军阵地上。随后，英军的坦克部队和步兵同时向德军发动猛攻。隆美尔慌忙组织部队拼命抵抗。

11月4日，德军全线溃败，英军第八集团军取得了辉煌的胜利。蒙哥马利也从此威名远扬。

蒙哥马利1887年出生于英国伦敦肯宁顿区一个牧师家庭。母亲读过书，受过教育。她嫁给蒙哥马利的父亲后，一年一个地生孩子，25岁时已经是五个孩子的妈妈了。

蒙哥马利3岁时，父亲被任命为澳大利亚塔斯马尼亚教区的主教。父亲携全家远渡重洋到澳大利亚任职。在塔斯马尼亚，蒙哥马利的母亲又生了四个孩子，后来因病死了两个，家里共有七个孩子需要她抚养。这个家庭已经够大的了，可蒙哥马利的三个表兄弟也从英国来到他家，与他们住在一起。

蒙哥马利的母亲叫苦连天，因为她一个人要管教十个孩子。她成了主教夫人后，必须参加的宗教活动和社会活动日益增多，哪有那么多时间管教孩子？为了既能很好地履行主教夫人的职责，同时又使孩子们受到应有的教育，蒙哥马利的母亲在家里规定了严格的纪律，为孩子们定下了一条条明确的规矩。孩子们必须服从这些纪律，如果谁违犯了这些纪律就会立即受到惩罚。

蒙哥马利在兄妹中排行老四，从小性格倔强，难以管束，是孩子们中的"坏孩子"。蒙哥马利常常因违犯妈妈的纪律而受到她的棍棒教育。但他总是不服，越打犯规的次数越多。蒙哥马利挨打时，他的两个哥哥从不同情他，而是幸灾乐祸地在一旁看热闹。他们还经常告密。因为他们柔顺听话，很少挨打，妈妈很容易相信他们的话，一听他们说蒙哥马利又违犯纪律了，就大声嚷叫道："什么？蒙哥马利又在干什么，看我不揍他。"

蒙哥马利的同情者只有姐姐，因为她也是个好动而倔强的孩子。蒙哥马利很感激姐姐的同情，为此曾替姐姐担当了不少过失，替她承受了不少处罚。经常挨打使蒙哥马利有些怨恨妈妈，他不否认自己淘气，可总觉得妈妈太严厉了。妈妈使蒙哥马利从小就饱受了挨打的恐惧，他的童年是在缺少母爱的环境中度过的。蒙哥马利与兄弟姐妹们不太和睦，总是争争吵吵。争吵的结果是，不管谁有理，总是蒙哥马利受到惩罚。这样一来，蒙哥马利虽然生活在一个大家庭中，有众多的姐妹兄弟，却觉得很孤独。这样的环境使蒙哥马利养成了独立思考和行动的习惯，遇到事情喜欢自己动脑子想主意，同妈妈的规矩和意志发生冲突时，为了逃避挨打，他就想尽各种办法对付过去。

蒙哥马利的妈妈是个很能干的人，意志坚强，为人做事总是十分严肃。她的治家方法在某些方面取得了成功。她教导孩子们在任何情况下都要讲真话，她的孩子长大后都成为诚实的人。蒙哥马利晚年回忆起母亲时说："妈妈严厉教育的结果是孩子们从童年到成年后都能循规蹈矩地生活，从没有人上过法庭或进过监狱，也没有人诉诸法院要求离婚。如果这是我母亲的治家目标的话，那毫无疑问她达到了目的。"

蒙哥马利认为这种教育方法的不好的一面是使孩子们变得平庸。蒙哥马利之所以不同于他的兄弟姐妹们，是因为他的倔强，他从没有屈从于妈妈定下的那些规矩。

蒙哥马利童年时的爱几乎都来自父亲。父亲对他很关心，在父亲面前他很随便，可以做自己喜欢做的事儿，玩自己喜欢玩的游戏。

母亲过于严厉的管束使蒙哥马利产生了逆反心理，变得更加倔强，常常故意触犯妈妈的规矩。

蒙哥马利一家 1901 年从澳大利亚回到了英国。回国后，蒙哥马利和哥哥一起进入伦敦圣保罗学校读书。蒙哥马利这时已 14 岁，他第一次进学校读书。在澳大利亚时，他们兄弟姐妹由一名家庭教师教授文化知识。那个家庭教师文化修养不高，实际上并没有教给他们多少知识。澳大利亚当时是英国的殖民地，蒙哥马利是从殖民地回来的学生，文化基础差，因此学习在班里很落后，尤其是作文成绩最差。同学们很瞧不起他，学校老师也认为他不行，在成绩单的评语上说蒙哥马利是个与年龄不相称的落后学生，并特意加上这样一句话："该生打算将来进桑赫斯特皇家军事学校，把握不大，必须努力学

习。"

这一评语，极大地震动了蒙哥马利。他有一个进军事学校学习，毕业后当一名军人的理想，这个理想是他在澳大利亚和几个英国军官接触后，听他们讲了一些军事家的故事后产生的。他刚进入圣保罗学校时对自己的低分数和别人的白眼并不十分在意，认为学习成绩高低与当军人没多大关系。他认为体育锻炼能为自己未来的军旅生涯打下坚实的基础，而他又非常喜欢运动，就下大力气猛攻体育。蒙哥马利少年时代身材并不高大，身体却很强健，这是在澳大利亚时坚持游泳锻炼的结果。他刚回到伦敦时，对于英国学校里盛行的板球和橄榄球这两项运动一窍不通，连规则都不懂。蒙哥马利下决心要熟练掌握这两项球艺，于是拼命地练了起来。为了练球，他挤掉了不少学习时间。入学第三年，蒙哥马利便以"猴子"的绰号名扬球场。在橄榄球场上，他灵活机智，有一股动物般的蛮劲，无论对方怎样下大力气阻截他，他都能钻出人群，把球带入对方的端区。很快，蒙哥马利以自己出众的技艺赢得球迷的爱戴，当上了学校橄榄球队和板球队的队长。当上球队队长后，他更沉迷于体育运动，整天想着球队的战术及如何在球场上使自己的球队获胜等问题。

受到老师评语的震动后，蒙哥马利觉醒了，他知道，要想在军队中获得职务，必须考军事学校，想考进军事学校必须努力学习。蒙哥马利是个有毅力的人，他倔强的性格在明确了目标后立即体现在学习上。

老师见自己的评语触动了蒙哥马利，使他学习变得努力起来，心里十分高兴，主动帮助他提高文化水平。蒙哥马利在老师的个别辅导下进步很快，顺利地考入了桑赫斯特皇家军事学校。

蒙哥马利的父亲不太赞成他考军事学校，父亲希望孩子能继承自己的职业，当一名牧师。他认为牧师是拯救人类灵魂的高尚职业，而军人是杀人的行当。蒙哥马利让父亲感到失望，但他没有试图劝阻自己的儿子，他了解自己儿子倔强的性格，知道劝阻也没用。

蒙哥马利进入桑赫斯特皇家军事学校后，发现自己的入学考试成绩在同期的 170 名学生中名列第 72 名，居中游。于是，他把注意力集中到学习上，要把自己的学习成绩由中游提高到上游。

由于蒙哥马利学习刻苦，他被选拔为一等兵。在英国的军事院校中，这对于低年级学生来说这是一种很大的荣誉。经过这样选拔出来的学生被公认为优秀分子，表示他具备了陆军中第一流军官的基本素质。

蒙哥马利当上一等兵后，有些得意忘形，不久就被撤职了，又成为一名普通学生。蒙哥马利被撤职不是由于学习退步，而是由于参与领导了打群架。有一次，蒙哥马利所在的 B 连与 A 连发生了冲突，蒙哥马利率领同学使用扫帚、木棍一类"兵器"一直冲杀到 A 连的营房前面，双方展开了激战。大家都是血气方刚的年轻人，又都是未来的军官，没有人愿意被人讥笑为胆小鬼，因此双方越打越猛，当学校管理者赶来制止时，已有不少学生被送进了医院。蒙哥马利在"战斗"中用火点燃了 A 连一名学生的衣服，烧伤了那名学生的臀部，因此受到处分，失去了当掌旗军士的前程。连长对蒙哥马利由宠爱变成厌恶。蒙哥马利有些心灰意冷，一度想离开军校，幸亏得到一个叫福布斯的军官的劝阻，才留下来完成了学业。但蒙哥马利受到了一次沉重打击，毕业时比别的同学多留校 6 个月。

由于家里在经济上断绝了供给，蒙哥马利毕业后决定到印度去——英国驻印度军队的薪金高，生活容易些，升职的机会也多些。不久，蒙哥马利就远渡重洋，加入到英国在印度的驻军行列，任少尉排长。

蒙哥马利参加了第一次世界大战，在战争中曾两次负伤。后来又进英国的两所参谋学院深造，之后步步高升，先后担任旅长、师长、军长、集团军司令。他除指挥过扭转了北非战局的阿拉曼战役外，还率英军在西西里岛登陆，与美军一起进行了意大利战役，并参与指挥了对第二次世界大战欧洲战场起决定性作用的诺曼底登陆战役。

卓别林
（1889—1977）
美国电影艺术家

时间是一个伟大的作者，它会给每个人写出完美的结局来。

——卓别林

　　银幕上，托曼尼亚国的独裁者辛格尔正在演说。这个狂热的演说家的歇斯底里和高度紧张，使他的演说变成了一连串毫无意义的声嘶力竭的叫嚣和咆哮。独裁者辛格尔演讲的语言似乎是德语，解说员翻译了其中几句："民主是胡闹……言论自由是绝对不允许的……"演说结束后，独裁者疲惫不堪地走下讲台，听众都向他致以法西斯式的军礼，甚至摇篮里的婴儿也被人教会了把小手高高举起。街上的毛驴把尾巴竖起来敬礼，就连街心广场上的维纳斯女神塑像和低着头的"思想家"塑像也不得不举起手臂，向独裁者行法西斯式的军礼……

　　这部影片叫《大独裁者》，拍摄放映时正值第二次世界大战初期。影片用喜剧形式形象地讽刺了战争狂人希特勒和他所建立起来的"新秩序"。剧中有这样一个场景：独裁者把地球仪玩弄于手足之间，不想地球仪突然爆炸了，独裁者被炸得满脸开花。影片以惊人的远见预示了希特勒的必然下场，用乐观主义精神鼓舞了世界人民反法西斯的斗志。

　　这部影片是由世界电影史上最伟大的喜剧大师卓别林创作的，和他的大部分影片一样，本片也是由他自编、自导、自演的。他在自己的一系列喜剧作品中，塑造了一个头戴礼帽，身穿大肥裤子，脚穿不合脚的大尖头皮鞋，手拎文明棍的流浪汉查理的形象。这个形象永远地活在亿万观众的心里，因为它不仅揭示了卓别林自己的内心世界，也揭示了这个世界某些本质性的东西。

卓别林于 1889 年 4 月出生于英国的伦敦。他的父亲是个出色的喜剧演员，母亲是一位歌唱演员。卓别林的童年是在伦敦东区的一个贫民窟里度过的。卓别林生逢英国历史上一个极其艰难的时期，经济萧条，失业的工人成群结队地游荡在街头。

命运也给卓别林一家带来步步紧逼的苦难。当卓别林刚刚 5 岁、哥哥才 10 岁的时候，他们的父亲就在贫病交加中死去了。不久，卓别林的母亲也失业了，为了养家糊口，她只好改做替别人加工成衣的裁缝，夜以继日地蹬着缝纫机。她拼死拼活地干活，挣的钱勉强够一家人糊口，根本拿不出交房租的钱。他们全家只好把仅有的两个床垫和几个装着零星物品的包袱搬来搬去。好不容易找到一处住房，可往往住不上几天，便因交不上房租再次被赶走，只好另寻住处。

不久，母亲劳累过度，在饥寒交迫中病倒了，住进了医院。孩子们流浪于街头，靠着从市场附近的臭水沟旁捡来的餐馆扔掉的残羹剩饭充饥，晚上就躺在公园的长椅上睡觉。几个月后，他们被送进专门收容流落在伦敦街头无家可归儿童的汉威尔孤儿院。卓别林的哥哥年龄大一些，被人介绍到一艘轮船上给厨师当帮手，随船去了非洲和美洲。卓别林在生活条件极差的孤儿院里苦熬了一年半，直到母亲出院后，才把他接出去。母亲找到一个能够暂且安身的地方，那是一栋破旧楼房楼顶上最昏暗的一间阁楼。母子俩又重新开始了她们半饥半饱的生活。

像伦敦贫民窟里的许多孩子一样，卓别林的学校就是街头。

伦敦的街头是繁华热闹的，生活是五光十色的，从清晨直到深夜都充满了喧嚣。卓别林正是在这个特殊的学校里学到了很多东西。那些举止矜持的小店铺老板和身体孱弱的小职员们，讲究地穿着一身长襟窄肩的礼服。码头工人和工厂工人衣着破旧，衣服大都不太合身，不是过于瘦小，就是过于肥大。很多工人的头上都戴了顶微微卷边的小破礼帽。

伦敦街头的一幕幕，都永远留在卓别林的记忆中，成为他日后从事电影创作的形象宝库。

富有幽默感是英国人民族性格中一种比较显著的特征。伦敦下层社会的平民百姓尤其善于准确、锋利、风趣的辞令，他们喜欢用玩笑给严酷的生活增添一些轻松色彩。在这些机敏、伶俐的伦敦贫民中，最具幽默感的要数街头上高声叫卖的小贩，他们的职业使其成为永无休止地说俏皮话的"喜剧大师"。

每到夜晚，伦敦街头的小酒店和咖啡馆便喧嚣起来，俏皮话和欢笑声此起彼伏。卓别林就是在这些"下层人民"的熏陶下，培养出了过人的幽默感。

卓别林的母亲没钱送他上学，也没时间照顾他，她还要为生活而操劳。卓别林就每天在街头上游逛，在他眼里，伦敦街头每天都有新鲜事发生。卓别林最喜欢跟在街头音乐家的后面，听他们用黑管和手风琴演奏各种乐曲。他觉得音乐真是个神秘的东西，里面蕴涵着动人的力量。有一天，街头音乐终于激发起他想跳舞唱歌的欲望，他不由自主地跟在乐师后面手舞足蹈、翻起筋斗来。这是卓别林在街上第一次表演节目。以后他经常模仿那些街头艺术家的样子，在小酒馆里唱歌，他滑稽地模仿当时一些著名歌唱家的唱腔，然后拿着帽子绕听众走一圈，讨几个小钱。

当卓别林把挣到的钱交给母亲时，母亲落了泪。看到孩子小小年纪就在街头卖艺，为她分担生活的重负，她又伤心又感动。她觉得孩子既然上不起学，早早掌握一门谋生的技艺也很好，于是就向卓别林传授了不少表演技艺，特别是在模仿艺术方面花费了很多心血。

其实，卓别林向母亲学习演技已经不是一天两天了，他很小的时候就留心观察母亲练功时的手势和表情。卓别林的母亲是一位善于运用面部表情的演员,她练功时也很勤奋。当她还没有失业时,演出间歇,她常常站在窗口,模仿过路人和街头小贩的姿势、眼神和面部表情。每当这时,小卓别林就站在母亲身后模仿母亲的各种动作和表情。卓别林晚年时非常感激地提到自己艺术上的启蒙老师——他的母亲:"我留心观察母亲,不仅学会了用手上的动作和面部的表情来表达感情,而且能探索到人的内心世界。母亲的观察力是惊人的……善于观察人,这是母亲教我的最重要、最有价值的本领,因此我能看出人们身上那些细微而可笑的特征,然后把它们模仿出来,使人们发笑。"

卓别林在街头和小酒馆里演出了好几年,每天只能挣到可怜的几个钱,可这种演出却锻炼了他的表演技巧。一天,卓别林在一个街头艺人手风琴的伴奏下载歌载舞,例行每天的演出,一个业余歌舞团的组织者——小学教师杰克逊偶然经过这里,发现了这个表演出色的孩子。杰克逊从街头带走了卓别林,领他步入舞台生涯。卓别林跟随杰克逊的歌舞团演出了两年,他们的足迹遍及英国各地。

这个业余歌舞团散伙之后,卓别林有了点小名气,经常受到其他小型剧团的聘请参加各种演出。唱歌、跳舞、演滑稽剧……他什么形式的演出都参加。

此后卓别林又跟着几个小剧团,走遍了全国各地。这时的卓别林,靠登台演出已经可以使自己和母亲免于挨饿了。不久,卓别林又开始从事话剧演出,在话剧《从贫穷到豪富》中扮演街头流浪儿;在《吉姆——一个伦敦人的浪漫史》里扮演剧中的主角小报童,在剧中他把伦敦警察局的警察们狠狠地骂了一顿。卓别林在街头演出多年,和街上的报童、擦鞋童一样深受警察的欺辱,现在他总算在剧中为昔日的街头小伙伴们出了一口气。

卓别林的演出收入除了养活自己和母亲外,还有些节余。当他终于得到一个

去专科学校学习的机会时，就用这笔钱付了学费。这一年卓别林 15 岁。这个学习机会是他用辛勤劳动换来的，他当然特别珍惜。他过去在演出间隙也曾努力学习过文化知识，在后台的演出道具箱子上学会了看书写字。进学校后，他学习更刻苦了，读了许多文学名著，尤其是熟读了莎士比亚的全部作品。在学习的过程中为了调节脑子，他学会了拉小提琴，并热爱上了这种乐器。在以后拍摄电影时，卓别林把小提琴当做一种重要的演出道具，曾在多部影片中使用过。卓别林在专科学校学习了两年，打下了很好的文化基础。

卓别林在专科学校毕业后，一时找不到肯聘用他的剧院，这时，哥哥帮了他大忙。卓别林的哥哥这些年在远洋船上跑遍了世界各大港口，现在回到了英国。由于他有周游世界的经历，因此幸运地在弗莱德·卡尔诺哑剧院找到了工作。哥哥在剧院里站住脚后，就找到剧院老板，替弟弟申请一份当演员的工作，并说自己的弟弟很有表演才能，曾在一些业余剧团挑大梁。

剧院老板同意见见卓别林，哥哥就把弟弟带到剧院。剧院老板见卓别林面色苍白，身体孱弱，脸上也没有多少精神，觉得这孩子不像是一个有发展前途的滑稽戏演员。剧院老板犹豫了半天，最后还是给了他一个试演的机会——在哑剧《足球比赛》中扮演一个角色。卓别林在剧中扮演一个年轻的坏蛋，按照剧情，他要在比赛前找守门员的麻烦，设法把守门员灌醉。卓别林出色地扮演了自己分到的角色，在一个没有多少戏的角色身上发挥出自己演丑角的特长，受到好评，被剧院正式留用。17 岁的卓别林从此成为了卡尔诺哑剧院的正式演员，在这个剧院里演了 6 年戏。他的喜剧风格在这期间逐步形成，喜剧表演才能得到了充分的展示。

1912 年，卓别林随卡尔诺哑剧院到美国进行巡回演出。在美国，卓别林观看了当时还处于萌芽时期的电影，对电影产生了浓厚的兴趣。于是，他加入到美国电影界，开始了他的电影生涯。

卓别林一生共拍了 79 部影片，取得了巨大的成功。一位评论家曾这样评论他："当他笑的时候，全世界许多民族和国家跟着他哈哈大笑；当他悲伤的时候，全世界都回响着悲伤的哭泣声。他小小的手势也会那样轻易地激起人们的感情……他的确称得上是一位电影魔术师。"

艾森豪威尔

（1890—1969）

美国政治家、军事家

> 一切都是可造就的，只要你有百折不挠的信心和顽强的精神，动物可以驯化得灵巧机智，废墟上可以重建家园，而一个貌似愚鲁的孩子也可以培养成栋梁之才。
>
> ——艾森豪威尔

艾森豪威尔是第二次世界大战时期最著名的军事家之一。在战争中，他受命出任盟军最高统帅，指挥英美盟军在战场上取得了一系列重大胜利。1944年6月，他指挥英美盟军横渡英吉利海峡，取得了历史上规模最大的诺曼底登陆战役的胜利。第二次世界大战结束后，他先后任美国陆军参谋长、哥伦比亚大学校长、北约武装部队最高司令等职。1952年他退出军界，参加总统竞选，最终以压倒多数当选。1953—1960年任美国总统。

当人们回首艾森豪威尔走过的道路时，会惊讶地发现，艾森豪威尔在学校不过是个平平常常的孩子，他的记分册和每学期的鉴定中丝毫没有显露出他将会成为一个杰出军事家的迹象。

艾森豪威尔自己也承认自己在少年时代是个默默无闻的孩子，他最大的愿望是"升入八年级读书，或者成为学校棒球队的一名身手不凡的队员，因为它能使我声名显赫"。当然，艾森豪威尔少年时代也有自己的理想和抱负，但"不过是梦想有朝一日当一名火车司机，驾驶列车横跨美洲大陆，去那遥远神秘的地方"。他从未想过自己或身边的人会成为将军，会在历史上留下不同寻常的一笔。

　　艾森豪威尔出生于美国堪萨斯州的一个叫阿比林的小城镇。阿比林坐落在雾峰河畔的平原上，小城的东西各有一条缓缓流淌的小溪。城里城外一派平和宁静的景象。

　　艾森豪威尔的祖父是一个富于开拓精神的人。正是这种精神促使他卖掉位于宾夕法尼亚莱肯斯河谷的那块肥沃的土地，随着去西部开发的人流来到堪萨斯。在阿比林他买下一块新的土地，安下新居。艾森豪威尔的祖父喜爱土地，善于经营，很快就办起一个红红火火的农场。艾森豪威尔的父亲却不喜欢务农，他卖掉了祖父作为结婚礼物送给他的农场，在一家商店入了股，与人合伙经商。当商店不景气的时候，那个合伙人携带着商店的资金逃走了。为了偿还商店债权人的钱，艾森豪威尔的父亲只好重新寻找工作，辛勤地劳动。他先在一家奶制品厂做技师，后来又经营一家化工厂，终于还清了债务。

　　艾森豪威尔的母亲受过高等教育。她凭着自己的力量，艰难地读完了中学。为了凑足上大学的学费，她先当了几年教师，然后考入了莱恩大学。在大学里，她遇到了正在读书的她未来的丈夫。

　　母亲生了六个儿子，艾森豪威尔是老三。父亲整日在外奔波，拼命挣钱以维持一家人的生活；母亲料理家务，管教孩子。在艾森豪威尔的记忆中，父母感情和睦，从不在孩子们面前吵架拌嘴，家里总是洋溢着温馨和美的气氛。

　　母亲教育孩子有自己的一套方法，她要求每个孩子都参加劳动，安排孩子们轮流值日、做家务，使孩子们都学会了刷碗、洗衣服，学会了给菜园锄草、修剪果树及喂鸡、挤牛奶等活计。

　　一个家庭里兄弟多了，相互之间难免发生争执甚至打斗。大哥名叫阿瑟，他勤奋用功，很有点大哥气度。兄弟们吵架时，总是他站出来调解。大哥从小就表现出了经商的志向，中学毕业后，他根据自己的选择考入一家商学院读书，后来成了一名银行家。二哥叫埃德，比艾森豪威尔大两岁。两人个子差不多高，因此当弟弟的不服二哥的调遣，两个人经常打架。二哥身体健壮些，二人滚打在一起时，艾森豪威尔总是被二哥骑在身底下。艾森豪威尔小时候胆子很小，曾经被公鹅追得满院子乱跑。与二哥经常打斗、摔跤，锻炼了他的勇气，让他养成了不肯服输的性格——每次被二哥摔倒后，他都马上跳起来再次向二哥扑去。两人打架归打架,平时还总是在一起玩耍。

老五、老六相差仅一岁,两人性格比较温和,既喜欢学习,又热爱艺术,老六的钢琴弹得很好。这两人成了一对亲密的伙伴。惟有老四和谁也玩不到一块儿,他性格孤僻,不爱学习,他没上中学,而是进了一家药店当了学徒。艾森豪威尔的父母鼓励孩子们上中学、考大学,但不勉强他们。老四实在不喜欢学校,母亲叹着气,由他自由发展去了。没想到他竟找到了自己的发展道路,先是当上药剂师,后来成了一家大药店的经理,生意做得十分兴旺。

艾森豪威尔的父母很讨厌兄弟们之间发生争斗。当孩子们犯了错误的时候,母亲采取的是批评教育的态度,启发孩子主动认错。而父亲却是点火即着的火暴脾气,孩子们淘气后犯到他手里免不了挨一顿揍。父亲赏罚分明,挨揍最多的当然是艾森豪威尔和二哥埃德。

艾森豪威尔有点怕父亲。一天,艾森豪威尔放学回家,一个与他年龄差不多的相貌粗野的孩子无缘无故地向他扑来。他刚想迎战,抬眼看到父亲远远走来,便撒腿跑开。父亲看到这情景就冲艾森豪威尔大声喊道:"你干吗让那小子逼得你满街跑?"

艾森豪威尔说;"我一打架,你不管输赢都会用鞭子抽我。"

父亲说:"去把那小子赶走。"

艾森豪威尔没想到会得到父亲的支持,怔了一下,然后转过身,猛地向那个仍在追他的男孩子迎面冲去。那男孩子被艾森豪威尔凶猛的反击吓住了,转身想逃,被艾森豪威尔拦腰抱住,摔倒在地。艾森豪威尔厉声警告那孩子:"如果你再找我麻烦,我就每天打你一顿。"

用一般的观点来看,父亲怂恿孩子打架是不对的,但艾森豪威尔却从这件事中悟出一个道理:有些人表面看起来很凶,其实玩的都是花架子,真要和他打,他就老实了。

尽管哥几个经常争吵,可艾森豪威尔觉得家庭生活还是很愉快的。家里经济状况不太好,常常缺东少西的,可孩子们能吃饱穿暖、有地方睡觉就什么也不在乎了。父亲对孩子们有些粗暴,但在关系到孩子们今后前程的大事上总是和母亲采取一致态度,允许孩子们自我设计、自我规划自己的未来,就是孩子们在课余时间出去挣钱也不干涉,谁挣的钱由谁自由支配。艾森豪威尔课余时去杂货店帮过工,卖过菜,暑假时还打过短工。这些劳动使他得到多方面的锻炼。父母希望孩子们都受到高等教育,但并不代替孩子选择方向。因为父母都没有按他们父辈安排的道路走,他们也不想对自己的孩子搞包办代替。只有一次,因为二哥逃学去给两名医生打杂,父亲狠狠地打了他一顿,而且打得那样狠。艾森豪威尔搂住父亲替二哥求情,可母亲却采取了视而不见的态度。父母认为老二和老四不同,他学习成绩很好,应该完成高等教育。父亲的一顿揍,使二哥摆脱了当勤杂工的念头,专心读起书来,他中学毕业后考上了密执安大学法律系,后来成了一个有名的律师。

艾森豪威尔的父母从小就向孩子们灌输正确的人生观:自立自强是生活的基本准则;人要有自信心,对家庭对工作都要有责任感。可以说,父母的教育对艾森豪威尔的成长产生了极大的影响。

艾森豪威尔上小学和上中学时,学习成绩都一般,却特别喜欢读课外书,尤其喜欢古代史,常常废寝忘食地捧着大部头的古希腊史或罗马史阅读。母亲担心这些古旧的东西会影响艾森豪威尔的功课,把这些历史书统统锁进壁橱。艾森豪威尔正沉迷在历史的海洋中,没书看,就如同失去了最心爱的玩具,他坐立不宁,寝食不安。他整天在妈妈的房间里乱转,终于找到了壁橱的钥匙。每当母亲不在家时,他就把书偷出来读。就这样,艾森豪威尔读了大量的历史书籍。在所有历史人物中,他最崇拜迦太基名将汉尼拔,除了因为汉尼拔率军队翻过阿尔卑斯山在罗马帝国本土上英勇作战,以少胜多大败罗马军队外,还因为有关汉尼拔的一切都是由他的敌人记述的。艾森豪威尔认为,被敌人佩服而留名千古的人才是真正的英雄。此外,艾森豪威尔还很佩服拿破仑、华盛顿等伟大人物。

艾森豪威尔在学校里学习不出色,在其他方面也受到冷遇。当时的中学生组织了各种俱乐部,艾森豪威尔长得又瘦又高,脸长得也不漂亮,因此没有一个俱乐部邀请他参加。幸亏二哥也没人喜欢,哥俩刚开始只是对俱乐部的孩子翻白眼,后来两人商量了一下,在一家印刷厂的墙根底下成立了一个拳击俱乐部,没想到竟吸引了不少好斗的男孩子。即使不打拳,哥俩也不会寂寞,春秋时节他们打棒球,踢足球;夏天去河沟里摸鱼捞虾;冬天他们就去溜冰。

中学毕业典礼上,艾森豪威尔第一次出了风头——毕业生们演出了自己改编的莎士比亚名剧《威尼斯商人》,二哥埃德扮演威尼斯公爵,艾森豪威尔扮演犹太商人夏洛克的仆人。艾森豪威尔幽默滑稽的表演赢得了观众热烈的掌声。

报社编辑艾伦在毕业典礼上的讲话打动了艾森豪威尔。艾伦鼓励毕业生们考大学,说:"一个人应努力去争取接受高等教育,否则就犹如缺少了一只胳膊。"二哥埃德挨了父亲那顿狠揍后清醒了,明确了自己去密执安大学学法律的志向,他听了艾伦的讲话更坚定了信心。艾森豪威尔也下决心上大学,却不知该选择什么专业。他想了好久也没拿定主意,最后决定和埃德一起去报考密执安大学。

上大学的志向定了,面临的就是挣学费的问题了。父亲负担不起他们上大学的学费,要靠他们自己去勤工俭学。埃德在爸爸工作的奶制品厂找到工作。艾森豪威尔先是在一家农场帮工,起早贪黑地在田里耕作,后又到一家造铁皮粮仓的工厂里做工。最后,艾森豪威尔发现在奶制品厂人造冰车间干力工能挣更多的钱,就又到那里干活。艰苦的劳动不仅使艾森豪威尔挣到学费,也锻炼了他对单调乏味工作的耐心,并使他的肌肉强健起来。

艾森豪威尔本来打算报考密执安大学,一个童年时的好朋友使他改变了主意。这位好朋友叫埃弗雷特,是个医生的儿子,却从小就对军事抱有极大的兴趣。艾森豪威尔上中学时,埃弗雷特去了一家私立的军校学习。毕业后,他打算进安纳波利斯海军学院深造,因此在家准备考试。他劝艾森豪威尔也去碰碰运气。艾森豪威尔动心了:在读历史书的过程中,他就对战争史产生了一定的兴趣,另外,进入军校学习,可以省去昂贵的大学学费。埃弗雷特替艾森豪威尔给海军学院写信,申请入学登记表。艾森豪威尔自己则给参议员布里斯托写信,求他帮忙推荐自己。最后,艾森豪威尔终于得到了报考机会。他的考试成绩不错,但由于超过限定年龄一岁,被海军学院拒之门外。正在绝望之际,柳暗花明,他被通知去西点军校参加复试。复试后,艾森豪威尔接到录取通知书。不久,他告别了父母兄弟,走入了西点军校。

在军校中,艾森豪威尔仍不是一个出众的学生,他学业平平,还不大遵守学校的规章制度。一位同学说:"他只要愿意争取,就能得到优秀成绩,可他甘居中游。当同学们刻苦攻读时,他却把双脚架在桌子上,悠然地翻着杂志。"

艾森豪威尔性格开朗,善于交际,逢人便打招呼,在西点军校的同学中很受欢迎。在橄榄球场上他纵横驰骋,是一员难以阻挡的悍将。可惜由于腿在比赛中被撞伤,他只好退出球场,当上了场外教练。球队教练的职务使他显示出一些领导能力,由于他的指挥、调度,球队在院校之间的比赛中所向无敌。

从西点军校毕业后,艾森豪威尔带着不太优秀的成绩走入军营。从此,他开始了自己真正的军旅生涯,最终成长为一个杰出的军事领袖,战功卓著。

毛泽东

（1893—1976）
中国无产阶级革命家、
政治家、军事家、理论家

谦虚使人进步，骄傲使人落后。

——毛泽东

1949年10月1日，一个中国人民将永生永世铭刻在心的日子，一个伟大而光辉的节日。就在这一天，中华人民共和国的缔造者毛泽东向全世界人民庄严宣告："中华人民共和国成立了。"这是时代的最强音，标志着中国人民从此站起来了，中华民族从此翻开了新的历史篇章。

毛泽东是一位在20世纪影响过中国和世界历史进程的伟人。他为中国共产党和中国人民解放军的创立及发展，为中国各族人民的解放事业的胜利，为中华人民共和国的建立和中国社会主义事业的发展，建立了不可磨灭的功勋，为人类的进步事业作出了重大贡献。他从青年时代起，就立志献身于中华民族的解放事业，并为之奋斗了一生。

毛泽东成长的时代，正是民族危急深重、人民困苦不堪的年代。然而，这也正是中国将发生历史性重大变革的时代，也正是中国人民正在逐步觉醒的时代。毛泽东的成长过程，也正体现了中国人民逐步觉醒的历史过程。

在我国湖南省湘潭县，有一个叫韶山冲的地方。1893年12月26日，毛泽东就诞生在这里。

毛泽东的祖辈都是贫苦农民。他的父亲原也是个贫苦农民，年轻时因家里欠债太多，被迫出外当兵。后来回到家乡，凭着勤劳节俭、善持家务，渐渐地使家境富裕起来。这位体格强壮、性格倔强、办事精明的农民，一面自己开荒耕种，一面兼做小买卖和别的生意。很快，他不但还清了债款，还赎回了典当出去的田产，不久又买进了亲戚家的几亩田地。这样一来，他家就成了韶山冲公认的富裕户了。

当时，毛家共有五口人，父亲、母亲和三个孩子，毛泽东是孩子中最大的一个。尽管家里不愁吃穿、生活富裕，但毛泽东的父亲还是要求全家都参加劳动，谁也不能坐享其成。

毛泽东从6岁起，就开始帮助大人干农活了。上学后，他也是利用每天早晨上学前和下午放学后的时间放牛或做其他零活儿。长到13岁以后，农忙时，他在田里要干和成年人一样的农活；农闲时，就在家里磨谷子、舂米、放牛、砍柴。晚上，他还要帮父亲记账，因为当时他是全家识字最多的人。

少年毛泽东不仅热爱劳动，而且热心帮助别人。

毛泽东的母亲是位勤劳俭朴、性情忠厚、乐善好施的农家妇女，她常常帮助生活穷困的乡亲，碰到灾荒年月，她总是背着丈夫拿出些粮食周济乡亲。毛泽东非常爱他的母亲、尊敬他的母亲，母亲的美德深深影响着少年毛泽东。

有一年，正值秋收时节，农民们刚把辛辛苦苦打下的粮食摊晒在晒谷场上，天上忽然下起雨来。人们都赶忙跑去收拾自家晒的谷子。正在抢收的毛泽东，忽然发现邻居阿婆正一个人费力地收谷子，他立即丢下自家的谷子不管，跑去帮助阿婆。等他赶回来收自己家的谷子时，谷子早已被雨淋湿了。父亲生气地责怪他，他说："阿婆是佃户，家里很穷，还要交租，损失一点就不得了，我们的谷子是自家的，自然不大要紧。"

在一个大雪纷飞的日子，毛泽东在上学的路上遇见一个只穿一件单衣、冻得浑身发抖的穷苦青年。毛泽东和他交谈了几句，了解到他的情况后，就脱下自己身上穿的夹衣给他穿上。

少年毛泽东，虽然生活在富裕的家庭里，却从没有富家子弟的纨绔习气，而是继承了中国农民勤劳、诚实、朴素的优良品质。

在毛泽东的少年时代，中华民族正遭受着深重的灾难，这个时期，对毛泽东震动最大的事，就是1910年长沙爆发的"饥民大暴动"。

1909年，湖南一带连遭水灾、旱灾的祸患，灾民们纷纷涌向长沙，长沙闹起饥荒，饿死了成千上万的人。第二年，在青黄不接的时候，贫苦的百姓无米下锅，而地主富豪、投机商人们却不顾人民的死活，乘机囤积粮食，导致米价暴涨。饥饿的平民百姓终于忍无可忍了，便在一夜之间自发地集结起来。他们捣毁了巡抚衙门，将粮库的米分抢一空。清政府慌忙派兵镇压，几天之内，血洗长沙城，暴动组织者的头颅被挂在街头的旗杆上示众。

血淋淋的现实，使毛泽东受到了强烈的震撼，他开始认识到贫苦百姓与统治者之间的尖锐矛盾。他愈是对广大农民遭受的灾难和痛苦寄予无限的同情，愈是对统治者的残暴、腐败及富豪的为富不仁充满愤慨，就愈是感到应该把劳苦大众从苦难中解救出来。这时，一颗反抗的种子在毛泽东的心底里开始萌芽了。

然而，真正使毛泽东把救国救民作为终身奋斗目标的，还是在他阅读了大量的书籍以后。

毛泽东自幼勤奋好学。他从8岁起上学，先后在几处私塾念书。私塾馆里所教的书，大都枯燥无味，又十分难懂。教书先生从不对书上的内容作过多的讲解，只是让学生一味地死记硬背，所以，学生们学起来感到十分吃力。毛泽东也不喜欢念这些书，他更喜欢当时流行的许多小说，如《说唐》、《西游记》、《三国演义》等等。尽管如此，毛泽东的学习成绩却一直很好。他不仅聪明好学，而且记忆力好、领悟力强，教书先生留的背书作业，他念上几遍就记住了，所以深得教书先生的器重。

毛泽东酷爱读书，只要能找到的书，他都认真阅读。每天晚上，他

帮父亲记完账后,就躲进自己的屋里看书。父亲对此十分不满,认为毛泽东读的这些"闲书"、"杂书",并不能帮他发展家业,又浪费灯油。于是,他总是想方设法阻止毛泽东晚上看书。而毛泽东却自有办法——他等父亲睡下,用蓝布被单遮住窗户,好让外面看不见屋里的灯光,然后,他就借着微弱的灯光,悄悄地看书学习,常常一看就看到深夜。

1906年,13岁的毛泽东对史书产生了浓厚的兴趣。从左丘明的《左传》到司马迁的《史记》,从王世贞的《纲鉴》到顾炎武的《日知录》,他都进行了认真研读。这些史书不仅大大丰富了他的历史知识,而且作者的治学态度和爱国思想,也对毛泽东产生了深刻的影响。这以后,毛泽东对学习历史的兴趣越来越浓,这种兴趣与日俱增,使他受益匪浅。

少年毛泽东不但喜欢读书,而且善于思考。毛泽东读了许多旧小说,有一天他忽然发现,这些旧小说写的多是帝王将相、英雄豪杰,却没有他熟悉的农民。对于这个问题,他整整思考了两年,后来终于认识到,写书的人不是农民,他们不了解农民,也看不起农民,自然就不会写农民。毛泽东感到这实在是不公平。

当时,毛泽东最喜欢读的一本书叫《盛世危言》,这本书的作者郑观应是中国早期改良主义思想家,他写这本书前后用了30年的时间。

书中所宣扬的变法革新思想、富国强兵之道,令毛泽东眼界大开、耳目一新,对毛泽东的思想发展产生了重要影响。

在这一时期,毛泽东还阅读了大量宣扬新思潮、呼吁拯救国家的书籍。在读了一本揭露帝国主义侵占中国领土、欺压中国人民的书后,毛泽东的心情再也无法平静了。少年毛泽东已经强烈地意识到,拯救处在危难之中的国家和民族,是每一个中国人的责任。从此,他更加认真地研究中国的社会问题,希望寻求到救国救民的真理。

由此,毛泽东继续求学的愿望更加强烈了。本来,为了让他继承家业,父亲执意要送他到县城一家米店当学徒。但毛泽东决心已定,他坚持外出求学。他从表兄那里得知,县城有一所新式学堂,在那里可受到新式教育。为了说服固执的父亲,他搬来众多的说客为他说情。最后,父亲终于被说服了。

1910年,16岁的毛泽东终于走出了韶山冲,迈向了更广阔的新天地,他立下志愿,"学不成名誓不还"。

在新学堂里,毛泽东积极学习新知识,为寻求救国真理,他发奋学习。他在《言志》、《救国图存论》这两篇作文中,尽情抒发了自己求学为国的壮志和决心。校长看了他的作文后,情不自禁地赞叹说:"今天,我们学校有了一个建国材!"

毛泽东在伟大理想的推动下,不断顽强地寻求着救国之道。十几年后,历尽千辛万苦的毛泽东,终于找到了马克思列宁主义这个思想武器,找到了一条拯救民族于危难之中的光明之路。"五四"以后,毛泽东开始了他的革命家生涯。

从一个普通农民的孩子,到一个坚定的马克思主义者;从一个爱国者,到一个伟大的共产主义战士——毛泽东经过长期的、艰苦的革命斗争的锻炼和考验,终于成为中国共产党和中国人民的伟大领袖。

徐悲鸿

（1895—1953）

中国画家、美术教育家

一个人到了山穷水尽的地步而能够自拔，才不算懦弱！

——徐悲鸿

1926年，青年画家徐悲鸿在留学法国对，认识了法国著名的现实主义画家达仰。在达仰的精心指导下，他认真研究了欧洲各个画派的不同风格，掌握了油画艺术的精髓，并画了大量的习作。

这年4月，在巴黎隆重举行的沙龙画展上，徐悲鸿创作的《萧声》、《老妇》、《远闻》等油画作品也入选参展。潮水般的人流涌进展览大厅，人们尽情欣赏着这些杰出的绘画作品，徐悲鸿的《萧声》也深受人们的喜爱。这幅作品以巧妙的构图和精练的笔触，描绘了一位正在吹萧的少妇，她哀怨凝重的表情同背景画面有机地融为一体，生动地表现出了一代知识分子的精神气质。这幅作品色彩典雅和谐，用笔细腻严谨，以至于许多人断言它是著名绘画大师达仰的作品。达仰听后，乐呵呵地指着身边的徐悲鸿对人们说："这幅画是我的中国学生徐悲鸿画的。"

人群中立刻爆发出一片赞叹声。

通过这次画展，年轻的徐悲鸿在西方美术界脱颖而出，成为第一个具有世界影响的中国现代画家。

1895年7月19日，徐悲鸿出生在江苏省宜兴县的一座滨河小镇上。

徐悲鸿的父亲徐达章自幼喜爱绘画，靠自学成为当地知名的画师。除了绘画外，他还擅长书法、篆刻、诗文。他一生鄙薄功名，不求闻达。徐悲鸿6岁开始跟父亲读书，但父亲却不允许他学画。有一次，徐悲鸿求一个人画了一只老虎，他拿回家悄悄地照着临摹，不想被父亲发现了。父亲语重心长地对他说："你应当好好用功读书，要想成为一名画家，首先要有渊博的学识，要养成勤奋读书的习惯。"

在父亲的指导下，他9岁就读完了"四书"、"五经"。这时父亲才开始教他每天临摹一幅吴友如的人物画。吴友如是清末著名的插图画家，能在尺幅之间描绘楼台亭阁、虫鱼鸟兽、奇花异卉乃至千军万马。

有时，父亲带着他沿河边散步，引导他欣赏和观察大自然，还经常教他写生，画父母、兄弟、邻人、乞丐……但当时，百姓民不聊生，一个画家是很难依靠画画维持生活或找到职业的。因此，父亲对他学习画画并不抱有多大希望。

徐悲鸿13岁那年，家乡遭遇水灾，父亲便带领全家开始了流浪江湖的卖画生涯。徐悲鸿为父亲磨墨铺纸，看父亲落笔挥毫，听父亲娓娓不倦地说古论今。在潜移默化中，他不断地接受着中国传统绘画艺术的熏陶。

这期间，他不仅成了父亲有力的帮手，而且自己的绘画水平也有了很大提高。那时，当地老百姓经常抽一种强盗牌香烟，烟盒上画有栩栩如生的动物画，徐悲鸿通过临摹这些动物画逐渐掌握了描绘各种动物的技巧。后来，他还收集了许多日本的动物标本，每天都对着这些标本反复描摹，以不断提高自己的绘画技艺。

长期的流浪生活使徐悲鸿的父亲重病缠身。回到家乡后，17岁的徐悲鸿便毅然挑起了全家的生活重担。

经过几年的勤学苦练，徐悲鸿的绘画水平和艺术才华渐渐显露出来，并且在当地小有名气。他同时接受了宜兴初级女子师范学校、思齐小学、彭城中学三所学校的聘书，担任这三所学校的国画教师。三所学校相距20多公里，为了省钱给父亲治病，徐悲鸿从来不坐船，总是步行去学校。为了不耽误上课，他常常半夜三更就起床赶路，有时到了学校连饭都顾不上吃，就去给学生讲课。父亲在病床上艰难地熬了两年，弥留之际,他哆哆嗦嗦地用瘦骨嶙峋的手拉着徐悲鸿的手说:"我们是两代画家了,你应该后来居上,超过我,超过我们的先辈,要记住……业精于勤……生活再苦,也不要对权贵折腰,这是你祖父说过的……"

埋葬了父亲以后,徐悲鸿决定去上海找一家半工半读的学校就读。他通过在上海中国公学担任教授的同乡徐子明先生介绍,将作品寄到复旦大学。当时的复旦大学校长李登辉看了他的作品后十分高兴,表示欢迎他来复旦大学读书。

1915年的夏天,20岁的徐悲鸿只身来到上海。他由徐子明先生带着,去见复旦大学校长李登辉先生。在校长室里,李登辉望着徐悲鸿苍白的面庞和瘦小的身体,脸上流露出不信任的表情,他悄悄对徐子明说:

"这个人看上去还是个孩子,怎么能又读书又工作呢?"

"只要他有才华,你何必去计较他的年龄呢?况且,他还是辞去了三所学校的教职赶来的。"徐子明说。

然而,李登辉却久久沉默不语……

从复旦大学回来后,徐悲鸿几次给李登辉写信询问结果都没有得到答复,他只好一天天苦苦地等待着。为了消磨时间,他白天去商务印书馆门市部站着读书,夜晚,常常站在旅馆门前,望着灯红酒绿的大上海忧伤地思念母亲和妹妹。

后来,徐子明先生接到了北京大学的聘书,准备北上。临行前他给徐悲鸿写了封推荐信,把他介绍给商务印书馆出版的《小说月报》的主编恽铁樵,请他为徐悲鸿谋个小差事。

徐悲鸿带着信去商务印书馆,在那里他首先遇到的是一个叫黄警顽的宜兴同乡。黄警顽热心地帮他打电话联系。恽铁樵在电话中说有事,请徐悲鸿第二天下午下班前来编辑部。徐悲鸿听后很高兴,在回旅馆的路上,步子变得轻快起来。

第二天,徐悲鸿带上徐子明先生的介绍信和几幅自己的作品去见恽铁樵。恽铁樵看过信,然后仔细观看徐悲鸿的作品,感到很满意,他对徐悲鸿说:"你画得很好,画插图是没有问题的。商务印书馆出的教科书正需要一批插图,你再画几张插图送来,我请国文部的编辑看看。"

徐悲鸿连夜赶画了一些插图给恽铁樵送去,恽铁樵请他等回音。看得出,恽铁樵很喜欢眼前这个年轻人。

徐悲鸿满怀信心地等待着,他甚至给母亲写了封信,告诉母亲他已经找到工作,希望母亲不要挂念。他还给北京大学的徐子明先生写了

封信，感谢徐先生的厚爱。然后，他冒着雨去街上发信。可是，当他回到旅馆准备休息时，突然响起了一阵急促的敲门声。他急忙打开门，只见恽铁樵先生站在门前，手里拿着一个纸包，语气很沉重地告诉徐悲鸿："事情不行了。"

徐悲鸿急忙打开纸包，发现里面除了自己的画以外，还附有一个叫庄俞的人的批札，上面写着："徐悲鸿的画不合用。"

这突如其来的打击，让血气方刚的徐悲鸿怎么也无法接受，一种无法排解的痛苦和沮丧折磨着他，使他完全绝望了。

善良的黄警顽十分同情朋友的遭遇，尽管他只是一个每月收入十几元的穷职员，然而他还是爽快地收留了徐悲鸿。两个人挤在一张床上睡觉，合盖一条又破又薄的棉被，吃饭两个人也在一起，这让徐悲鸿非常感动，打心眼里感谢这位好朋友。这期间，他每天都去书店或图书馆看书，系统地学习美术知识。他还阅读了大量的中外文学名著，不但深受启发和教益，同时也更加坚定了他不向贫困低头，不向邪恶势力屈服，刻苦学习，发奋成才的信念。

不久，黄警顽为徐悲鸿找到了一份绘制武术挂图《谭腿图说》的差使。徐悲鸿晚上设计勾画草图，白天修改，足足干了半个多月，才完成了这100多幅挂图。这套挂图不久即由中华图书馆出版发行了。徐悲鸿第一次拿到了30块大洋的稿酬。

有了这笔收入，生活暂时可以维持一段时间，徐悲鸿没了后顾之忧，学习更加刻苦了。一个星期天的晚上，他去拜访上海有名的油画家周湘。徐悲鸿坦诚而直率地向周湘先生谈到自己想学习西画，把西画的创作技法运用到中国画之中，以丰富中国画的表现力的想法。他的这些独到的见解得到周湘的重视。徐悲鸿也为自己能结识这样一位画家而感到高兴。第二次去拜访周先生时，他带去几幅自己创作的中国画和西洋画请周先生指教。周先生看完作品，非常高兴地对他说："你在表现手法上已经具备了成功的条件，只要刻苦努力，一定能够成为一个有出息的画家。"

同时，周先生也直率地指出了徐悲鸿作品中的一些缺点。他还拿出自己珍藏多年的一些名画让徐悲鸿欣赏，仔细地给徐悲鸿讲述西洋画的历史和欧洲的各个绘画流派。这使徐悲鸿大开眼界，受益匪浅。

因为工作尚未落实，前途尚难预测，徐悲鸿决意到文化古都北京去闯荡一番。临行前，他精心画了一幅奔马图，准备托来上海洽谈生意的宜兴同乡唐先生带回去，以酬谢曾经热心帮助过自己的乡亲。在唐先生住的旅馆里，徐悲鸿碰上了富商黄震之。黄震之无意中拿起徐悲鸿带来的奔马图，立刻被深深吸引了。他惊奇地说："画得好，这幅画看似漫不经心，一挥而成，实则构图巧妙，章法细密，立意新奇。只是这位徐悲鸿先生现在何处？我在上海算得上是比较富有的收藏家，怎么从未听说过这位画家？"

当他听说眼前这位貌不惊人的小伙子就是徐悲鸿时，感到十分惊讶。他得知徐悲鸿在上海的处境后，十分同情，热情挽留徐悲鸿继续留在上海，衣食住行全部由他解决。

徐悲鸿觉得盛情难却，便决定暂缓去北京。

几个月后，复旦大学春季招生的消息吸引了徐悲鸿，他决定报考这所法国天主教会主办的学校，攻读法文，为以后去法国学习绘画做准备。经过一番努力，他终于以优异的成绩被复旦大学录取了。

进入复旦大学后，徐悲鸿把多数时间用于学习法文，每周只有星期四下午没有课，可以练习素描。他在这里学习了不到半年，就被犹太人哈同办的昌圣明智大学聘为美术指导。

在这期间，徐悲鸿结识了康有为。他对康有为的学识非常敬佩，真心诚意地要拜康有为为师，恭恭敬敬地向康有为叩了三个头，算是行了拜师礼。从此以后，康有为不仅向他传授各种学问，还让他饱览了自己的各种收藏品，包括古今中外的图书、绘画、金石古玩、碑帖，这不仅使他绘事精进，书法也有了明显的进步。

徐悲鸿还尝试结合西画的明暗和透视来丰富中国画的表现力。这对当时陈寂守旧、拘泥古法的中国画坛来说，是一个非同寻常的创举。

正是这种尝试，使徐悲鸿决心到更加广阔的艺术天地中去丰富自己。他决定东渡日本，对世界绘画艺术进行深入的探索。

明治维新以前，日本传统画与清末的中国画一样，一味模仿古人。

自从欧洲绘画被介绍到日本后,融会西画技法的写实主义画风成为明治维新以后日本绘画风格的主流。徐悲鸿来到日本后,除了参观各个博物馆的藏画外,还经常流连于书店、画店,尽全力收集日本出版的美术书籍和美术作品,这些都使徐悲鸿的艺术眼界得到拓展。

1917年12月,徐悲鸿从日本回到上海。经康有为介绍,他带着自己的作品去拜见在北京的罗瘿公。罗瘿公看了徐悲鸿的作品后,非常喜欢,当即将他推荐给教育部长傅增湘。这期间,徐悲鸿还拜访了北京大学校长蔡元培。蔡元培先生曾经看到过徐悲鸿的一幅奔马图,很赏识徐悲鸿的艺术才华,因北京大学没有美术系,蔡元培便专门为他设立了一个"画法研究会",聘请他担任导师。于是,年轻的徐悲鸿暂时在北京定居下来。

北京辉煌灿烂的古代文化,描金绘彩的古典建筑,故宫博物院里收藏的大量绘画珍品,都强烈地震撼着徐悲鸿。他除了在"画法研究会"指导会员作画外,还经常带领会员去郊外写生。他常对会员们说:"我们要立志复兴中国美术,希望在20世纪做出超越先辈的成绩。"

1919年3月,徐悲鸿在蔡元培的帮助下,踏上了去法国求学的道路。他在伦敦作短暂停留之后,便前往巴黎。一到巴黎,他就急不可耐地去参观卢浮宫。徐悲鸿站在达·芬奇的不朽之作《蒙娜丽莎》前,浮想联翩,为达·芬奇高超的绘画艺术所倾倒……

来到巴黎不久,徐悲鸿先后进入徐梁学院和巴黎国立美术学校。他每天上午上课,下午去一所私立的美术研究所画模特。回家的路上,徐悲鸿总是绕道去塞纳河畔的书摊上看图片和书籍。星期天,他通常是带着面包和水壶,去卢浮宫、凡尔赛宫等著名博物馆临摹世界名画。他有时连午饭都顾不上吃,恨不得把所有名画都临摹下来,带回去献给祖国和千千万万的美术爱好者,让更多的人能够观赏、借鉴和学习。

1920年年底,徐悲鸿在巴黎国立美术学校以优异的成绩升入油画班学习。留学生的生活是清苦的,尽管这样,徐悲鸿还是坚持从少得可怜的生活费中挤出钱来购买书籍和绘画作品,开阔自己的艺术视野。他还经常去动物园写生。动物园里有一群野马,它们或卧地小憩,或悠闲地啃草,或昂首长鸣……徐悲鸿非常喜欢来这里观察马、画马,这为他后来创作各种神态的马奠定了良好的基础。

两年后,徐悲鸿以优异的成绩通过了巴黎国立美术学校的毕业考试。从此,他一步步登上绘画艺术的巅峰,成为一代美术大师。

周恩来

（1898—1976）
中国无产阶级革命家、
政治家、军事家、外交家

为中华之崛起而读书。

——周恩来

在中国现代史上，有"一个罕见的受人爱戴的人"，他"赢得了他的朋友和敌人的尊敬"。他不愿被人称颂，然而，全世界人民都在称颂他、怀念他。这个人就是周恩来。他是中国无产阶级革命家、政治家、军事家、外交家，中国共产党、中华人民共和国的卓越领导人，中国人民解放军的主要创建人和领导人。

在我国东南部，大运河与淮河交会的地方，有一座很古老的城市，这就是江苏省的淮安县城。1898 年 3 月 5 日，周恩来出生在这里的一个没落的清朝官吏家庭。

周恩来的降生给全家人带来喜悦，父母为他取名叫"大鸾"。鸾是像凤凰一样的神鸟，可见父母期望周恩来能展翅高飞，青云直上。后来，又为他取名"翔宇"。

周恩来的表舅龚荫荪是革新派人物，在家里他带头剪掉了清朝政府规定人人必须留的辫子。他还聘请了一个有学识的开明秀才周先生当家塾老师，使自己的女儿也有读书的机会。周恩来的勤奋好学和聪明令龚荫荪十分喜欢,他把周恩来接到家里住,还让他与自己的儿女们一起跟周先生读书。

周恩来同龚家的表姐妹、表兄弟们相处得很好。他们常玩"捉洋鬼子"的游戏。"洋鬼子"和"坏蛋"捉到以后,由周恩来当"法官"进行"审判"。每当这时,满脸稚气的周恩来就爬上一个高台阶,严肃地述说"洋人"、"坏蛋"的"罪状",大声宣布对他们的惩处。周恩来的话音一落,所有"战士"便齐声欢呼起来。

有一天,曾在龚家当过丫头的一个姑娘偷偷跑回来,请求龚家收留她。原来,她父亲把她卖给了一个有钱人当小老婆,经常挨打受骂,她实在忍受不下去了。龚家的老太太看着那个泣不成声的姑娘,叹着气说:"唉,忍着吧!这是天命,你还是回到夫家的好。"

周恩来在一旁听了,大声说:"不!让她住在这里,永远不要到那个人家去!"

老太太说:"真是小孩子见识,要是夫家来找她,怎么办?"

周恩来说:"要是那人来找,大家一齐动手把他打出去!"

"打出去?"老太太惊愕得瞪大了眼睛。

"是啊,他能欺负一个女孩子,我们为什么不能同他讲理,把他轰出去?"

老太太听了连连摇头:"孩子话,孩子话!"

可是表舅龚荫荪却大加赞赏地说:"嗯,好!恩来这孩子有见识,有肝胆,将来一定有出息。"

周恩来12岁的时候,在东北工作的四伯父周贻赓来信说,希望把周恩来接到东北,在自己身边读书。1910年夏,周恩来来到东北。他先在铁岭的银岗书院读了半年书,然后转入沈阳东关模范学校继续读书。

东关模范学校是一所条件很好的学校,校舍是两栋红柱青砖的两层楼房。能在这样好的学校读书,使周恩来感到莫大的幸福。然而,乍到北国,人地两生,吃的是不习惯的高粱米、玉米面,再加上身体向来"文弱",一个少年,难免会觉得处处有困难。还有一些好欺负小孩子的大同学,瞧不起他,经常打他。

周恩来是个顽强的人,决不轻易在困难面前低头。冬季的凌晨,天边还留着几颗残星,学校附近的一条小河边就出现了周恩来跑步的影子。寒风吹在他脸上像刀割一般疼,呼出的热气在他胸前结成了冰花,他全然不顾这些,依旧跑着、跑着。三年过去了,周恩来已经完全改变

了生活习惯，适应了艰苦的环境，增强了体质，锻炼了肠胃，变成了一个健壮而英俊的少年。

为了对付那些好欺负小同学的大孩子，周恩来就和许多受欺负的小同学交朋友，结成"同盟"。大同学无论欺负他们中的哪一个，大家都会一起上前评理，保护弱小同学。

男子留辫子本是满族人的习俗，满族的统治阶级建立了清王朝后，强迫全国男子都留辫子，以示臣服。清末，革命派人物首先剪掉了自己头上的辫子，以此表示反清。沈阳东关模范学校的一位史地教员高亦吾就是一位剪了辫子的革命派人物。周恩来在听高老师讲课时，总是被他宣讲的革命志士的爱国英雄事迹所激动。

不久，辛亥革命成功的消息传到沈阳，学校里立刻沸腾起来，师生们为中华民国的建立而欢呼雀跃。在欢呼声中，年轻的周恩来找来剪子，剪掉了象征奴役的辫子。他是学校里第一个剪掉辫子的学生。

周恩来在沈阳读书的时候，还是个十几岁的少年。有一天，学校的魏校长把同学们召集起来，问大家："读书为了什么？"有的同学说："为了给自己将来找出路。"有的同学说："为了能发财致富。"还有个同学说："为了帮助父母记账。"

魏校长问周恩来："你为什么读书？"周恩来站起来，大声说："为中华之崛起而读书。"魏校长非常激动，号召大家向周恩来学习，树立远大的志向。

周恩来在校期间，学习成绩始终名列前茅。他还特别注意课外阅读，所读的书范围十分广泛。他还常把几本书对照着阅读，在内容上加以比较。他的作文曾经被选送到省里，作为模范作文印行。

1913年春天，周恩来在沈阳完成了小学的学习，考入了天津南开学校，同住在天津的伯母周杨氏一起生活。

周恩来在天津的生活是很清苦的。伯母家的生活非常拮据，周恩来就尽量利用课余时间给学校抄写教材或刻蜡版，挣一点钱来补贴家用。

　　南开学校校规很严，要求学生必须穿着整洁。周恩来本来就是个爱整洁的孩子，他的衣服无论多么破旧，都要补好、洗净，整整齐齐地穿在身上。那时候，周恩来只有一件蓝布长衫。他非常爱惜这唯一的一件蓝布长衫，每到星期日，他都自己动手把它洗净，当夜烘干，星期一又穿着它去上学。

　　周恩来在南开学校仍然是最优秀的学生，他的学习成绩总是名列全班第一名。他才思敏捷，作文常常不打底稿便挥笔成篇。

　　周恩来还利用课余时间，阅读能够得到的一切传播新思想和新知识的书刊。有一次，他看到一部《史记》精印本，就用自己的伙食费买回了这部书，津津有味地读起来。

　　像周恩来这样品学兼优的学生在南开的校史上是少见的，全校师生都很敬重他。周恩来贫困的生活和优秀的学习成绩强烈触动着老师们的心，甚至感动了学校当局，学校宣布免去周恩来的学杂费，于是，周恩来成了南开学校唯一的一个免费生。

　　周恩来从南开学校毕业时，列宁领导的俄国十月革命还没有爆发。当时，中国有许多青年去日本留学，想从那里求得救国救民的理论和方法。周恩来也决定去日本留学，经过多方筹措准备，他终于在1917年9月到达了日本东京。

　　在东京，周恩来与另外两名中国留学生合租了一间小房子。他先是学习日文、补习大学的功课，后又到东京早稻田大学去旁听。除了学习，他还详细地考察了日本的社会状况。

　　不久，列宁领导的俄国十

月革命爆发了。周恩来如饥似渴地阅读报刊上关于十月革命的报道，仿佛在密布的阴云之中看到了一线光明。

慢慢地，年轻的周恩来开始向马克思主义者转变，他的生活开始进入一个崭新的阶段。

为了反对日本政府向中国政府提出的出兵西伯利亚的要求，中国留学生在东京神田区的中国餐馆集会。周恩来为大会起草了抗议书，抗议日本政府对中国的侵略、污辱，抗议国内军阀的卖国行为。日本政府派警察包围了中国留学生集会的地方，逮捕了学生领袖。

中国留学生集合起来到中国驻日本公使馆游行示威，结果又一次遭到日本警察的镇压。于是，中国留学生在神田区的中华青年会馆召开了抗议大会，决定集体回国，以抗议日本政府的暴行。

周恩来参加和领导了这次斗争，并下决心早日回国，参加日渐高涨的国内革命斗争。

1919年4月，周恩来回国，在五四运动中成为天津学生界的领导人，并参与组织进步团体觉悟社。同年9月入南开大学学习。

1920年，周恩来去法国勤工俭学。在法国，他一面读书，一面写文章，还阅读了《共产党宣言》、《共产主义原理》等许多进步书籍。1922年，周恩来和赵世炎等组织旅欧中国少年共产党，周恩来负责宣传工作。从此，他正式走上了革命的道路，并逐渐成长为一名杰出的革命家。

张大千

（1899—1983）

中国画家

我们要用心体会自然，摄取自然的精神。

——张大千

20世纪40年代初期，一位年轻的画家风尘仆仆地来到敦煌莫高窟，悉心临摹里面的巨幅壁画。他以勤奋、刻苦的精神，用了两年半时间，完成了260多件巨幅壁画的临摹工作，为保护和收藏中国古代绘画做出了巨大贡献。

这位画家早年遍游祖国的壮丽山河，泰山、华山、黄山、桂林……都是他创作的源泉。

他一生浪迹四海，1942年寓居香港；1950年赴印度展出作品，住印度大吉岭年余；1952年在南美巴西定居，此后又去欧美、日本写生作画……1983年4月2日在我国台湾省病逝。

他就是举世闻名的国画大师、被誉为"五百年来第一人"的张大千先生。

1899年5月10日，张大千出生于四川省内江县，他是家中的第八个男孩，原名张正权。他自幼跟母亲学画，从小就表现出这方面的天赋。

张大千 12 岁的时候，父亲因事错怪了他，他一气之下，和邻居家的一个小伙伴负气出走。当天晚上，他们便来到 15 公里以外的一个小镇，两个人蜷缩在人家的屋檐下过了一夜。第二天，两人肚子饿得咕咕叫，身上却没有一文钱，怎么办呢？最后，还是张大千想出了一个主意，他拖着伙伴，走进一个农家小院，对一位正在晒太阳的老汉说："大爷，我给你老人家画花鸟、写对联，要不要？"

老汉一听这孩子口气好大，来了兴趣，乐呵呵地跟他打趣："收不收钱呀？"

"不收钱，就是我们肚皮饿了，画完之后给个饼吃。"

老汉更乐了，他把两个孩子叫到跟前，想看看这个毛遂自荐的孩子到底有啥本事。老汉找出两张红纸，要张大千写一副对联。张大千略一沉思，然后挥笔写道："生意兴隆通四海，财源茂盛达三江。"这是他从城里一家饭铺的柱头上看来的。老汉一看心里一惊，他从没见过哪个小孩子能写出如此工整、秀气的字，当即叫儿子买来几碗面给张大千和他的伙伴吃。这桩新闻在村里不胫而走，老汉的院子里很快挤满了来看热闹的人。

张大千吃饱后，兴致更高了。他在院子里的八仙桌上，时而写字，时而作画，不一会儿就创作了一长串作品。村里人开始对这个比桌子高不了多少的孩子刮目相看，并纷纷上前求画、求字。

这是张大千第一次独自用笔解决吃饭问题。

1912 年，从未进过学堂的张大千，背起书包，跨进了内江的华美初等小学堂。

每天晚上，他都伏在雪亮的汽灯底下，先完成老师布置的功课，然后跟着母亲学习绘画。这时，他已经不再满足于画工笔画，还经常照着家里细瓷碗上的花鸟、山水，试着画一些写意画。为了使他更快地提高绘画水平，1914 年，父亲决定送他去重庆曾家岩的求精中学学习。

在中学里，身穿蓝布长衫、脚蹬圆口布鞋的张大千，看上去简直太土气了，城里那些穿洋布学生装、蓄着漂亮的学生分头的同学经常嘲笑他又土又傻。

但很快同学们便改变了对张大千的看法，因为他写得一手好字，绘画水平也没有人能与之相比。

4 年之后，张大千离开求精中学，东渡日本求学。载着他远行的大船，笼罩在一片白茫茫的晨雾中。船儿在波涛汹涌的大海里轻轻摇

荡着，张大千的心也在轻轻摇荡……

到了日本，张大千先去东京，同在那里的二哥见面；然后又去日本古城京都，考入京都艺专，学习染织。平时没事，他最爱到市里闲逛，经常光顾书店和画店，家里寄来的钱，他大都用于购买各种美术书籍。当然，最使他受益的，还是在日本打下的写生基础。

有一次，二哥约他去富士山，他看见许多日本画家在那里全神贯注地写生。二哥告诉他，东洋和西洋学画的人，最爱用这种方式来提高绘画技法，搜集创作素材。

这以后，张大千也学着去郊外或公园写生。跟别人不同的是，他从不用铅笔写生，而是用毛笔，这种习惯一直保持到他晚年。

1919年，张大千从日本求学归来，受聘于上海基督公学。不久，经人介绍，他认识了当地名士曾熙，并拜在他的门下。曾熙字子辑，别号农髯，是当时有名的书法家，善写隶、篆、魏碑各体。在以后漫长的人生岁月里，他给了张大千很大的帮助。在良师的指导下，张大千晨晓即研墨，深夜还挥毫，书法水平有了长足的进步。

这期间，张大千突然爱上了戏曲艺术。他经常去看戏，还和梅兰芳、马连良、俞振飞等著名戏曲表演艺术家建立了很好的关系。他一生泡在戏院里的时间，仅次于作画写字的时间。

在曾熙的介绍下，张大千又师从李瑞清先生学习书法。学书之余，两位老师对绘画的一些见解，也使他受益匪浅。

在李瑞清先生的悉心指导下,张大千开始研究、模仿八大山人的墨荷和石涛的山水。经过半年多的勤学苦练,他便将八大山人和石涛的绘画技巧全部掌握了,甚至还惹出了一桩以假乱真的"公案"。

有一次,著名山水画家黄宾虹来李瑞清家与其切磋画技,在观赏石涛真迹时,黄宾虹对其大加赞扬,不想站在一旁的张大千竟然脱口说出一句:"石涛的画我也能画!"

黄宾虹抬头一看,见是一个 20 多岁的年轻人,便未加理睬,而是低下头继续兴致勃勃地赏画。

大约过了四五天,黄宾虹先生又来了,刚一进门,就兴致勃勃地对李瑞清说:"今天,我花钱不多,就买到了一幅石涛的真迹。"他边说边将画铺到案几上。谁想,站在一边的张大千又说出一句让人扫兴的话:"这算什么真迹,是我的仿作。"

黄宾虹气得浑身乱颤,说不出话来。李瑞清先生也气得大声斥责道:"休要无礼!"

"这的确是我画的,揭开这幅画的右下角就知道了。"张大千边说边撕开绫边,宣纸右下角果然有一个记号。这一下,两位先生都怔住了。

原来,张大千前几天受了冷落后,便关起门来临摹石涛的画,然后从中选出两幅得意之作送到城隍庙的一家画店。这两幅画经过裱褙师傅的一番认真处理,俨然成了石涛的真迹。谁想黄宾虹在逛画店时,不小心上了这个毛头小伙子的当。

当时张大千学画需要很多钱,而家里能提供的钱款十分有限,于是他便仿制了一批石涛字画,不仅笔法像,连纸绢、款识、题咏都相当考究,使人难辨真假。不少附庸风雅的达官贵人和喜爱中国字画的日本人,甚至一些书画收藏家,都纷纷争购,这使张大千的经济状况有了好转。

1925 年夏末秋初,张大千在上海宁波同乡会馆第一次举办了他的个人画展。作品以山

水为主，另有花卉、仕女，不多不少，刚好 100 幅。

　　展览开始不久，便从门外传来一阵阵私家黄包车的铃声，张大千一撩长袍，兴致勃勃地迎了出去。只见上海书画界的老前辈们，正斯斯文文地走下车来。在展厅里，他们对张大千的画赞不绝口，很多人还以高价购买了他的画。

　　这次画展，奠定了张大千在画坛上的地位，坚定了他走职业画家道路的决心。

　　在这之后的几年间，张大千又在苏州、北平、南京等地多次举办个人画展。他的作品形神兼备，自成一家。这些具有浓郁生活气息的作品，震动了中国画坛，给张大千带来了更大的名声。

张
大
千

255

海明威

（1899—1961）

美国文学家

> 一个人并不是生来要被打败的。你尽可以把他消灭掉，可就是打不败他。
>
> ——海明威

1961年7月2日，墨西哥城天气晴朗，阳光灿烂。这天是星期天，人们照例拥到斗牛场去看斗牛表演，这是全城人重要的消遣方式，人们期待着能有一场精彩的斗牛表演使自己度过一个愉快的假日。在斗牛表演的间隙，一个报童突然奔到观众中间，口中大声叫喊着，手里挥动着报纸，报纸上有两行让人触目惊心的大字标题：

海明威自杀！

丧钟为海明威长鸣！

消息迅速传遍了全场，斗牛场里顿时一片死寂，人们似乎都被这消息惊呆了：不，不可能！海明威那么强壮有力，从不向任何人、任何困难低头，他怎么会采取这样的方式告别这个需要强者的世界？

但，这却是真的。

就在这天早晨，海明威用自己最喜欢的那枝猎枪击中了自己的头部。在非洲打猎时，他曾用这枝枪击中过羚羊、鬣狗甚至狮子，现在他又用这枝枪结束了自己的生命，最后一次证明了自己是坚强的，坚强得足以打败病魔,拒绝命运安排给自己的死亡方式和时间。他用一种特别的方式,给自己充满传奇色彩的一生画上了一个悲壮的句号。

性格决定命运,海明威这种孤傲、宁折不弯的性格从他童年时期就养成了。

1899年7月21日,海明威出生于美国北部的伊利诺伊州的一个名叫橡树园的小城,他是家里的第二个孩子。他的父亲克莱伦斯·海明威是个医生, 业余时间几乎全部花在自己的两大爱好——钓鱼和打猎上。海明威的母亲则出身于上流社会,受过专门的音乐教育,她看重的是文化修养。

也许因为海明威是家里的第一个男孩,所以父亲和母亲都希望儿子能继承自己的兴趣和爱好,于是他们各自都努力按自己的方式来培养教育他们的继承人。海明威3岁的时候,父亲就给他买了一根钓鱼竿,而没过多久,母亲则送了他一把大提琴;父亲每到星期天都要带儿子去森林里打猎,而母亲却拉着海明威去教堂唱诗班;海明威过10岁生日时,父亲的礼物是一枝一人高的猎枪,母亲苦心准备的则是讲究礼仪、合乎传统的生日宴会。

对于一个天性活泼好动的男孩来说,森林、小溪和飞禽走兽显然比音乐更有吸引力,在大自然中无拘无束地乱跑乱叫比在教堂里或宴会上规规矩矩地行礼更舒服,所以他常常同时得到父亲的夸奖和母亲的批评。

不过海明威显然不把这些夸奖或者指责放在心上,照样在可能的情况下按照自己的意愿行事。他最愉快的时候是在他家的夏季别墅度假。那是一个宁静偏僻的荒野地带,没有橡树园的那种文明的约束,他可以赤脚在地上奔跑,向飞起来的野鸭开枪,或者坐在溪水旁,等待着巨大的凸眼狗鱼上钩。而大提琴呢,则静静地倚在墙角,如果母亲不摧促,他连碰都不去碰它。

也许正是这无拘无束的生活,给海明威的成长创造了文明社会中难以提供的条件。大自然的宽广、多姿、奇异,自然界生物间的生存搏斗,使他没有成长为一个循规蹈矩、谨小慎微的谦谦君子,而成为了一个坚强的斗士。一件小事使他终身难忘。

一次在森林里,他忽然听到一阵响声,扭头看去,发现一条并不很粗的蛇捉住了一个比它粗一倍的蜥蜴,正张开大嘴,吃力地把蜥蜴往肚子里吞。蜥蜴挣扎着，每当那条蛇停下来喘气的时候，蜥蜴就挣扎着从蛇嘴里退出一些。但是无济于事，15分钟之后，那条蛇满足地把头缩回到它盘卧的地方，在它的肚子里，仍然活着的蜥蜴还在乱踢乱跳。

海明威呆在那里，像被电击了一样，忘记了恐惧，也忘记了离开。他忽然模糊地意识到，在这个世界上，任何一个人，任何一个生命，不论大小，不论强弱，都不是必然的强者和弱者，而胜利和灭亡却是如此的惨烈，又是如此的简单。也许就是从这时起，他已经决定了不管怎么样，一定要做一个强者。

14岁的时候，海明威升入了橡树园高级中学。他比同龄人高大，肩膀宽阔，脖子短粗，像一头小公牛。

一天，在《芝加哥论坛报》上，他看到了一则拳击训练班招生的广告。他高兴极了，马上回家请求父亲允许他去报名。像往常一样，这件事又引起了父母的争论，父亲自然是极力赞成，而母亲却毫不犹豫地投了否决票。母亲认为，海明威虽然功课很好，但他花在课外活动上的时间太多了，而在学业上、尤其是在音乐上下的功夫太少了，更何况拳击又是那么一种危险、激烈而又难看的运动。"我的儿子以后应该是个音乐家，而绝不当一个什么拳击手。"

海明威当然不死心，在以后的几天里他软磨硬泡，甚至以离家出走相要挟。奋斗的结果是他终于能去上第一堂拳击课了。

海明威来到拳击训练班，拳击教练看了看他，招手叫来了一个魁梧的年轻人，他叫扬·奥赫斯，是中量级拳击手中的佼佼者，拳击教练让他们俩先打两下试试。这位职业拳击家瞟了一眼海明威，拍了拍他的肩膀："好吧，我先陪你轻轻地练两趟。"海明威没有说话，戴上手套冲上去就打。

拳击家开始只是防守，或者不轻不重地出拳打几下，但海明威越打越猛，拳击家也不得不全力应付，到后来，拳击家似乎也忘了这是一次试探性的陪练，真的动起手来，大有一决胜负的味道。

一分钟后，海明威躺倒在地板上，鼻子破了，满脸是血。

回家的路上，海明威懊恼地对和他一起来的同学说："这种情况我早就料到了。"

"那你为什么还要和他打？你不害怕吗？"

"当然害怕，不过我无论如何要试一试。"

第二天，海明威鼻子上贴着纱布，眼睛底下又红又肿，又出现在了拳击场上。

　　20个月过去了,别的同学早就纷纷退出了拳击场,而他仍在拳击场上苦练。他一次次地受伤,头部挨的一拳,严重地损伤了他的一只眼睛,医生担心他的另一只眼睛也要受影响,母亲为此忧心忡忡,但无论她是吵闹还是哭泣都不能使海明威离开拳击场。

　　更使母亲发愁的是,海明威的兴趣并不仅仅局限于拳击。在足球场上,也常常可以见到海明威在拼命地奔跑,在这里,他也像初登拳击场一样,奋不顾身,竭尽全力,腿撞伤、头碰破几乎是家常便饭。这个十几岁的小伙子不放过让自己经受考验的任何机会。而在这种时候,母亲对他的控制力显然是越来越微弱了。

　　能让母亲感到一些安慰的是,海明威的功课一直很好,他不仅在拳击场和足球场上出人头地,他所喜欢的几门课程的学习成绩也总是名列第一,尤其是他的写作才能,绝对称得上出类拔萃。

　　他的教师们后来回忆起那时的海明威,曾说过这样的话:

　　"他是当然的优等生,在文学表达方面很有天赋。进校头一年,他对于现实中的惊险场面就怀有无穷的兴趣。"

　　"我记得,他在课内写的东西完全与众不同,在我看来简直不像布置的作业。"

　　不知从什么时候起,海明威又迷上了写作。1917年,他在《写作园地》上发表了自己的第一篇短篇小说《赛皮·金根》,描写的是一个行凶和复仇的流血事件。其暴力的主题、简明的结构以及人物对话的方式,完全就是后来标准的海明威风格。

　　作为校刊的编辑,海明威从1916年11月到1917年5月间写了大约24篇故事,这些故事构思巧妙,题材丰富,写得洋洋

洒洒,他也以此来锻炼自己的写作技巧,似乎有迹象表明他准备一辈子走这条路了。而他的母亲却对这一点根本不喜欢,她很重视儿子的学业,却反对他去当一个整天东跑西颠的新闻记者或者在一间零乱的顶楼上当一个饿肚子的作家。但这时她已经完全控制不住海明威了,这头小公牛已经长大了,越来越不安于橡树园那种温文尔雅的中产阶级生活,渴望着刺激,渴望着冒险。他要去闯世界了。

1917年4月,美国宣布参加第一次世界大战,这对海明威来说,无疑是一次极好的冒险的机会。这时他刚刚拿到了中学的毕业文凭。他和几个同学立即赶到兵役局,要求参军。

遗憾的是军医只是朝他简单地瞟了一眼,就把他推到一边——很简单,军队不需要眼睛受过伤的青年,就算是海明威也不行。

海明威沮丧透了,但他下定决心,即便当不上兵也不再留在家里了。他简单地对母亲说要去堪萨斯找工作,就离开了家。由在堪萨斯经商的叔叔介绍,他当上了《堪萨斯明星报》的见习记者。

这种新鲜而又富有刺激性的工作立刻吸引了海明威。而他最热心报道的是与行动、暴力和灾祸有关的事情,每当有这类事情发生,他总会出现在现场。

与此同时,他也接受了严格的新闻写作训练:要用短句,要有明快的风格,要切实可靠,要用动词,不许用形容词,删去尚有怀疑的段落,删去一些句子,删、删……能用一个字表述的不用两个字。

海明威后来说:"这些就是我在写作方面所学到的最好的准则。我从来没有忘记过这些东西。一个有才能的人在真正感受和如实描写他要表达的一件事情时,只要遵守这些准则便万无一失。"

这使人一下子就想起海明威那名闻遐迩的"电报体"文字风格,以及一些诸如海明威总是用一只脚站着写作的传闻和逸事。

尽管海明威在报社干得如鱼得水,但是他从没丢下去参

加战争的念头。1918 年 5 月,他终于如愿以偿了。虽然只是美国红十字会战地服务队的一员,还算不上真正的军人,但是这也已经让他"简直激动得要发狂"了。他踌躇满志地随队来到了意大利。

但还不到一星期,他就开始抱怨了——他们远离前线,看不到真正的战争。

有志者事竟成,海明威终于找到了一个能接近前线的工作,虽然任务只不过是往战壕里送香烟、巧克力和口香糖。但可以看见敌方枪口的火光,听到炮弹在头上呼啸,对他来说已经可以算是投身战争了。

可惜的是,仅仅过了一星期,他就被抬下了前线。

那天夜里,海明威正在前沿阵地分发巧克力,奥地利军队的迫击炮弹飞了过来,落在他附近爆炸,他的头部、上肢和下肢都被炸伤了。当他醒来后,看到附近有一个受了重伤的意大利士兵,便背起他往急救站走去。随着一阵猛烈的机枪扫射,他又一次倒在血泊中。

在医院里,医生发现他的身上一共中了 237 块弹片,整个身子简直像个筛子。值得庆幸的是,在做了 13 次手术之后,他竟奇迹般地活了下来。3 个月之后,他已经痊愈了。

11 月,大战结束了,海明威带着意大利政府授予的十字军功奖章、银质奖章、勇敢奖章以及退伍证明书于 1919 年 1 月 21 日在纽约港踏上了祖国的土地,接着又回到了橡树园。

尽管纽约以及橡树园为了迎接他们这些战士的归来曾经热闹了一阵,但这一切很快就被淡忘了,摆在海明威面前的,仍是过去的一切,所不同的是在旧的苦恼之上又增添了新的苦恼——强烈刺激之后的平淡无奇和无所事事的苦闷,战争不仅给他带来了荣誉,更多的是创伤——肉体的和心灵的。他常常在睡梦中惊醒,耳边仍然是震耳欲聋的枪炮声。

在经过了一段时间的苦闷和彷徨之后,海明威最终下定了决心:当一名作家。

于是,在世界文学名著的宝库中又多了这样一串耀眼的珍珠:《永别了,武器》、《丧钟为谁而鸣》、《老人与海》、《乞力马扎罗的雪》……

于是,在诺贝尔文学奖的获奖名单上,又写下了这样一个辉煌的名字:欧内斯特·海明威。

希区柯克

（1899—1980）
英国电影导演

一般影片都是一段段生活的片断，而我的影片全是一块块有馅糕饼。

——希区柯克

　　他被称为悬念大师。他导演的影片大部分是惊险片，以情节离奇曲折、故事扑朔迷离著称。看过他的影片的人，无不为其巧妙设置的悬念和出人意料的结局而赞叹。在西方的电影大师中，希区柯克可能是争议最大的一位。有人赞美他，认为他是不可多得的天才，丰富和发展了电影的拍摄技巧、表现手段和娱乐功能；也有人对他很不以为然，认为他只是一位技巧大师，一个制造错综复杂情节的魔术师，换句话说，他的影片缺少深刻的内涵。但更多的意见倾向于，一位艺术家要在不放弃他的艺术理想的情况下使自己被社会接受，而希区柯克就是一位很好地解决了与公众交流这一问题的导演。

　　希区柯克在导演技巧上，确实做出了独特的实验性的尝试，即不用剪辑，而采用连续拍摄来达到扣人心弦的悬念效果。这种技巧成为电影史上罕见的创举。他拍片十分认真，每部影片都留下了令人难忘的场景。如在电影《蝴蝶梦》中，笼罩着一种奇特的恐怖气氛，然而却不曾出现一个恐怖镜头。

　　希区柯克十分谦虚，他一生从影53年，拍了54部片子。但他从不承认自己是个艺术家，只说自己是个讲故事的人。他也确实是个讲故事的能手，并善于巧妙而熟练地运用电影艺术的特性，把一个平庸的故事讲得有声有色。他善于制造悬念，常常一波未平，一波又起。为了表彰他的成就，美国电影研究院 1979 年授予他"终身成就奖"。他还于 1980 年 1 月 1 日被英国女王册封为爵士。

1980 年，希区柯克在筹拍他的第 54 部影片《短夜》时，心脏病突发，死在轮椅上。人们在痛悼这位大师的同时，也感到困惑不解，因为这里面也有一个悬念：在一年前，当希区柯克 80 岁生日时，好莱坞为他举办了盛大的庆祝会，许多著名电影演员和导演都来给他祝寿。他却举杯微笑着对人们说："好莱坞的祝寿是欺骗，很多电影艺术家在祝寿一年后就死去了。所以当我收到这份请帖时，心里在想，这不是祝寿，而是告别！"人们被这位大师幽默的话语逗乐了，却没有人把这话当真。但谁知一年后，他的这番话居然成了事实。这是无意中的巧合，还是一语成谶？这件事，是这位悬念大师给人们留下的最后一个悬念，一个永远无法解开的悬念。

1899 年，在伦敦的一所旧房子里面，一个婴儿呱呱坠地了。孩子的父亲是个商人。看到这个健康的婴儿，他心中充满喜悦，他给自己的儿子取名为阿尔弗莱德·希区柯克，希望他长大后能成为一名有教养的绅士。

让自己的孩子成为绅士，这当然是天底下很多父母的愿望。但事与愿违，小希区柯克生性顽皮，一点儿绅士派头也没有。他四五岁时，就弄得家里人很头疼，不是打破了杯子，就是从桌子上摔下来。他在家中闹够了，就到外面惹是生非。邻居们不时怒气冲冲地敲开他家的门，抱怨小希区柯克打伤了自己家的孩子，或打碎了窗子上的玻璃，老希区柯克只好赔出一副笑脸，出钱赔人家的玻璃或医药费了事。

老希区柯克是位虔诚的天主教徒，他一生恪守教规，对子女们的管束十分严格。但打归打，骂归骂，儿子们依然我行我素——你有千条妙计，我有一定之规。在 8 岁那年，小希区柯克竟然以为自己是一个探险家，瞒着家人独自乘坐公共汽车环游伦敦全城，走遍了伦敦的每一条街道。这个幻想家还常常跑到码头上，对照地图和轮船航行时间表，记录下所有来往船只的行程路线。他渴望离开伦敦黝黑的街道，离开家，到更广阔的世界里去尽情遨游。

对一个孩子由于广泛的兴趣和求知欲而导致的"顽皮",一向虔信宗教而又循规蹈矩的父亲显然难以理解。有一次,他灵机一动,想出了一条"妙计"来惩罚儿子。他万万没想到,这个近乎恶作剧的行为竟然对儿子的一生产生了深刻的影响。

一天,小希区柯克又一次惹了祸,盛怒之下的父亲照例狠狠打了他一顿。所不同的是,他把小希区柯克叫到自己的房间,把一封信和一个地址交给他,说是给一位朋友的信,要他按照地址把信送去。

对这个只有六七岁的孩子来说,挨打是家常便饭,送封信自然也算不了什么。他只是不明白母亲为什么眼泪汪汪地看着父亲,劝父亲不要让他去送这封信。

小希区柯克按照地址找到了他要去的地方——原来是警察局。一个警察问他有什么事,他拿出信,交给了警察。那警察看了信,上下打量了他几眼,然后说:"那么,跟我走吧。"他领着这个莫名其妙的孩子来到一个小房间,让他进去,然后在门上上了锁。万分吃惊的小希区柯克用拳头敲着门,高声叫道:"放我出去!放我出去!"他哪里知道,爸爸被他惹火了,想出这个法子来整治他!爸爸在那封信上请求警察关他几天禁闭。

夜深了,小希区柯克一个人坐在黑屋子里,害怕极了。他想起以前听过的鬼怪的故事,感到黑暗中有许多看不见的东西会随时向他扑来。他不敢睡觉，睁大眼睛观察着周围的一切，想竭力对抗那来自寂静中的恐怖。3天后，警察把他放了出来，可是他内心起了变化，一种无法看见的变化：他心中深深地埋藏起恐怖的种子。很多分析家认为，也许正是这段不同寻常的经历，对他心灵产生了巨大的影响，使他日后对恐怖和悬念有着特殊的敏感。

顽皮得难以驯服的希区柯克终于小学毕业了，这一年他12岁。他先是进了教会办的圣莫斯学院，后来又考入伦敦大学，攻读机械专业。这时他变得好学起来，对各类知识都有着浓厚的兴趣。父亲过去曾为儿子的不争气而大伤脑筋，现在开始改变了印象。他哪里知道，过去儿子的顽皮并不是因为品质上有什么问题，而是由于他有着超常的能力和旺盛的精力，他对一些新鲜事物有着超乎寻常的兴趣。

希区柯克除了自己的专业外，还兼修了电学、力学、航海、美术和政治经济学。他还对绘画产生了浓厚的兴趣，每天都要画上一段时间画。大学毕业时，他找不到理想的职业，后来有位亲戚介绍他到电报局工作，那里薪水很高。但出于对艺术的热爱，他宁愿拿电报局一半的薪水，到一家百货公司做广告设计，因为在那里可以施展他的画笔。

1920年的一天，21岁的希区柯克在报上看到美国名演员兰斯奇创办的电影公司在伦敦设立分公司拍电影的消息，很感兴趣。他从小喜欢看电影，电影对他来说非常具有神秘感，而他又特别喜欢从事具有神秘感的工作。于是，他前去谋职。他运气还不错，被录用了，但是被分配去做配画标题设计员。这在电影公司是最没有意思的工作，待遇也非常差。但希区柯克并不灰心，他懂得凡事都要经过努力，一步一步从头做起。他施展出自己的全部才华，绞尽脑汁，为那些无声片绘制对白字幕，并配上奇妙的插图，这一创举在当时深受欢迎。正是这种看似平淡的工作，使他得到了锻炼和提高，使他日后能够在影片的画面构图上表现出过人的才华。

渐渐地，希区柯克的才华不断得以展露。3年后，吉士堡电影公司请他去编写剧本。这一时期，他除了担任编剧外，还当过副导演、美工和制片。多方面的锻炼，为他日后成长为一名大导演奠定了坚实的基础。1925年，他独立导演了《乐园》。而《房客》的问世，已经开始向人们预示：又一颗璀璨夺目的新星正在冉冉升起。这位小学徒正在向大师的行列迈进。

迪斯尼

（1901—1966）

美国动画大师

> 我希望我们千万不要忘记，我们的事业是由一只老鼠开创的。
>
> ——迪斯尼

人们永远不会忘记这一天，举世闻名的动画大师、迪斯尼公司的创建者沃尔特·迪斯尼，离开了他毕生为之奋斗的事业，离开了他的家人和他心爱的动画人物。他死得很平静，也很突然。尽管他一直患病住院，但就在去世的前一天，他还显得轻松、自信，同前来看望他的哥哥谈了一个小时的工作。哥哥罗伊离开医院时相信他一定会康复的。没想到在第二天上午 9 时 35 分，死神轻轻合上了他的眼睛。

这一天是 1966 年 12 月 6 日。

他的死引起了全世界的哀悼。人们追怀他的业绩，钦慕他的献身精神。他的名字已牢牢地和米老鼠、唐老鸭以及迪斯尼乐园联系在一起。

在这个世界上，几乎没有人不知道米老鼠和唐老鸭。这两个生动有趣的动画形象，已经深入到每一个家庭，成为孩子们心爱的朋友。米老鼠的憨直、天真，唐老鸭的自命不凡和莽撞，常常使电视机前的小朋友们捧腹大笑。除了米老鼠、唐老鸭之外，迪斯尼还创作了大量的动画片，如《三只小猪》、《白雪公主》、《小鹿班比》、《木偶奇遇记》、《小飞象》等等。这些都是世界电影史上的瑰宝。

迪斯尼乐园更是一个前所未有的创举。这个集博览会、游乐园、社区中心、生物博物馆等于一体的娱乐场所，里面充满了奇花异草和各种鱼、鸟，以及各式各样的古代城堡。游人在这里，既可以由土著带领乘船探险，也可以进入美丽的童话世界，或者感受一下西部的游侠生活。这里的游乐设施更是多得数不过来。

迪斯尼乐园吸引了全世界的游人。据说，苏联前领导人赫鲁晓夫访美时，专门提出要逛一逛这个有名的游乐场所，美国方面出于安全方面的考虑，婉言拒绝了他的要求，弄得赫鲁晓夫大为扫兴。

迪斯尼的事业并非一帆风顺。相反，每一个成就的取得，他都付出了相当多的心血。他是一个十分坚强的人，他一生都在同命运搏斗，他的信念是，如果你不战胜命运，就要被命运所战胜。

迪斯尼22岁到好莱坞打天下时，身上只带了40美元。1925年，他创办了迪斯尼公司。可是没多久，公司就负债累累，还被人骗去了影片发行权。就在公司濒临倒闭之际，米老鼠救了他的命。

据说，当时迪斯尼为创作一个新的动画形象而绞尽脑汁，他当时有两个选择：是一只猫，还是一只老鼠？最后他选中了一只老鼠。他住在堪萨斯市的时候，有一只小老鼠常常爬上他的书桌，迪斯尼很喜欢它，常喂它乳酪。这只小老鼠很驯良，也很赖皮，它吃光了乳酪，就蜷成一团，趴在他的手上睡觉。

迪斯尼很快就画出了老鼠的草图，并把它拿给一个同事看。同事仔细看过之后说："这太像你了，一样的鼻子，一样的脸，一样的姿势和表情。"迪斯尼给它起了名字，叫莫蒂默，但他妻子却叫它米基，迪斯尼认为这个名字好，便也叫它米基。

经过一系列尝试，遭遇了一系列挫折，迪斯尼终于取得了空前的成功，米老鼠成了大明星。片子放映时，观众从头笑到尾，迪斯尼公司也从此兴旺起来。正如迪斯尼自己所说，他的事业是由一只老鼠开创的。

这样一位才华横溢的艺术家，这样一位具有坚强意志的人，提到他一生的成就，不能不追溯到他的青少年时代。他的智慧、才华和坚忍不拔的毅力，以及他对动物的喜爱，从孩提时代起就逐渐形成了。

沃尔特·迪斯尼的祖籍是法国，生于美国芝加哥。他出生后不久，父母就带着全家搬到密苏里州的玛瑟琳镇，经营一家农场。这里给童年的迪斯尼留下了很美好的印象。他成年后，还常常回忆起农场的一大

片草地和那里的果园。

　　沃尔特有三个哥哥和一个妹妹。他的童年在农场度过，这使他有机会接触到更多的阳光、新鲜的空气和各类动物。他常常和三哥罗伊趴在牧场上观察野兔。他用蜡笔在一张方形包装纸上画出了他生平的第一张画：一只留着胡子的野兔向另一只躲在草丛中的野兔求爱。小时候，他十分喜爱兔子这种动物，20多年后他创作的《幸运的兔子奥斯华》，正是缘于童年的经历。

　　一天，小哥俩去看姨妈，姨夫送了罗伊一枝气枪。在回家的路上，罗伊兴致勃勃，瞄准了灌木丛中的一只野兔，一枪打去，居然打中了。两个男孩跑了过去，只见这只可爱的小动物还活着，在痛苦地挣扎。沃尔特看到哥哥用手扭断它的脖子，眼泪夺眶而出。

　　回家后，母亲把兔子烤好，香喷喷的，沃尔特却拒绝吃兔肉。他心里还在为这可爱的小生命难过。

　　沃尔特5岁时就开始为家里放猪和看管鸡鸭。有一天，他看到罗伊耀武扬威地骑着一匹马，心里不服气，就在猪群中挑出最大的一头叫波克的猪骑了上去。那只猪吓得乱叫，他双手揪住猪的耳朵，在农场的院子里乱跑。

　　两分钟后，愤怒的波克冲进池塘，一下子把他甩进泥里。

　　沃尔特喜欢鸡、鸭、鸽子这些动物，也了解它们的习性。有时他一叫它们的名字，它们就会走过来。一只叫玛莎的小母鸡，一听到沃尔特叫它的名字，就来到他身边，还在他手中下蛋。

　　迪斯尼家中没有绘画用的纸，他就用手纸画下这些动物可爱的形象。

　　沃尔特8岁时，母亲看他喜爱画画，画的动物还很像，就买了本子让他在上面练习画画。当地一位名叫舍伍德的医生很喜欢沃尔特画的波克和玛莎，他把沃尔特带到自己家，让他给自己的马画一张画。画好后，舍伍德很满意，给了孩子5角硬币，说他要买下这张画。这是迪斯尼生平第一次卖画，可惜这张画现在已经无法找到了。

1909年，迪斯尼一家卖掉了农场。第二年，他们搬到了堪萨斯市。

虽然年龄渐长，但沃尔特仍然十分喜欢画画，他立志做一名画家。在学校里，有一次老师要学生们画一盆花，沃尔特把花画成人脸，把花叶画成人手，老师非但不理解这位天才非凡的创造力，反而打了他一顿。

沃尔特上高中时，他家搬到芝加哥。当时他所在的学校有一份校刊，上面印有插图，沃尔特说服了编辑部负责人，当了一名美术编辑。他当时画的是幽默画，没有自己的风格，只是模仿当地的一些画家。慢慢地，他感到自己的基本功很不扎实，就用自己积蓄下来的钱，去芝加哥美术学院的夜校学习。

17岁时，沃尔特参军，然后随部队去了法国。回国后，他不顾父母的反对，坚持要当一名画家。他来到堪萨斯市，哥哥罗伊也在那里。哥哥很支持他的想法，他们跑了几家报馆，想找到一个美术编辑的工作，但都被拒绝了。他口袋里的钱差不多花光了，换了别人，早跑回家去了。但沃尔特是个不达目的不罢休的人，他不想放弃努力。一天，他得到了一个机会，给两位画家当学徒，画广告画。在画家那里，他认识了另一个学徒——乌比，两人很合得来。圣诞节后，他和乌比都被辞退了。他们商量了一下，就自己办了个迪斯尼·依维克公司。

不久，沃尔特看到报上有一则广告——一家公司招聘卡通画家，就去应试。他被雇用了，于是他又说服老板，也雇用了乌比。从此，他们放弃了当画家的梦想，开始从事动画片的制作。此后，他们长期合作，为动画事业的发展做出了杰出的贡献。

在晚年，沃尔特·迪斯尼除了继续勾勒他的宏伟蓝图外，还常常想起他童年和少年时的经历。他感到，正是那些时光成就了他一生的事业。

他常常默默地念着一串名字：波克、玛莎、米基、唐纳德、班比……他已经难以区分哪些是真实存在过的动物，哪些是动画片中的形象了。

奥斯特洛夫斯基

（1904—1936）

苏联革命英雄

> 钢铁是在烈火和冰冷中炼成的，于是它才变得坚硬，什么都不怕。
>
> ——奥斯特洛夫斯基

你读过《钢铁是怎样炼成的》这本书吗？你知道这本书讲述的是怎样一个故事吗？这本书问世后，曾广为流传，甚至影响到许多人对生活道路的选择。许多英雄的成长也与这本书有密切的关系。苏联卫国战争时期涌现出的最著名的女英雄卓娅就非常喜欢这本书，还把里面的一段名言抄写在自己的日记本上。她牺牲后，人们把这段话镌刻在她的墓碑上。

新中国成立后，这本书成了青年人的必读书，人们以书中的英雄人物为榜样，生活着，学习着，奋斗着。

这本书在作者活着时就印了 41 版，并被译成英、捷、日等多种文字。

为什么一本书竟有着这么巨大的力量？因为这不是一本普通的书，而是用生命写成的。在书中，作者写下的大都是自己的亲身经历，而且你也许想不到，作者在写这本书时，全身因疾病而丧失了活动能力，双目也近乎失明。他是躺在床上，把纸放在厚纸夹里，摸索着写下自己的字迹的……

他就是奥斯特洛夫斯基，一位坚定的革命者，一位英雄，也是一位出色的作家。

奥斯特洛夫斯基的全名是尼古拉·阿列克赛耶维奇·奥斯特洛夫斯基，他出生于工人家庭，16岁就参加了红军，20岁成为布尔什维克。他作战非常勇敢，在战斗中受了重伤。他的健康状况日益恶化，最后全身瘫痪，双目失明。但他却以惊人的毅力写下了《钢铁是怎样炼成的》这部巨著。在这本书出版后，他又写了《暴风雨所诞生的》，可惜，刚写完第一部，他就与世长辞了。

奥斯特洛夫斯基出生在乌克兰沃伦省奥斯特洛格县维利亚村的一个工人家中。父亲当过兵，退伍后在酿酒厂当季节工，工厂没活时，他就到邻村去干零活。生活的重压使父亲的脾气变得异常暴躁，还经常酗酒。相比之下，母亲要温和慈爱得多。她一个人操持起全家的家务，还担负起教育子女的责任。她节衣缩食，还经常给别人干些裁缝活来补贴家用。

奥斯特洛夫斯基是家里的第五个孩子，大家都叫他科利亚。他性格坚强，又非常机灵，当然也有些淘气。他个性中最突出的一点是十分公正，至少在孩子们眼中是这样的。孩子们打架或受了冤屈，总是找他来解决。他爱管闲事出了名，孩子们都对他又敬又怕。

孩子的心灵是美丽的，童年时代的奥斯特洛夫斯基对一切美好的事物都怀有深深的感情。很多年后，成为了英雄的奥斯特洛夫斯基常常饶有兴味地回忆起一件童年往事，这件事使他永生难忘……

那是一个美丽静谧的夏夜，微风把草原的气息和花香带给人们。6岁的奥斯特洛夫斯基张着嘴巴，望着天空中明亮而皎洁的月亮，他被这美丽的月色迷住了。

奶奶告诉他，月亮是不能用手指的，用手指月亮会烂掉手指或被割掉耳朵。奶奶说这话是出于迷信，还是同孩子开玩笑，我们已无法得知，但总之奥斯特洛夫斯基相信了。他心想："难道真的连用手指一下月亮都不行？"他的好奇心是那么强，很想试试，又怕耳朵真的从头上掉下来，或是烂掉手指。他久久地望着月亮，犹豫着，最后，他终于忍不住了，像一个勇士一样，飞快地跑到院子里，猛地用手指向月亮，然后紧紧闭上眼睛。时间一分一秒地过去了，他紧张得仿佛听得见自己的心跳。他慢慢睁开眼睛，看看手指，又摸摸耳朵，高兴得又蹦又跳："啊！我没烂手！我没掉耳朵！"月亮在天上也仿佛发出了微笑。

钢铁 钢铁 钢铁是怎样炼成的

THE THE THE MAKING

★原著：尼·奥斯特洛夫斯基（苏联）

特惠价
15.80元!

　　可惜，这样有趣的记忆在奥斯特洛夫斯基的童年时代并不多见。他耳闻目睹的更多的是人世间的不平。

　　9岁那年，奥斯特洛夫斯基的母亲为了给家里赚些钱，在旧康斯坦丁诺夫市找到了一份工作——在那里的一家糖厂的厂长家当佣人，她除了包揽下全部家务外，还要侍候厂长有病的母亲。

　　于是，母亲带着奥斯特洛夫斯基去了那里，在厂长家厨房边上的一个小屋里住了下来。

　　母亲整天辛劳着，奥斯特洛夫斯基一个人很寂寞，他想找些伙伴玩。厂长有两个女儿，一个9岁，一个6岁，他们本应该玩到一起的，但她们俩却嫌他是佣人的孩子，脾气又倔，不爱理他。

　　一天，奥斯特洛夫斯基搞到一张画，他很喜欢，便用钉子钉在墙上。厂长的大女儿见了，大声斥责道："你把我家的墙弄坏了，你赔!"

　　奥斯特洛夫斯基狠狠瞪了她一眼，说："这墙是我家的，我就住在这里，怎么说是你家的？"

　　那个9岁的小姑娘打了奥斯特洛夫斯基一下。他火了，一把揪住她的辫子，把她拖到院子里。她大声尖叫起来，母亲当时正在病人身边，听到哭喊声，忙跑出来……但一切都晚了，主人对这件事很不满意，母亲当天就被解雇了。

奥斯特洛夫斯基是 6 岁开始上学读书的。1914 年,由于第一次世界大战爆发,他们一家搬到了舍彼托夫卡。第二年他就读于舍彼托夫卡小学。

奥斯特洛夫斯基的老师叫玛利亚,是位热情而又负责任的老师。她的儿子舒拉和奥斯特洛夫斯基成了好朋友。玛利亚老师很喜欢奥斯特洛夫斯基,常常给他以帮助。那年冬天,奥斯特洛夫斯基常常吃不饱,身上穿着一件很薄的棉衣,北风吹来,冻得直发抖。玛利亚老师让儿子把奥斯特洛夫斯基请到家里吃一顿饱饭。等舒拉把奥斯特洛夫斯基领到家,老师已经在饭桌上把一切都准备好了,自己则偷偷离开了家。老师这样做,是想让两个好朋友无拘无束地饱餐一顿。

在舍彼托夫卡小学读书时,发生过这样一件事。有一次上神学课,老师讲到地球只存在了 5000 年,因为这是《圣经》上讲的。奥斯特洛夫斯基在上天文课时, 听天文老师讲地球已经存在了好几十亿年了。两种说法不大一样, 他决心把这个问题弄清楚。于是他问神学老师:"您讲地球只有 5000 年的历史,可天文老师说地球已经存在了好几十亿年了。是不是《圣经》上搞错了……"

神学老师勃然大怒,他走过去,揪住这个只有 11 岁的孩子的耳朵,狠狠地把他的头往墙上撞,嘴里还骂道:"混账!你胆敢否认上帝的学说!"

为了报复神学老师, 奥斯特洛夫斯基利用在他家厨房等候补考的机会,往准备用来做复活节面包的面团上撒了些烟末。于是,他被赶出了学校。

1917 年 9 月,正是十月革命前夕,奥斯特洛夫斯基认识了革命者林尼克。林尼克发现奥斯特洛夫斯基是个好苗子,就经常给他讲些革命道理,把他引导到革命道路上来。

说起他们的相识,还有一段有趣的经历。在一次集会上,林尼克向大家发表演说,号召大家为布尔什维克的候选人投票。一个少年走到他的面前,说自己来晚了,请他讲讲布尔什维克是些什么样的人。

林尼克对那少年说,布尔什维克打土匪,为穷人做好事,只有他们才能维护工人阶级的利益……

"我投布尔什维克的票!"还没等林尼克把话说完,那少年就斩钉截铁地说。

"可你还小，没有表决权。"

听到这话，那少年非常失望。那个少年就是奥斯特洛夫斯基。

在林尼克的精心培养下，奥斯特洛夫斯基迅速地成长着。

不久，舍彼托夫卡被德国军队占领，革命活动全部转入地下。这时，奥斯特洛夫斯基开始承担起革命工作来，他利用人小做掩护，每一次都出色地完成了党组织交给他的秘密任务。

有一次，德国人把从乌克兰掠夺来的大批财物用列车运往德国。党组织起草了告德国士兵书，号召他们调转枪口，反对反动政权和资本家，在德国建立劳动人民自己的政权。这些传单需要张贴出去，奥斯特洛夫斯基和一些小伙伴勇敢地承担起这个任务。第二天，全城都贴满了传单，德国人吓坏了，急忙宣布全城紧急戒严。

为了反抗德国的侵略，舍彼托夫卡全市的铁路职工举行大罢工。德国的军用列车开不出去，铁路瘫痪了。德国人逮捕了不少工人，把他们关在机车车库里，准备送到外地去做苦役。

奥斯特洛夫斯基接到林尼克的命令，要他到火车站去，同在那里工作的哥哥取得联系，营救被捕的工人。他身上藏着一把左轮手枪，来到火车站。他想，如果敌人强迫工人上车，他就立即开枪，以便造成混乱，让工人们逃走。这时，他看见了哥哥，他装出没事的样子，走过去小声把林尼克的指示传达给哥哥。"放心吧，我会照办的。"哥哥说。哥哥和一位火车司机商量了一番之后，把火车头和机车脱了钩，然后全速向前开去，他们自己则从火车头上跳下来……最后，车头翻了，破坏了敌人运走工人的计划。

德国人撤走后，舍彼托夫卡市被匪徒彼得留拉一伙占领。游击队同匪徒们进行着顽强的斗争。奥斯特洛夫斯基担任党组织和游击队的地下联络员。他还参与了一次偷运武器的活动。

1919 年 7 月，奥斯特洛夫斯基加入了共青团。当时全市只有五个共青团员，他是其中的一个。他高兴地把这个消息告诉了母亲。母亲为儿子的成长感到由衷的高兴。可有一天，儿子突然失踪了。母亲到处打听他的消息，可谁都不知道。一年以后，一个小伙子来到奥斯特洛夫斯基家，告诉他们奥斯特洛夫斯基的消息。原来，当党组织和红军撤离舍彼托夫卡时，奥斯特洛夫斯基参加了红军。后来他受了伤，现在正躺在基辅的医院里。

伤好后，奥斯特洛夫斯基回到家中看望亲人。他身体虚弱，还挂着拐杖,但精神状态却很好。他向母亲讲述了这一年的经历:他在骑兵部队同白匪作战,在一次战斗中受了伤。康复后,他回到部队,又参加了几次重要的战斗。8月19日在里沃夫战斗中,当他冲向敌人时,被炸伤了头部和腹部。这一次伤得很重,他已经不能再参加战斗了,便复了员。

回到母亲身边后,奥斯特洛夫斯基恢复了中断的学业。1921年夏,17岁的奥斯特洛夫斯基到基辅工作。这年11月,他作为铁路职工共青团突击队成员,参加修建通往波雅尔克的铁路支线。波雅尔克是个很偏僻的地方,那里交通十分不便。由于冬天即将到来,基辅缺乏燃料取暖,所以必须在那里尽快修筑一条轻便铁路,将木材运送到城里。秋雨连绵,人们的衣服被雨淋湿,风一阵阵吹来,冻得人直发抖。奥斯特洛夫斯基穿着一双底快要掉了的靴子,不顾一切地干着。他知道自己工作的重要性:只有修好铁路,全城人才能摆脱寒冷冬天的威胁。白天干活又苦又累不说,晚上其实更加难熬。他们穿着溅满泥浆的湿乎乎的衣服躺在水泥地面上休息,为了取暖,大家只有紧紧地靠在一起……

奥斯特洛夫斯基身体本来就不好,现在更弱了。他得了严重的伤寒病和大叶性肺炎,但他凭着坚强的意志活了下来。

虽然身体垮了下来,但他顽强地同病魔作斗争,坚持工作,并不断取得新成绩。由于过度劳累,22岁那年,他病情恶化,严重丧失了活动能力。25岁时,他双目几乎失明。一般人到了这个时候,早已丧失了生活的勇气,但他却凭着坚强的意志,开始了创作生涯……

于是,我们有了《钢铁是怎样炼成的》这部巨著,我们有了这样一位无畏的英雄。

奥本海默

（1904—1967）

美国物理学家

> 没有实验的自然科学，就像教人游泳却不让人下水一样，不切实际。
>
> ——奥本海默

1967年2月25日，天气酷寒。一架飞机在维尔京群岛上空低旋，将一抔白骨轻扬在烟波浩渺的大海中……

死者是朱利叶斯·罗伯特·奥本海默。这个名字曾经家喻户晓，无比响亮。

随着1945年8月6日与9日两柱冲天的蘑菇云突然升起在日本的广岛和长崎，随着美国《时代》周刊巨幅照片的宣传，奥本海默成了科学之神与死神合而为一的代名词。

他成功地领导了美国研制原子弹的工作，比纳粹德国抢先制造出了这种人类历史上杀伤力最强的武器，为迅速结束第二次世界大战，减轻人类的总体伤亡和痛苦做出了决定性的贡献。

然而人类也从此被笼罩在核武器可怕的阴影之下。

像一切有良知的科学家一样，奥本海默一直对自己的工作怀有一种负罪感。他是这个伟大科学成就的最早的怀疑者之一。他说，他对"自己所完成的工作有点感到惊慌失措"，"但科学家不能由于害怕人类可能利用他的发现做坏事而拒绝推动科学前进"。他反对继续研制比原子弹杀伤力更大的氢弹，他一直呼吁维护世界和平，为实现国际社会共同管制原子能的计划而奔走努力。

奥本海默在科学界是一座偶像。他的学生满天下，著名美籍华裔物理学家杨振宁和李政道都曾受教于他。

奥本海默是一个才华横溢而又性格复杂的人物。人们对他的评价莫衷一是，大相径庭。大多数人为他非凡的天赋和动人的魅力所倾倒，但也的确有一些人认为他骄傲自负，难以相处。对他的行为感到难以理解的人们实际上是对他的成长环境和过程不够了解。

奥本海默在美国纽约河滨大道的中产阶级居住区一幢环境优美的公寓里度过了自己的童年时代。祖父是一位德国谷物商人，父亲朱利叶斯是纽约一个风度翩翩的富裕的实业家，母亲爱拉·弗里德曼是一位雍容大方颇有名望的画家。他们都是犹太人，他们的生活方式十分正派，以至于奥本海默无从沾染上任何恶习，长成了一个"乖得令人害怕的小男孩"。

奥本海默从小就表现出了旺盛的求知欲。5岁时，祖父送给他一套矿物标本，他喜欢极了，整天埋头于对这些矿石的分类中。他对矿物学的兴趣延续了好几年。11岁时，他被选为纽约矿物学俱乐部的成员；12岁时，他在俱乐部发表了自己的第一篇论文。他的课余时间还花在向希腊语教师学习荷马与柏拉图的原著上。他还用整整一个暑假的时间帮助他的化学老师建立了一个小型实验室。

这种刻苦学习的精神一直延续到大学时代。在哈佛大学，他曾想当建筑师、当文学家，甚至想当画家，但最后还是决定献身科学。他用3年时间读完化学专业的4年课程。他废寝忘食，每天早晨比任何同学都先进入实验室，只在中午稍停片刻，啃一片夹心面包，然后继续埋头做他的实验。

奥本海默就读的中学是纽约道德学会主办的，它的创办人阿德勒的教育理论的基本原则是充分尊重和培养学生的个性。他相信人并不需要某种信条来使自己的生命有价值，也无须依靠科学作为判断是非的标准。这种价值观念对奥本海默少年时代的成长乃至个性的形成有很大影响。

他不喜欢体育运动。父母鼓励他多做课外活动，他却提不起兴趣。他试着打网球，打得很糟，就再也不打了。因为奥本海默的"懒"，有一次，阿德勒发了脾气，他给奥本海默的父亲写了封信，信上说："请教育你的儿子上下楼走楼梯，因为他经常为了等电梯而迟到！"

但是奥本海默却喜欢上了一种活动，而且很快成了行家里手，那就是航海。他有爱冒险的天性，他希望通过参加航海运动克服自己的弱点。他经常带着弟弟驾驶父亲为他们买的单桅船，穿过海湾，进入波涛汹涌的大西洋。一次，他们竟穿过峡口到达了关岛。父母急坏了，通知海关巡逻艇去海上寻找他们。他们在海上足足搏斗了5个多小时，差点儿没把船弄翻，最后总算返回港湾。当他们回到家中以后，父母却连一句谴责他们的话也没说。

奥本海默所喜欢的另外一种活动是骑马。经过一番努力，他和弟弟成了那一带有名的小骑手。

阿德勒的教育思想在奥本海默身上以非常复杂的面貌显现出来。

一方面，奥本海默彬彬有礼的风度，鹤立鸡群般的高雅举止，竟使其他同学相形之下犹如没有教养的粗鲁人。他熟知欧洲的各种名酒与佳肴，通晓中世纪的法国诗篇，懂得梵文和东方古典哲学。这种风雅之士的魅力发展到后来——他在伯克利大学当教师时，他的行为举止、语言习惯甚至成了校园的一种时尚，他的周围聚集了一批高才生，这些人与他形影相随，处处模仿他。而他动不动就把弟子们带到华贵的餐厅进餐，一边和他们讨论物理学和其他学科的问题，一边向他们介绍各种名酒以及各种美味佳肴的烹调方法。夏季，他又常把学生们请到自己的农庄里观光，与他们一起骑马、掷盘子。他把这看成是自己对学生进行全面教育的一部分。

另一方面，奥本海默从小到大一直被另一些人指斥为狂妄自大、目中无人、"势利"待人。

他跟小朋友们一起玩，但却很难建立起亲密的关系，因为他总好像在为自己正在做或正在想的事情出神。他显得落落寡合，相当孤僻。为此，他吃了不少苦头。14岁那年，一起参加夏令营的同学看不惯他，把他骗到冰窖里，关了一夜。

从学生时代起，一直到成人以后，奥本海默都很难与水平不如他的人处好关系。他和他们只是一般性地接触，而没有感情交流。少年时代，他只在智力与他相当或比他高的人中间寻找伙伴；成年后，他只尊重一两位像爱因斯坦那样伟大的科学家。他希望他所做的每一件事、所结识的每一个人都与众不同。

奥本海默经常做出严重失礼、冒犯别人的事。每当他认为某人的谈话太庸俗或纯属陈词滥调时，就会以机智而刻薄的话突然将对方打断。他从不能容忍任何形式的愚蠢和虚伪。

奥本海默特别喜欢"炫耀"自己的才华。在剑桥大学做研究生时，他总是不断地提出问题，借以表现自己的博学。他到德国哥廷根大学进修时，由于已在《剑桥大学哲学学会学报》上发表了两篇量子力学方面的论文，很多人都把他当成有名望的学者，便邀请他参加每周举行一次的师生研讨会。谁料，一开始他就无拘无束地高谈阔论起来，马上吸引了与会者的注意。但是他这种滔滔不绝独占讲坛的情形很快就引起了别人的反感——研讨会组织者接到了一些师生的呼吁书，请求他对这位"神童"的发言加以限制。

另外，奥本海默还有一个众所周知的怪癖：只要有人称赞他的某件物品，他一定要找一个借口将它赠送给这个人。一次讨论会后，学生们由汉堡返回哥廷根。学生夏洛蒂发现月台上一大堆破旧的旅行包中有一只引人注目的全新猪皮旅行袋，别人告诉她这是奥本海默的。在列车上，夏洛蒂正好坐在奥本海默旁边，便向他提起了那个漂亮的旅行袋。奥本海默似乎窘了一下，什么也没说。下车后，同学们打赌说，奥本海默肯定会把那个旅行袋送给夏洛蒂。果然，在夏洛蒂准备离开哥廷根时，奥本海默直接去找她，并且把那个猪皮旅行袋赠送给她。

奥本海默性格中阴郁晦暗的一面在青少年时代曾一度表现得十分突出。

中学毕业时，他 10 门课程全部获得"优秀"，但他却因病未能立即进入哈佛大学学习。他把自己锁在家中，以书为友，冥思苦想。他变得愤世嫉俗起来，他拒绝母亲的照顾，对所有人都粗暴无礼。父亲无奈之下，只好求助一位年轻的英语教师，让他带儿子去西部山区疗养。一连几周时间，他们白天在新墨西哥州的群山中骑马漫游，夜里在郊野露宿或在农家做客。这次漫游使奥本海默基本上恢复了良好的精神状态。18 岁这年秋天，他终于被哈佛大学录取了。

从奥本海默的成长经历中可以看出，他的个性中有许多明显的缺陷，幸运的是，这些缺陷没有湮没他的天才。

萨 特

（1905—1980）

法国哲学家、文学家

> 人的命运就操纵在人的手里。
>
> ——萨 特

  1964年10月中旬的一天，萨特获知自己被瑞典皇家学院授予诺贝尔文学奖，他当即发表了一份声明，说他拒绝来自官方的荣誉。法新社全文播发了这则声明，法国《世界报》等各大报纸竞相转载，全世界为之哗然。在诺贝尔奖获奖者中，能做出如此举动的实属罕见，而萨特本人则认为这是很自然的事，他要保持自己完整的独立意识。他在那份声明中写道："一位坚持社会或文学立场的作家只应该以自己的方式采取行动，也就是说进行写作……作家应该拒绝变成一种机构。"萨特不仅以这样惊人的行为影响世界，还以自己惊人的思想影响世界。萨特既是一位思想家，又是一位文学家，而且还积极地介入世界上发生的重大事件。他一生的著述数量多，涉及的范围广，译成中文的主要著作有《存在与虚无》、《萨特戏剧集》和《词语》等。

  萨特的父亲让·巴蒂斯特·萨特曾就读于海军军官学校，毕业后作为一名海军军官被派到亚洲。1904年5月，回到法国的34岁的让·巴蒂斯特·萨特，娶了年方20岁的安娜·玛丽·施韦泽，他们定居在巴黎。第二年的6月21日，他们的儿子让·保罗·萨特降生了。几个月后，萨特父子俩都得了一种肠腔疾病。萨特的祖父是位医生,他给自己的儿子和孙子两个人治疗,结果,孙子得救了,儿子却于 1905 年 9 月 17 日去世。

父亲死后,母亲带着萨特回到娘家。萨特的外祖父夏尔·施韦泽是个乐观的人,见女儿和小外孙回到家中,本来已提请退休的他,现在又重操旧业,去学校教书。夏尔·施韦泽是位文学博士,著有多种语言学著作。在萨特 5 岁时,夏尔·施韦泽在巴黎创立了一所现代语言学院,主要教外国留学生法语。夏尔·施韦泽曾获得法国荣誉勋位勋章和一级教育勋章。

外祖父非常喜爱自己的外孙,对他产生了重要的影响。外祖父对自己的儿子非常严厉,可对外孙则完全相反,他常常用温柔的手掌抚摸着小萨特的头,叫他"小乖乖"。小萨特想像力丰富,且异常聪慧,长得也很好看,脸蛋圆圆的,头发金黄。

3 岁时, 又一件不幸的事发生在萨特的身上——他的右眼因角膜翳引起斜视,不久之后就失明了。

外祖父的书房里到处都堆放着书,萨特对那些书深怀敬意。他还不认字,可对它们却蛮有兴趣,他经常抚摸它们,感受着书的气味。一次,外祖父指着一些书对他说:"孩子,这些书都是你外祖父写的。"小萨特感到很骄傲,外祖父竟能创造出那么多可敬的东西。

每年,外祖父写的《德文读本》都要出新版本,小萨特几乎把外祖父视为一位圣者。他也开始模仿起外祖父来,想要读书。于是外祖父给他弄来一套法国诗人莫里斯·布肖写的《故事集》,里面的故事都取材于民间传说,是专为儿童写的。小萨特得到这些书非常高兴。他先拿出两小本,用鼻子嗅一嗅,再用手摸一摸,然后像大人一样翻开,可他无法知道书中写的是什么。他像摆弄玩具似的摇摇它们,又拍打了几下,还吻了吻它们,可是无济于事,书还是那么平静地待在他手里。小萨特都快要急哭了,他把它们放到母亲的膝盖上。母亲停下手中的活,看着他说:"想让我给你讲吗? 亲爱的,讲仙女的故事好吗?""里面有仙女吗?"小萨特问。关于仙女的故事,小萨特已经非常熟悉,母亲在给他洗澡的时候常给他讲,他从不觉得没意思。这些故事每讲一回都有些小的变化,就好像仙女们真的存在似的,每次只不过讲一下她们的新情况。

母亲让小萨特熟悉了莫里斯·布肖写的所有故事。不久,小萨特决

萨 特 文 集

1 ● 小说卷[1]

人民文学出版社

定自己来读书。他找来一本名叫《一个中国人在中国的苦难》的书,作者是法国科幻小说家儒勒·凡尔纳。他眼睛注视着那一行行黑色的文字,一行不漏地看着,嘴里大声讲着,因为这个故事是他熟悉的。家里人看到这个情景很惊讶,觉得应该教他字母了。此后,小萨特手中又捧起埃克托尔·马洛的《苦儿流浪记》,他对这本书的内容同样很熟悉。于是,当他连蒙带猜一页一页地把这本书读完时,已差不多学会了阅读。这时他正好4岁。小萨特对此激动不已,以前属于外祖父的那些能够"复活"的文字,他也能读出声音、看出里面的奥妙了。

书房从此成为他的乐园。他在这小小的天地里,可以看到广大的世界。书架上层的书够不到,他就爬上桌子或是踩着椅子去拿。不过,有些书他一拿到手,大人马上就给拿走了,因为这些书对他来说实在是太艰深了。像古希腊作家阿里斯托芬和法国文艺复兴时期的作家拉伯雷等人的书,他读起来很困难,像走在泥泞的道路上,每个句子中都似乎藏着石头。

外祖父的藏书主要是法国和德国经典作家的著作，还有一些艺术大师的画集，如鲁本斯、丢勒、伦勃朗等人的。小萨特特别喜欢《拉鲁斯大百科辞典》，他把这本书看了无数遍。他从概念入手来理解真实的世界。和读书比起来，那些生活中的琐事太平庸了，对他来说，没有什么比一本书更重要，外祖父的书房就是一座神殿。

外祖父一家住在7层楼上，小萨特常跑到阳台上，探出头去看路上的行人。母亲每天领着他去卢森堡公园，那里有草坪、鲜花、雕塑和鸽子。母亲还时常领着他去看马戏和电影。

外祖父有极大的兴趣教育和影响萨特。在萨特7岁左右的时候，外祖父培养了他写诗的兴趣。外祖父送给小萨特一本音韵字典，他开始做起诗来。有一个叫薇薇的金发小女孩，小萨特为她写过几首短小的诗，在诗中称她为"小天使"，可她根本没把这些诗放在眼里，对其无动于衷。小女孩从来没有离开过躺椅，几年之后就死了，要不小萨特会为她多写几首诗的。

有人知道夏尔·施韦泽的小外孙喜爱读书，就送给他一本法国作家拉封丹写的寓言故事集。小萨特觉得故事写得太随便，就决定用诗体改写它。结果这件事超出了他的能力，他最后一次写诗的经历便以失败而告终。也是从这个时候起，小萨特开始了编故事的工作。

他让家里人给他买了一本笔记本和一瓶紫墨水，然后郑重其事地在本子的封面写上：小说笔记本。他写的第一篇小说名叫《为了一只蝴蝶》，讲的是一位科学家和他的女儿以及一位强壮的年轻探险家的故事，他们沿着巴西的亚马孙河逆流而上，目的是寻找一只珍贵的蝴蝶。整篇小说的内容、人物、细节描写都是从一本绘画故事里借用的。小萨特丝毫没感到他是在抄袭，而觉得是在创造。小萨特不久后又写了第二篇小说，名字叫《卖香蕉的小贩》。这时小萨特已经8岁了。早在7岁的时候，他就开始读法国19世纪著名作家福楼拜的《包法利夫人》。

读和写几乎占据了萨特童年的全部生活。不知疲倦地写作，成为小萨特的一个生活标志。他不断地写，然后放在一边，别人不知道，他自己也懒得重读。

1915年10月，已经10岁零3个月的萨特被外祖父送到亨利四世中学，成为一名走读生。可谁知，这位整天写作的小说家，第一次作文竟得了个倒数第一名。上学后,沉重的作业负担使萨特失去了放学后的所有自由,他再也没有时间写作,加上他还要结识相同年龄的伙伴,泡在同学的友情里,这一切使他几乎丧失了写作能力。

在萨特 11 岁时,母亲改嫁,萨特随母亲来到继父的工作地拉罗舍尔。继父是位造船工程师,他希望萨特向自然科学方向发展。萨特为了和他顶牛,偏偏向哲学方向努力。本来是一件普通的事,对他的未来却产生了不小的影响。他在拉罗舍尔生活得不错,他在那里度过了近 4 年的中学生活,同时也开阔了眼界。

由于担心萨特在拉罗舍尔受到不良的影响,父母把他送回巴黎,这是 1920 年。15 岁的萨特又继续就读于亨利四世中学,他与好友尼赞重新相会,整天形影相随。萨特从小就喜欢读书写作,而尼赞也很爱写作,他明确表示自己将来要当作家。文学使他们更加亲密起来。萨特喜爱俄国文学大师陀思妥耶夫斯基和托尔斯泰的作品。他对陀思妥耶夫斯基的《死屋手记》、《罪与罚》、《白痴》和《卡拉马佐夫兄弟》等长篇小说爱不释手,对托尔斯泰的《安娜·卡列尼娜》和《复活》也表现出同样的兴趣。

尼赞的文学爱好偏重当代。他极力影响萨特去接触法国现代文学家季罗杜、纪德和瓦莱里等人的作品。尼赞还和萨特一起阅读法国现代文学大师普鲁斯特的作品。尼赞后来也成为有名的作家。

1922 年秋天,萨特为报考巴黎高等师范学校,和尼赞一起进入路易大帝学校。这是一所著名的学校,莫里哀和伏尔泰都曾在这里就读过。萨特和尼赞在这里读文科预备班一年级。这时,萨特开始读法国著名哲学家柏格森的《时间和自由意志》。一口气读完这本书后,他对哲学真正地产生了兴趣。他想:哲学真了不起,可以教人认识真理!之后,他又阅读了德国哲学家叔本华和尼采的著作。

两年之后,萨特考入巴黎高等师范学校。他的密友尼赞也同时考入这所学校。入校后,萨特的方向是攻读哲学。萨特和尼赞常在街上长久地漫步,有时夜都深了,他们两人还在走着谈着,设计着未来。尼赞沉默寡言,而萨特性格外向,也许正是两种不同的秉性,才使他们互相吸引。尼赞出身于工人家庭,父亲曾通过考试一步步升为铁路工程师,但不幸的是因为工作上的差错而毁了事业,以后一直没能得到提升,因此心情郁闷,时常谈到自杀。尼赞的心灵中深深地印下了父亲内心的这段阴影,萨特曾为他不了解密友的内心世界而痛苦。他们在学校同住一个寝室，尼赞后来死在第二次世界大战的战场上。

进入大学后，萨特一如既往地大量读书，学习十分勤奋。他对笛卡尔、斯宾诺莎和卢梭等哲学家非常热衷。他也读马克思的著作，但理解和研究得不深。他最喜欢的作家是司汤达。一次，萨特在和一个同学谈话时，充分地估计了自己的天才，他说："(自己)应该达到黑格尔的水平，当然，攀登不会很艰难，也不会太漫长。如果要超过他，也许还得像牛马一样工作。"萨特对自己的未来充满信心。

1928年，萨特结束了大学学习生活，参加了哲学教师的资格考试。由于他别出心裁，试图更具创造性地回答问题，结果以第50名的成绩落榜。萨特非常恼火，他终于明白了一个道理：应付考试，不需要什么创见，只要把答案平平庸庸、老老实实地写上就能通过。

于是，萨特只得在第二年再一次参加哲学教师资格考试。正是在这次考试中，萨特遇到了他未来的终身伴侣——西蒙娜·德·波伏瓦。波伏瓦比萨特小3岁。这次考试的题目是《自由与偶然》，这对于以存在主义哲学家著称的萨特和波伏瓦来说，是再合适不过的题目了。结果，他们双双考中，萨特第一，波伏瓦第二。

不久，萨特和波伏瓦各自到中学担任哲学教师。萨特个子不高，又有一只眼睛斜视，穿着也一般，所以刚到南叶中学时，学生们都嘲笑他，男同学更是把他视作傻瓜。他们无法想像，他们嘲笑的是一位未来的法国大哲学家。萨特在南叶中学教了一年书后，写成了他著名的小说《恶心》。此时，他还没有成长为真正的哲学家，但他已经朝着那个目标迈进了。

盛田昭夫

（1921—1999）

日本企业家

> 商标是一个企业的生命，必须勇敢地保护它。
>
> ——盛田昭夫

　　盛田昭夫1921年出生在日本名古屋的一个酿酒商的家庭里，毕业于大阪帝国大学。1946年，他同索尼公司的另一位创始人井深大合伙创立了东京通信工业公司，并在短短的几十年中将一个小厂发展成著名的国际性大企业。第二次世界大战结束后，在日本经济非常艰难的情况下，这家公司创造了日本的几个第一：1950年，制造出了日本第一代磁带录音机和磁带；1954年，利用美国元件制造了日本第一台半导体收音机；1955年，生产出了第一台元件全部由日本自己制造的半导体收音机；1960年，生产出世界第一台半导体电视机；1965年，生产出了第一台家庭录像机；1970年，索尼公司成为日本第一家在纽约股票交易所上市的公司，1972年又成为日本第一家在美国建厂的公司；20世纪80年代，索尼公司开始出售"随身听"——微型收录机。从此，"日本制造"便成为高品质电器的代名词。盛田昭夫在1971年成为索尼公司总裁，并在1976年出任董事长。

　　盛田昭夫是一家久负盛名的酒庄主人的长子。盛田家300年前开始酿造一种叫做"子日松"的名酒。父亲盛田久左卫门是一位非常精明的企业家。当他继承了这个有着悠久传统的家业时，生意正陷入困境。祖父和曾祖父具有极高的审美能力，热衷于收集日本和中国的工艺美术品。他们将酒庄的经营委托他人，自己则醉心于追求这种高雅的情趣，无暇顾及家业，致使家业每况愈下。父亲当时正在庆应大学读经济系，中途被叫回来继承家业，当时酒庄濒临倒闭。

当盛田昭夫来到人世的时候，父亲已完成重振家业的重任。盛田昭夫不记得童年时代曾受过什么委屈。他家生活优裕，住在名古屋的高级住宅区白壁町，对面住着创建丰田汽车公司的丰田家。这里的人家都拥有自己的网球场。盛田家是个大家庭，有爷爷、奶奶、爸爸、妈妈和大弟和昭、妹妹菊子、小弟正明以及年轻守寡膝下无子的姑姑、留法4年学绘画的叔叔。

这样一个大家庭，必须有一个人来料理，这份任务就落在了贤惠、细心的母亲身上。

母亲17岁就嫁到了盛田家，但是很长时间没有生育，家里曾对此十分担心，因为盛田家能否有一个男性继承人是非常重要的。结婚7年后，她终于生下了盛田昭夫，父母总算放了心。母亲沉静、温柔，喜爱艺术，同时她又很有主见，特别是在对盛田昭夫的教育方面，她坚持自己的做法，这在日本家庭主妇中是罕见的。她不像现在的一些望子成龙心切的母亲那样，为了使自己的孩子能上"好"学校，成天逼着孩子学习，采用灌输式教育，她教育孩子采用的是启发诱导的方式。盛田昭夫觉得任何事情母亲都能理解他，所以遇事愿意找她商量。

母亲出身士族，尊重日本传统，总是穿和服，另一方面她又积极接受新事物。盛田昭夫小时候经常与兄弟们吵架，这让母亲很为难。但随着年龄增长，特别是10岁以后，他们很少吵架，开始埋头学习自己感兴趣的知识，愈加听从母亲的教诲了。母亲单独给盛田昭夫准备了一间带书桌的房间；当他开始摆弄电器，需要工作台时，又为他买了张桌子，还买了一张床。盛田昭夫不用像家中其他人那样睡榻榻米，从孩提时代他就处于西式环境中。父母希望把他培养成能够继承盛田家家业的人。

盛田家有个规矩，每代的长子承袭户主时，放弃乳名，袭"久左卫门"之名，而长子的乳名通常是"常助"和"彦太郎"两个名字交替使用。但是，在盛田昭夫出生时，父亲认为"常助"这个名字有些陈旧，不适合生活在20世纪的人。为此，他去请教一个享有盛名的汉学家。那

位汉学家建议用"昭夫"这个名字。"昭"字有昭示光明之意，而按日语的读音"昭夫"还有"珍贵"的意思。如果和"茂盛的田园"的"盛田"连在一起，会让人联想到充满希望、前途光明的人生。父母对这个名字感到特别满意。

父亲决心把盛田昭夫培养成实业家，很早他就刻意对儿子进行这方面的教育。父亲为了挽救家业不得已牺牲了学业，这使他每当面临新事物或不合常规的事情时，就变得十分小心翼翼、循规蹈矩。盛田昭夫总嫌父亲过于保守。父亲拿定一个主意往往要花很长时间，似乎总是提心吊胆的。盛田昭夫常看到父亲为不成问题的一点小事担心，便主动讲出自己的主张，甚至和父亲争论。父亲认为这些争论能使盛田昭夫掌握一个成人所必备的正确的思维方式，学会有条理地和别人交谈，因此他对儿子的"无礼"并不介意，甚至大加鼓励。

父亲既是一个小心谨慎的实业家，又是一个宽厚慈祥的长者，一有空，总要和孩子们在一起，教他们游泳、钓鱼，或者和孩子们一起去徒步旅行。

盛田昭夫 10 岁的时候，父亲开始带他到公司办公室和酒厂，让他看看自己是如何经营企业的。在冗长乏味的董事会议上，父亲让盛田昭夫坐在他身边，看他如何主持会议、处理问题。父亲有时也把公司的干部们叫到自己家里，听汇报或商量工作，这时也总让盛田昭夫在座。如此耳濡目染，渐渐地盛田昭夫对父亲的事业产生了兴趣。

"你从出生起就是经理,因为你是家里的长子。这一点你时刻不能忘!""如果你以为自己是经理就可以对周围的人要威风,那就大错特错了。你必须明白,自己应做哪些事,要别人做哪些事,并要为之负全部的责任。"

父亲一有机会就这样教育盛田昭夫,让他记住,他是盛田家的继承人,将来要成为一家之主和公司的领导人。

上中学后,盛田昭夫的假日就被排满日程,俨然成了父亲公司里的一员。有会议时,父亲就带他到公司出席会议,并必须自始至终参加。父亲听汇报时,也要他在旁边听着。隆冬,还要检查酿酒的质量和勾兑状况,即所谓"品酒"。父亲还经常带他去工厂巡视。盛田昭夫就是在那时学会了品酒:把少量的酒含在嘴里品尝,却并不下咽,而是一口吐掉。经常这样做的结果是,盛田昭夫从成年后到去世时一直不喜欢任何含酒精的饮料。

父亲虽然一生很保守,但是他为家里买东西却从不吝啬。按照当时日本的经济状况,他们家已经相当西化了。但是给盛田昭夫的生活带来更多的西方影响的却是叔叔盛田敬三。他在巴黎学了 4 年绘画,回来后在家里建了间画室,盛田昭夫常常跑去看他画画。在叔叔影响下,一家人的生活方式更加西化,连祖父都穿起了西服。

敬三叔叔给盛田昭夫兄弟看自己在巴黎画的画和在伦敦、纽约旅行时拍摄的照片,还放映他自己拍的风光影片。那时,盛田昭夫刚刚 8 岁,叔叔拍摄的影片和照片给了他很深的印象,无异于又在他面前打开了一扇窗户。

盛田昭夫的母亲非常喜欢古典音乐,买了许多唱片,常用老式共鸣箱型留声机播放那些唱片供大家欣赏。盛田昭夫在母亲影响下,也喜欢上了音乐。他常常费力地给那部老式留声机上弦。他上初中时,日本开始从美国进口电唱机,家里立刻就买了一台。

盛田昭夫高兴极了,他完全被这台新式电唱机迷住了——它的音色非常纯正、优美,与原来的那台老式留声机简直不可同日而语!盛田昭夫找出家里收藏的莫扎特、巴赫、贝多芬、勃拉姆斯等人的唱片,放了一遍又一遍。这台新式电唱机使得原来在老式留声机上播放时带着"嘶嘶"摩擦噪声的唱片发出了美妙动听的乐声,盛田昭夫对此产生了兴趣。这个新发现和由此产生的疑问一直萦绕在他心头。当他听说亲戚中有人自己制作了一台电唱机,很想见识一下,便特意去了亲戚家。用电线连接着各个部件、没加屏护的自制电唱机放在榻榻米上，外形并不美观，但这却是一个业余爱好者在家里制造的。这着实让盛田昭夫惊叹不已。那时，时兴自己动手制作收音机，一些报纸、杂志为爱好者设置了专栏，介绍收音机电路图、零件清单和具体制作方法。盛田昭夫自己也想试试。

他买来电子工程学方面的书，搜集了一些登载有关电唱机和收音机最新资料的国内外杂志，认真研究起来。每天放学回到家里，他就埋头于这一新爱好，按照书和杂志上的电路图制作电器。起初他的理想是自己制作电唱机。当时学校没有这门有趣的学科，全凭自己摸索。盛田昭夫经过一番努力，最后终于制作出了电唱机和收音机。

可是，就在他埋头摆弄电器的时候，学业上却亮起了红灯，他在学校险些留级。由于学习成绩实在太糟，母亲多次被老师叫到学校去。班主任说盛田昭夫对正规的学习没兴趣。盛田昭夫所在的班级有 50 人，成绩最好的当班长。在班里，同学们的座位按成绩优劣从后往前排。座位每年都换，但盛田昭夫总是坐在最前排老师的眼皮底下。

不过，盛田昭夫的数学和物理成绩却很好，而地理、历史、语文成绩则在平均分数线以下。老师经常为他偏科而把他叫到办公室训话。父母也曾训斥他，不准他再摆弄电器。盛田昭夫在那段时间也只好遵命努力学习。但等到成绩稍有恢复，便又回到他的爱好上去了。弄得父母和老师都哭笑不得，因为他们知道，盛田昭夫并不是个笨学生。

很快，到了中学最后一年，盛田昭夫向父母和老师宣布自己要报考名古屋第八高中的理科。父亲对他选择理科感到有些失望，父亲本来是想让盛田昭夫去学经济。但他对盛田昭夫的选择并没有表示反对，他认为盛田昭夫总有一天要继承家业，他坚信对盛田昭夫来说，物理仅仅是兴趣爱好而已。父亲哪里会想到，盛田昭夫的爱好最终放大成他的人生理想，使他远离了酿酒的祖业，而创办了专门生产电子产品的索尼公司，并使其成为基业长青的世界名牌大企业。

格瓦拉

（1928—1967）

拉丁美洲革命家

> 我把全部身心、甚至我的鲜血献给了一项我认为是正义的人民的事业。
>
> ——格瓦拉

1959年元旦的早晨，古巴的独裁者巴蒂斯塔刚刚在政府大厦举行完庆祝新年的仪式，就带着他的一帮贴身随从乘飞机狼狈逃离了古巴。就在他逃离不久，埃内斯托·切·格瓦拉少校便按照卡斯特罗的命令带领部队攻入了哈瓦那。这标志着卡斯特罗领导的古巴革命取得了胜利。

格瓦拉少校是古巴革命的领导人，他一向以英勇善战著称，为古巴革命立下了赫赫战功。然而，他并不是古巴人。

1954年，在墨西哥，来自阿根廷的埃内斯托·切·格瓦拉与来自古巴的卡斯特罗相遇了。两个不同国籍的年轻人谈得很投机，很快成了朋友。卡斯特罗告诉他的异国朋友格瓦拉，他正在从事反对古巴独裁政权的活动。卡斯特罗邀请格瓦拉参加古巴革命，通过武装斗争来解放古巴。格瓦拉愉快地接受了邀请，立即加入了古巴革命者的行列，并逐渐成为古巴革命的领导人和军队的优秀指挥员之一。

古巴革命成功后，格瓦拉先后在革命政权里担任军区司令、银行行长、工业部长等重要职务。格瓦拉具有一种常人不具备的特殊品格，他并没有把古巴革命的成功当做人生的终点，而是当成人生的新起点。1965年他毅然放弃古巴国籍，辞去在古巴的所有官职，放弃安逸舒适的生活，先后到非洲的扎伊尔、拉丁美洲的玻利维亚等地从事游击战，以此来实践自己创立的"游击中心论"军事思想。

经过几年的艰苦努力，格瓦拉在玻利维亚山区建立起自己的游击根据地。但不幸的是，1967年，格瓦拉所领导的游击队被玻利维亚政府军包围，格瓦拉本人在战斗中身负重伤，最后被玻利维亚政府军俘获并杀害。

除了轰轰烈烈的革命实践以外，格瓦拉还著有《格瓦拉日记》、《古巴革命战争回忆录》、《游击战》和《拉美革命的战略和策略》等著作，在这些著作中，他全面地论述了他所提出的"游击中心论"军事思想，详细记载了他的革命生涯。这一切使他成为20世纪五六十年代的世界风云人物，成为欧美无数青年人崇拜的偶像。

埃内斯托·切·格瓦拉1928年出生于阿根廷的罗萨里奥。他的祖父罗伯特·格瓦拉年轻时曾攻读土木工程，在取得地理工程师的资格以后，在阿根廷从事土地测量工作。切·格瓦拉的父亲埃内斯托·格瓦拉·林奇，1900年2月11日出生在阿根廷首都布宜诺斯艾利斯，他从小受到社会主义思想的熏陶。后来他也学起了建筑，成为一名建筑商。

格瓦拉的母亲塞莉亚是一位很有特点的女人，她在很小的时候就失去了父母，是在姐姐的抚养下长大成人的。她特别喜欢冒险，甚至可以说生性莽撞。她喜欢游泳——游泳是体现她冒险性格的一个重要侧面。巴拉那河是一条水流很急、漩涡很多的河流，在这条河里游泳是很危险的，然而塞莉亚并不畏惧，有一次甚至在怀有6个月身孕的情况下还在这条河里游泳。

母亲的冒险精神，给格瓦拉以很大的影响。格瓦拉同其他孩子一样，习惯了妈妈对待危险的那种满不在乎的态度。他也喜欢冒险，但又和母亲有所不同。格瓦拉并不鲁莽，他会仔细分析那是什么样的危险，怎样去对付它，直到最后战胜它。

在格瓦拉刚刚学会走路的时候，发生了这样一件事。父母想喝马黛茶，为了锻炼一下小格瓦拉，便让他到厨房中去取已做好的茶。到厨房大约有20米远，中间要经过一条埋着管道的小沟。小格瓦拉走到沟边，连人带茶一齐摔在地上。他爬起来，气呼呼地再次走进厨房，然后

又拿着马黛茶回来,结果又跌倒了。就这样他一次又一次顽强地努力着,直到最后拿着茶跳过小沟才罢休。

格瓦拉很小就喜欢和祖母待在一起。祖母常常给格瓦拉讲故事,一讲就是几个小时。祖母向他讲自己的童年时代,讲她在加利福尼亚的生活,讲她到过的那些牧场和庄园。祖母对大自然的热爱,深深地感染了小格瓦拉。他经常住在祖母的波特拉庄园里,那里有许多他喜欢做的事。他喜欢帮助大人挤牛奶,喜欢到鸡棚中喂鸡,还喜欢跟大人到山里去采摘野果。

格瓦拉4岁时,母亲带着他去河里游泳。那天天气很冷,风也很大,小格瓦拉从水里出来以后,冷得直打哆嗦。回家以后,小格瓦拉开始咳嗽起来,后来经医生诊断,他得了支气管哮喘病,并且转成了慢性病,一旦稍不注意保暖,就会引起哮喘病的复发。

由于当时格瓦拉家住在拉普拉塔河边,空气非常潮湿,使得他的病一直没有去根儿。他开始了同哮喘病的长期斗争,痛苦始终折磨着他幼小的身心。

为了给小格瓦拉找到一个适于养病的环境, 全家人恋恋不舍地离开了圣伊西德罗,迁到首都布宜诺斯艾利斯,住进了布斯塔曼特大街的公寓里。但首都的气候对小格瓦拉来说和老地方一样糟,于是全家人又选了一个吉日,买了前往科尔多瓦的火车票,直奔阿根廷的高原地区。

科尔多瓦真是一个好地方，阳光明媚，空气干燥而清新。来到这样一个好地方，格瓦拉的哮喘病有了明显的好转。后来经过佩尼亚大夫的进一步推荐，全家定居于科尔多瓦附近的小城市阿尔塔格拉西亚，并在那里居住了11年。

阿尔塔格拉西亚是一座美丽的小城。这里一个明显的特点就是人们的贫富差距很大。少数富人集中住在市中心的一小块地方，而山间的丛林里、山沟里，居住着成千上万的普通居民和矿工。他们的住处是十分简陋的窝棚，干的是种地、挖矿和开采大理石等重活。这些人的工资十分微薄而且还不固定。农村雇工的工资比其他工人的工资还要少。这些工人的子女吃得很差，穿得也很差，健康状况极其糟糕，上学念书的人就更少了。几百名学龄儿童只好去擦皮鞋、卖水果，有的还在火车站、汽车站和旅游景点讨钱，个别的最后竟变成了小偷。

搬到阿尔塔格拉西亚以后，格瓦拉逐渐交了一些朋友，他们大多是矿工、勤杂工和饭店服务员的孩子。其中一个小伙伴的家里非常穷，他们全家八口人挤在一个房间里，房间内只有一张床。

据格瓦拉的父亲回忆，格瓦拉就是在那个时候开始痛恨剥削和压迫穷人的社会，并产生了造反的思想。在阿尔塔格拉西亚，格瓦拉从一起玩耍的小伙伴身上，懂得了贫困、不平等的含义。

格瓦拉8岁的时候，西班牙内战爆发。由于家长们每天都要在家里谈论战争，所以孩子们对西班牙内战的整个过程也都一清二楚，他们自己也玩起战争游戏来。

格瓦拉是一群孩子的头头，手下有一帮人。他带头在一块地里筑起战壕，各个战壕之间都有地下通道相连。不久，在孩子们中间真的爆发了一场"战争"。

因平日的不和逐渐积累，格瓦拉率领的一群孩子与另一群孩子之间的矛盾突然间激化了。那群孩子派来了一位特使，通知格瓦拉他们将在两天内发动进攻。进攻如期开始了，孩子们用弹弓相互对射，他们射出的不仅是碎石瓦块，甚至还有螺丝钉和螺丝帽。这对于孩子们来说，几乎就是真枪真弹了。在战斗中，格瓦拉表现出了杰出的指挥才能和实战能力。

当然，这种游戏是相当危险的。格瓦拉被一颗螺丝钉打伤了脚，好多天不能走路。

这次负伤，并没有减弱格瓦拉的冒险精神。在离阿尔塔格拉西亚大约两公里的山上有一座废矿。这座废矿的入口很小，而且还被废物和其他沉积物堵塞了一半。孩子们偶然发现了它，于是格瓦拉决定带着伙伴们去探险。

他们把入口清理干净以后，就钻了进去。走了不远，一处塌方堵塞了前面的通路，只留下一个小洞通向矿井深处。其他的孩子害怕了，想退回去，可格瓦拉没有退却，而是沿着小洞爬了进去。他永远是那么勇敢。

格瓦拉9岁时，西班牙内战打得更加激烈了。他虽然还是个孩子，却满怀热情地支持西班牙共和国，只要有声援西班牙共和国的活动，他一定参加。

1939年，第二次世界大战爆发。希特勒扬言要侵犯美洲，并千方百计派遣纳粹党徒打入阿根廷内部进行活动。一旦纳粹德国侵犯美洲的计划开始实施，这些人便可以配合行动。

为了保卫自己的共和国免遭纳粹德国军队的践踏，阿根廷公民自愿组织成立了一个叫"阿根廷行动"的组织。这个组织在它的宣言中呼吁自由的公民团结起来，保卫自己的国家。

格瓦拉的父亲在阿尔塔格拉西亚创建了"阿根廷行动"委员会，格瓦拉也加入了该委员会下属的青年组织。每当父亲去科尔多瓦山区搜集有关纳粹分子渗透情况的材料时，格瓦拉总要跟着去，做一点自己力所能及的事情。

15岁时，格瓦拉随着家庭迁回到科尔多瓦，并在那里住了3年多。这时，随着年龄的增长，格瓦拉开始对学习和读书产生了越来越浓厚的兴趣。他经常找出大块时间独自一人集中精力看书。虽然用了很多时间读书和学习，但也并没有妨碍他参加各种活动。他非常会安排自己的时间，办事也从不拖拉。

1947年，格瓦拉一家回到布宜诺斯艾利斯。格瓦拉准备进大学深造。一开始他打算学工程学专业，可不久又改变了主意。因为就在这时，祖母身患重病不幸去世，非常热爱祖母的格瓦拉悲伤极了，他决定攻读医学专业，将来从事救死扶伤的人道事业。

在布宜诺斯艾利斯医学院学习期间，格瓦拉非常刻苦，成绩也相当不错。

在毕业前夕，格瓦拉决定和一位朋友一起进行一次长途旅行。在做了一些简单的准备以后,他们带着行李、骑着摩托车出发了。他们先是走遍了阿根廷全境,然后又去了其他国家。这次旅行,使格瓦拉大开眼界,也增长了知识和才干。

回到家乡以后,格瓦拉通过紧张的复习,顺利地完成学业,成为了一名合格的医生。

1953年7月的一天下午,格瓦拉登上亚奎瓦—波西托斯国际列车,告别了祖国,放弃了令人羡慕的医生职业,开始了新的人生旅程。亲朋好友中没有人知道他要去做什么, 也没有人知道他的目的地是哪里。在火车开动以后, 他对跟着火车跑的爸爸喊道:"我是一名美洲战士。"

不久,格瓦拉给父亲写了一封信,信中这样写道:

"……与个人相对立的集体感在我身上逐渐发展起来了。我同样是过去的那个人,独自寻找自己的道路;但现在我有了自己的历史责任感了。我没有家,没有妻子,没有儿女,没有父母,没有兄弟姐妹,只要政治观点和我相同就是我的朋友;但我是满意的,因为在生活中我感到了某种东西,不只是我一贯感到的那种内心的强大力量,而是一种影响其他人的能力。一种对自己使命的绝对宿命感使我无所畏惧。"

就是凭着这种信念,格瓦拉坚定地沿着自己的道路走下去。

陈景润

（1933—1996）

中国数学家

我相信人的聪明和笨拙不是先天造成的，而是后天形成的。只要扎扎实实地读书，刻苦努力，就一定能成功。

——陈景润

一间小屋，只有 6 平方米大小，还缺了一角。长方形的大烟囱从房间中通过，切去了房间的六分之一，使房间成了刀把形。窗子上糊的三层报纸，严严地遮住了窗外的风霜雨雪，当然，也遮住了温暖的阳光。室内没有桌子，暖气片上放着饭盒，还有一堆药瓶子。屋角有两只麻袋，里面装着房主人的全部财富—— 一捆捆写满了数学公式的稿纸。

这间小屋的主人叫陈景润，他是中国科学院数学研究所的研究员。就是在这间小屋中，他花了 7 年时间攻下了长达两个世纪没有被人攻克的一个数学难关，在哥德巴赫猜想研究方面取得国际领先的成果。陈景润的研究成果，得到国内外数学界高度评价，在国际上被称为"陈氏定理"。

陈景润于 1933 年出生于福建省福州市郊胪雷村一个贫寒的家庭里。陈景润的父亲是邮政局的小职员，他为人正直，整日为一家人的生计辛苦操劳。母亲是个勤劳善良的家庭妇女，她生育过 12 个子女，但因为家贫，孩子们缺乏必要的营养，仅活下来 6 个。但就这 6 个子女也够体弱多病的母亲操劳的了，根本照管不过来。陈景润上有哥、姐，下

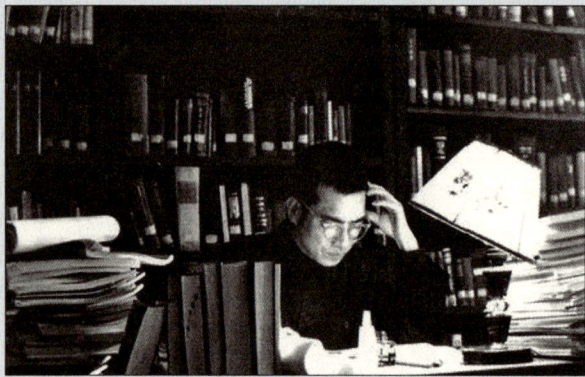

有弟、妹，一生下来就注定了在家里不会受到更多关怀。陈景润就像一株缺少肥料的小苗，长得柔弱瘦小。他不哭也不闹，身体有些不舒服也不吭声，总是一个人静静地在一个角落里玩着。

抗日战争时期，日本侵略者攻占福州，市民们纷纷逃难，陈景润的父亲带着全家逃到三元山区。这里山高林密，交通闭塞，陈景润童年时期的大部分时光都是在这里度过的。

当时陈景润家日子过得很苦，陈景润小小年纪就常帮母亲干点力所能及的活。每到深秋时节，陈景润就跟随大人上山掘地瓜，大人在前边掘，他在后边捡。被陈景润捡过的地瓜地非常干净，连地瓜根和地瓜残片也不留下。能用自己的劳动换回一点点果实，陈景润心里非常高兴，算是他缺少欢乐的童年生活中的一点乐趣吧。

陈景润当时在三元县城关的三民中心小学读书。他年龄小，却很懂事，知道父母省吃俭用，不知受了多少累，吃了多少苦，才勉强供他们几个孩子读上书。尽管当时读书的环境很艰苦，陈景润学习还是很努力，每次考试都能取得好成绩。

1944年春，陈景润从小学毕业，进入刚刚创办的三元县立初级中学读书。学校设在山上的一座破庙里，条件很差，外面下雨，教室里也下雨。

在学校里，陈景润年龄小，又体弱多病，常有同学欺负他。陈景润受了欺负也没人听他倾诉委屈，只好憋在心里。他觉得自己无论在家里还是在学校中都很孤独，这时候他喜欢上了数学，觉得满心的忧郁在数学演算的过程中可以得到排遣。在中学时期，陈景润的性格变得更内向了。

让陈景润觉得幸运的是，在这个偏僻的山区学校里，他得到几位知识非常渊博的老师的教诲。这些老师是从沦陷区迁到三元来避战祸的大学教授或讲师。陈景润刻苦学习的精神感动了这些老师，他们十分喜欢这个勤奋的学生。这些老师也以丰富的学识赢得了陈景润的尊敬。在老师们的影响下,陈景润进一步迷上了数学,以至于演算数学题成了他生活中最大的乐趣。陈景润后来回忆道:"这几位老师培养了我学习数学的兴趣,帮我打下了坚实的数学基础。我后来之所以能在数学方面取得一定成绩,追根溯源,应当说是取决于这个阶段的学习与生活。"

抗日战争胜利后,陈景润一家回到了福州。他的母亲积劳成疾,不久就去世了。以前,陈景润虽然缺少母爱,但毕竟还有母亲的照顾,而现在他永远失去了母亲,心情十分悲痛。

1947年,陈景润考上了福建英华中学念高中。他是幸运的,在这所学校他又碰到了使他永远忘不掉的数学老师沈元先生。沈老师课讲得非常好,深入浅出又很有趣味性。陈景润听了沈老师的课,觉得眼界大开,第一次听说数学分为纯粹数学和应用数学两大部分。沈老师告诉学生们,纯粹数学是研究数与数之间的关系与空间形式。在数与数之间关系的研究中,讨论整数性质的一个重要分支是数论。17世纪法国大数学家费马是西方数论的创始人之一。中国古代数学家也对数论做出了杰出的贡献。《周髀算经》是最古老的古典数学著作。还有一部《孙子算经》,其中有条余数定理是中国人首创,大军事家韩信曾运用它来点兵,后来传到西方,被命名为"孙子定理",这是数论中的一条著名定理,在近代数论研究中曾起过重要的作用。祖冲之算得的圆周率 π 的密率也比西欧早1000年。13世纪后半叶,更是中国古代数学发展的高峰。沈老师鼓励学生们努力学习数学,将来为祖国的数学事业多做贡献。

有一天,沈元老师给同学们讲了一个有关数论中的一道著名难题的故事。当年俄国的彼得大帝建立了彼得堡科学院,为使俄国在科学方面强大起来,聘请了一大批欧洲的大科学家前往工作,其中有意大利大数学家欧拉,还有一位德国数学家名叫哥德巴赫。1742年,哥德巴赫发现,每一个大于或等于4的偶数都可以写成两个素数之和。他对许多偶数进行了验证,都证明其观点是正确的,但他自己没有能力用数学方法证明它,于是写信给赫赫有名的大数学家欧拉,请他帮忙做出证明。后来欧拉在给哥德巴赫回信中写道:"我认为这是一个肯定的定理,尽管我还不能证明出来。"一直到死,欧拉也没有能证明哥德巴赫猜想。从此,哥德巴赫猜想成了一道公认的数学难题。它吸引了许多著名数学家的目光,200多年来,数学家们都试图证明这个猜想,却没有人取得成功。

故事讲完了,沈元老师凝视着同学们,严肃地强调说:"自然科学的皇后是数学,数学的皇冠是数论,哥德巴赫猜想则是皇冠上的明珠。"

同学们惊奇地瞪大了眼睛。

不久，沈元老师调到清华大学去了，可陈景润却把沈元老师和他讲的哥德巴赫猜想牢牢地记在了脑海里。

英华中学老师布置的作业量很大，有时一次出几十道习题，让同学们选做。陈景润总是把习题全部做完。陈景润的记忆力是硬练出来的，他总是把数、理、化的许多概念、公式、定理、定律背得滚瓜烂熟。

陈景润整天不吭声，却是个有独立见解的人。他认为，要想攀登科学高峰，就不能单纯跟在老师后面跑，而要独立思考。陈景润学习很努力，但并不太看重学习成绩，他常去学校图书馆，在那儿，他阅读了《微积分》、《达夫物理学》、《高等代数引论》等许多数学、物理学方面的书籍。这一时期的超前学习，使陈景润树立了自信心，鼓起了奔向成功的勇气。

新中国成立后，陈景润考取了厦门大学物理系。国家为陈景润提供了助学金，使他生活有了保障。他心情舒畅，学习更加努力，为国家攻克科学难关的愿望也更迫切了。

1953年，陈景润大学毕业，被分配到北京一所中学当教员。他是个不擅言辞的人，又一门心思研究数学，因此学校对他不太满意。厦门大学校长王亚南听说了这件事，就把陈景润调回厦门大学研究数学。王亚南校长认为陈景润是厦大的高材生，应倍加爱护。

陈景润在王亚南校长等人的关怀下，经过三年的努力，终于写出了出色的数学论文，出了研究成果。陈景润的数学论文引起了著名数学家王元、华罗庚等人的重视。他们认定陈景润是个有前途的好苗子，便把他调到北京中国科学院数学研究所从事专业研究。

在中国科学院数学研究所，陈景润在华罗庚的亲切指导下，先后写出了多篇在数学界具有广泛影响的论文。当有了足够的知识储备后，陈景润开始了攻克哥德巴赫猜想的"战斗"。这是场旷日持久的"战斗"，陈景润一上战场就没有休息过，即使条件再恶劣，也不能动摇他的决心。

狭路相逢勇者胜，陈景润经过不懈努力终于取得了成功。他于1973年在《中国科学》上发表了证明哥德巴赫猜想中的（1+2）的著名论文，创造了距摘取这颗数学皇冠上的明珠(1+1)只有一步之遥的辉煌，在国际上引起了强烈的反响。

一位美国著名数学家在写给陈景润的贺信中说："你移动了群山！"

阿 里

（1942—）
美国拳击运动员

我要成为我想成为的人,我要想我所想,我要活出我想要的人生。

——阿 里

　　当他终于成为世界重量级拳王，全世界有无数的人知道了他的名字，有成千上万的拳迷崇拜他的时候，他已经更名改姓叫穆罕默德·阿里了，这个名字的意思是"值得赞颂的人"。他宣布退出天主教，改信伊斯兰教，成为一名"黑色穆斯林"。这是他一生当中最令人震惊的一个决定。可以说，阿里是一位为信仰而战的拳王。

　　阿里原来的名字叫卡修斯·马塞勒斯·克莱。克莱不是阿里的祖姓，他的祖先是美国黑奴，黑奴总是沿用白人奴隶主的姓氏。阿里憎恶美国对黑人的种族歧视，自然也不会喜欢有一个奴隶主的姓氏。当白人叫他卡修斯或克莱时，他会感到愤怒，但是亲友们这样称呼他，他却并不生气，因为他知道他们是真心爱着他的。阿里曾自豪地说："白人是否比黑人优越呢？如果他们真的有超人的能力，和我比赛过的 60 多名白人应该老早便把我打倒在地上，奥运会上的俄国人和波兰人也不会屈居于我之后了。"

　　阿里还有一个不太好听的绰号，叫"牙擦王"。这是那些不喜欢阿里的人们给他起的。有人说，阿里的"牙擦"是天性如此，但更多的人认为这是他所采取的战略战术。确切地说,无论是在拳击场上还是在生活中,他总是絮絮叨叨、喋喋不休,不断地挖苦嘲讽对方,对自己却大吹大擂。他在拳击台上的成功,他在世界上的知名度那么高,也许与此不无关系,但仅靠这些是远远不够的。

从阿里的名讳、绰号即可略知他的人品、个性以及经历,当然这些情况并不足以说明他在拳击运动中的成就。他的经历告诉我们,作为一个优秀的运动员,他首先应该是一个人,一个具有独立人格的人。

1942年1月17日,穆罕默德·阿里出生于美国肯塔基州的路易斯维尔。阿里和大部分生长于贫民窟中的黑人孩子一样,童年和少年时代几乎一直过着赤贫或半赤贫的生活。

不少作家和记者都说阿里能够开始拳击生涯完全是出于一个偶然的事件——他的自行车被窃。这种说法没错,但是并不全面。事情发生在阿里12岁那年。一天,他和朋友漫无目的地骑着自行车到处游逛,正在兴高采烈之际,突然下起瓢泼大雨,他们不得不停下来避雨。就在避雨这段时间里,阿里的自行车不见了。这是一台新车,是父亲送给他的圣诞礼物。当时他又惊又怕,东奔西跑,四处都找遍了,也没找到那辆自行车。后来有个大人叫他到楼下的哥伦比亚体育馆去,说馆内有一个叫马田的警察,或许能得到他的帮助。

阿里三步并作两步地跑进体育馆。可他一进体育馆,就被里面的声音、景象和气氛吸引住了,丢失自行车的事几乎被忘得一干二净。

体育馆里大约有10名拳击手在训练:有的在打速度包,有的在绳圈内练习对攻,还有一些在跳绳。眼前的这一切在阿里的心里突然引起了一阵兴奋和骚动。当阿里离开体育馆的时候,那位叫马田的警察拍着他的肩膀说:"顺便告诉你,我们每星期二到星期五晚上6时到8时都有拳击训练。这张申请表给你,有兴趣的话来参加体育馆的活动吧。"阿里把那张申请表塞进口袋里,心想:失去了一辆自行车,换来这张小纸片,真不值得……

谁知这张小小的纸片成了他通向凯旋门的第一张入场券:如果这张小小的纸片真是毫不值得的话,也许整个世界和卡修斯·马塞勒斯·克莱本人都不会发现"世界重量级拳王阿里"的存在。应该相信生活本身是公平的,每个人在他的少年时代都能得到一次以上的机会,不要轻易错过。如果这种机会不断地被你的才华所吸引,被你的热情和努力所感动,它就会不断地选择你和引导你走向成功和胜利。阿里在这方面是幸运的。

那时的阿里长得很瘦,而且从来也没戴过拳击手套。当他第一次来到体育馆时,便迫不及待地跳上台去和一名年长于自己的拳手对阵。他没头没脑地向对方猛攻猛击,但不到一分钟,他的鼻子就开始流血了,嘴也被打伤了。他觉得头晕目眩。最后,他被人从绳圈中拖了出来。

阿里完全被打懵了,他甚至想就此放弃拳击这项运动,这时,一位身体瘦长的轻中量级拳击手走过来,搂着阿里的肩膀说:"你会没事的。记着,一开始不要和这些有经验的拳手过招,应该和那些与你一样新入行的小伙子练习。先找人教教你拳击的基本技术吧。"

从此,阿里再也没有产生过放弃拳击的念头,而是全身心地投入到这项运动中。

一天,马田对阿里说:"我很满意你的进展,我很高兴你能够坚持练习拳击。我要让你参加一次电视台转播的比赛。你准备下一次上电视吧。"

上电视,这意味着全肯塔基州的人都能看到阿里打拳——这让他感到非常兴奋,因此刻苦地训练起来。不久,马田安排阿里和一名白人拳击手比赛,结果阿里以点数险胜,赢得了他拳击生涯的第一场胜利。

第一次胜利后,阿里的父亲逢人便说:"我的儿子将成为世界重量级拳王。"

母亲甚至把她两颗门牙之间的裂缝也归咎于阿里:"当你还是个婴儿时,你便有潜在的拳击本能了。有一次我打你的屁股,你竟然发火,并向我反击,结果一拳打坏了我两颗门牙。那时你只有一岁。这说明你一开始出拳便是很有力的。"

少年时代尚未结束,阿里就已成为了一名出色的拳击手,参加过 167 场业余拳击比赛,一共胜了 161 场。1959 年和 1960 年,阿里蝉联两届芝加哥金

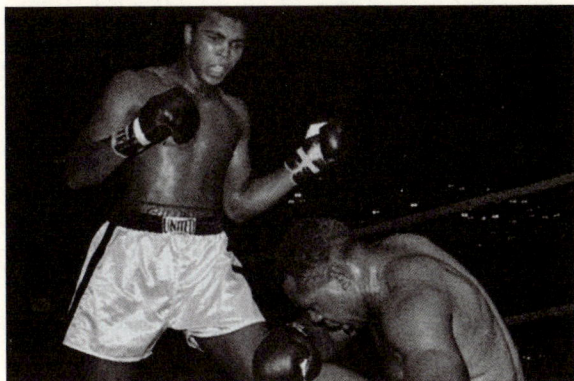

手套拳击大赛冠军。最令人难忘的是，1960 年，18 岁的阿里在罗马奥运会上打败了所有对手，获得了轻重量级拳击冠军。从罗马归来时，他像英雄一样受到欢迎。

出人意料的是，在一个漆黑的夜晚，阿里独自站在杰弗逊大桥上，把在奥运会上获得的金牌抛进了俄亥俄河里。本来奥运会的金牌对阿里来说是最宝贵的东西，很久以来，他一直很向往它。他在拳击台上拼搏了 6 年，为的就是这面金牌——从孩提时代便朝思暮想的殊荣。但是抛弃了它，阿里丝毫也不觉得痛苦和后悔，有的只是舒畅和新的力量。因为阿里明白，要建立起在绳圈里战胜对手的信心、决心和力量，需要强大的自尊心和老虎一样的冲劲；要成为拳王，要成为自己心目中的那种拳王，他还要走更远更艰难的道路。

还有一个重要的原因，促使阿里抛弃了这枚金牌。就在金牌沉入河底之前几分钟，他还在跟那些歧视黑人的白人种族主义者进行着斗争，因为他们不仅侮辱了他，还试图将金牌夺走。金牌不能保护黑人，不能消除种族歧视，阿里冲着黑夜愤怒地喊着："它不是真金造的！它是假的！我们不需要它！"

1961 年，阿里正式转为职业拳击手。

阿里走的路跟以前的拳击手不一样，他不像他的前辈们那么"听话"，他要追求自己的理想。1964 年，他战胜利斯顿获世界重量级拳击冠军，成为一代拳王。同年，他退出天主教，改信伊斯兰教，成为"黑色穆斯林"。这件事，险些使他丧失了职业拳击手的身份和资格，但是他宁肯失去这一切，也坚决不肯放弃自己的信仰。信仰高于一切，这是阿里的崇高之处，也把他的拳击事业带进一个更高的境界，成为一项更有意义的活动。

在阿里的所有行为中，最令人震惊而让人对他刮目相看的一件事是，他顶住了一切压力，断然拒绝入伍到越南打仗。他说："我为什么要去对付那些越南孩子？我与他们无冤无仇，他们并没有叫我'黑鬼'啊!"结果，他被美国政府扣压了护照，被世界拳击协会褫夺了"拳王"头衔，禁止他参加比赛。但阿里并不屈服，他提出上诉，并继续在美国国内积极从事反战和反种族歧视的活动。这期间，口才绝佳的阿里跑到各大学和黑人组织发表反战演说，这使美国当局大为恐慌，终于在1970年底宣布他无罪，并恢复了他的比赛资格。

获"赦"后，阿里经过一番努力，又重新登上拳王宝座。

值得一提的是，阿里和与他素昧平生的哲学家伯特兰·罗素曾有过一段不同寻常的友谊。

当时正值阿里因拒绝服兵役而获罪，一天，鲁迪(阿里之弟)把电话递给阿里说："接线生说一位叫伯特兰·罗素的先生要和你通话。"阿里接过听筒便听见一位英国人爽快的声音："你是穆罕默德·阿里吗？"阿里做出肯定的回答后，罗素便问他报纸上关于他的报道是否属实。

阿里承认报章并无夸大之辞，随即大声反问道："为什么每个人都想知道我对越南问题的看法呢？我既不是政客，也非领导人物，我只是个运动员。"

"这个嘛，其实也很好理解。"罗素说，"这是一场前所未有的、极其野蛮的战争，而拳王总是使人有一种神秘感，所以世人都希望知道拳王内心怎样想，这并非单单是好奇心使然。通常拳王是跟潮流走的。你使大家都吃了一惊。"

这位哲学大师说了一番极普通的话，可认真思考起来，却发现它一语双关，耐人寻味。

阿里因拒服兵役被判定有罪，护照被扣留——这和近半个世纪前，罗素在第一次世界大战时的遭遇一样。4年后，阿里的护照才被发还，但他与这位尊贵的忘年之交已无缘相会，因为伯特兰·罗素已撒手人寰。

多么有趣，一位是20世纪的哲学大师，一位是世界拳王，他们竟然心心相印，惺惺相惜。

无论是拳击技术，还是人格魅力，阿里都堪称拳击运动史上最伟大的拳王。

盖茨

（1955—）

美国企业家

也许，人生是一场正在猛烈燃烧的大火，一个人能够做、也必须做的就是竭尽全力从这场"火灾"中抢救点什么东西出来。

——盖茨

比尔·盖茨是微软公司的创始人、前任董事长和首席执行官。微软公司在个人计算机和商业计算机软件、服务和互联网技术方面都是全球范围内的领导者，垄断了应用软件系统，掌握着文字处理、办公程序和表格处理等应用程序，全球80%的计算机使用微软的 Windows 及与其相适应的操作软件程序，另外，微软还涉足个人财务软件、教育及游戏软件、网络操作系统、商用电子邮件、数据库及工具软件、内部网服务器软件、手持设备软件、网络浏览器、网络电视、上网服务等领域。随着事业的蒸蒸日上，盖茨的财富也随之水涨船高，成为有史以来最年轻的世界首富。2004 年 8 月，盖茨的总资产增加到 480 亿美元，连续11 年成为世界最富有的人。

比尔·盖茨出生于 1955 年 10 月 28 日，他和两个姐妹一起在美国西北部华盛顿州的西雅图长大。父亲是律师，是他早期打官司的重要帮手。已故的母亲曾任中学教师、华盛顿大学的校务委员以及 United

Way Inter national 的主席，后来在盖茨与 IBM 历史性的合作中起过关键作用。他的外祖父是美国第九大银行的副总裁。

盖茨从小性格活泼，是一个精力异常充沛的孩子。很小的时候，他总喜欢在摇篮里来回晃动，稍大一些又花许多时间骑弹簧木马。后来，他把这种摇摆习惯带入成年时期，带入微软公司，摇动了整个世界。

盖茨小时候就读于西雅图公立小学。11 岁的时候，他进入西雅图最著名的一所私立中学——湖滨中学学习。这时正是计算机悄然兴起之际，湖滨中学斥巨资购置了计算机供学生们学习、使用。自小酷爱数学和自然科学的盖茨很快就迷上了计算机，成为有名的电脑迷。同样对计算机产生了浓厚兴趣的还有比他大两岁的保罗·艾伦，出于对计算机的共同爱好，他们成为要好的朋友。那时的电脑就是一台 PDP8 型的小型机，学生们可以在一些相连的终端上，通过纸带打字机玩游戏，两人经常玩电脑三连棋游戏，也编一些小软件。盖茨玩起电脑来得心应手，成为学校计算机编程小组的一员。

1971 年初，湖滨中学的编程小组拿到一笔重要业务——为一家计算机公司的客户编写工资表程序。平时就在这方面表现出过人才华的盖茨，在完成这项业务时成为核心人物。程序编写成功后，由于盖茨的讨价还价，这家计算机公司将所获利润的 10% 给了编程小组，并且还为他们提供了价值 1 万美元的计算机使用时间。

同年秋天，艾伦从湖滨中学毕业，进入华盛顿州立大学计算机系学习，但他仍然和盖茨保持着联系。1972 年夏，艾伦拿着一本《电子学》杂志告诉盖茨，有一家新成立的叫英特尔的公司推出一种叫 8008 的微处理器芯片。两人不久就弄到芯片，鼓弄出一台机器，用它可以分析城市内交通监视器上的信息。他们成立了一家公司，名为交通数据公司，为市政府设计交通数字软件，并从这笔业务中获得 2 万美元的赢利。

不过，两位少年的"游戏"很快就结束了。1973 年盖茨到哈佛大学学法律，如果正常毕业，成为一名律师，他便可以有富足的一生。但对盖茨来讲，这样做不过是为了顺从父母的意愿而已，富于冒险精神的他走上了一条与此完全不同的人生道路。这时艾伦退学在波士顿一家电脑公司做编程工作。两位伙伴经常见面，探讨计算机方面的问题。1974 年春天，当《电子学》杂志宣布英特尔推出比 8008 芯片快 10 倍的 8080 芯片时，盖茨和艾伦认定 PDP8 型这样的小型机的末日快到了。他们在新芯片背后已看到了堪称完美的个人电脑的辉煌前景：个

盖茨

307

性化、适应性强,最重要的是价格不超出个人购买力。一句话,英特尔的 8080 芯片将改变整个社会。就像苹果砸出了牛顿的智慧一样,1975年 1 月,《大众电子学》杂志封面上 ALTAIR8080 型计算机的图片真正点燃了保罗·艾伦和比尔·盖茨的电脑梦。这是世界上最早的微型计算机,标志着计算机新时代的开端。因为它需要配备一种微处理器,而这种微处理器又需要一种简单的语言命令,这就使他们长期以来致力研究并擅长的计算机编程技术有了用武之地。还在哈佛大学读书的盖茨看到了商机,他打电话给发明人埃德·罗伯茨称他们可以给ALTAIR 编制一种计算机程序语言。罗伯茨对此将信将疑。于是盖茨和艾伦在哈佛大学阿肯计算机中心没日没夜地干了 8 周,为 ALTAIR编制了 BASIC 程序。此前从未有人为微机编制过 BASIC 程序,盖茨和艾伦开辟了个人电脑软件业的新路,奠定了软件标准化生产的基础。

1975 年 2 月,艾伦亲赴罗伯茨所在的微型仪器遥测系统公司对他们编制的程序进行演示,结果十分成功。于是艾伦应邀进入该公司任软件部经理。读完哈佛大学二年级后,盖茨也加入艾伦从事的工作。这份工作为盖茨提供了自由发挥的广阔空间,使他开始了真正的计算机生涯。但是,盖茨和艾伦发现罗伯茨对整个计算机工业及其市场没有长远的眼光,他一意孤行,与下级缺少沟通,公司缺乏活力。盖茨和艾伦感到工作没有热忱,也看不到前途,那时他们就有了创业的念头,但他们告诫自己要沉住气,等待 BASIC 被广大用户接受,等待自己羽翼丰满。

1975 年,微软公司诞生了,它的创办者盖茨和艾伦同罗伯茨签署了协议,10 年内允许微型仪器遥测系统公司在全世界范围内使用和转让 BASIC 及源代码。借助 ALTAIR 的风行,BASIC 语言推广开来,而微软也赢得了 GE 和 NCE 两大客户,盖茨和他的公司声名大振。

当时最大的计算机公司 IBM 需要一种配合计算机使用的软件,思维敏捷、极具远见和判断力的盖茨看准了 IBM 这棵大树,想让弱小的微软依附在这棵大树上成长。经过努力,终于在 1980 年 11 月,IBM 与微软签订合同,共同为 IBM 的电脑开发操作软件。在"蓝色巨人"IBM的支持下,微软进步很快。但是,由于两家公司企业文化不同——IBM作风沉着稳健,非常谨慎,而微软则锐意进取,充满活力,精明的盖茨感觉两家公司迟早要分裂,于是留了一手,在与 IBM 共同开发系统软件的同时,自己组织一帮年轻人挺进应用软件领域,着手开发应用软件。事实证明,盖茨的这一招是多么英明,后来微软与 IBM 闹翻后,微

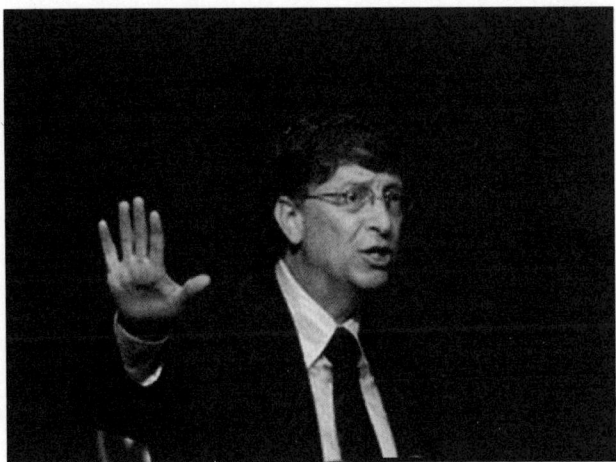

软非但没有被踢出局，还凭借自己开发的应用软件异军突起，牢牢坐在了软件行业领军者的位置上。

1981 年 8 月 12 日，IBM 展示了自己公司研制的具有一个磁盘驱动器和 16K 存储器的新型个人计算机，轰动一时，而微软则凭着为其提供的高级语言系统和操作系统（DOS）也同样引人注目。紧接着，康柏公司推出了与 IBM 的 PC 机兼容的计算机，以此与 IBM 竞争，但他们都使用微软的 MS—DOS 软件。在这场竞争中，只有盖茨是真正的赢家。此时，市面上的绝大多数计算机都使用微软的软件，盖茨决定不再针对不同的计算机生产不同的软件，只生产标准软件，而微软自己的标准则成为市场上唯一的标准。

1990 年微软公司展示了集音、像、影为一体的应用软件 Windows (视窗)，引起轰动，被认为是"软件业的一场革命"。5 月 22 日，美国纽约戏剧中心汇集了 6000 多人，庆贺 Windows3.0 版本问世。这天，从不讲究穿戴的盖茨也身着盛装，他神采奕奕，上台演讲。当他讲到"Windows3.0 将重新确定个人在个人电脑中的地位，这是比 DOS 还要好的 DOS"时，台下掌声如雷。这一天也成为盖茨最荣耀的一天。Windows3.0 成为当时世界上最畅销的软件，以每月 10 万套的速度发售。现在我们使用的多媒体电脑大多安装的是 Windows3.0 的升级版本，如 Windows98、Windows2000。

曾经有很多人没有真正认识到盖茨和微软在计算机行业中的价值和意义。因为早期电脑爱好者们只对硬件感兴趣，软件只是配角。他们编写软件，不是为了商业利益，而是为了显示机器的功能。在他们眼中，软件仅仅是一种玩具，而不是工具，更不是商品。大家从来没有想过要花钱买别人的软件，更没有想过出售软件。但盖茨不愿自己的软件成为免费的午餐，他为 BASIC 程序标价 500 美元，这是当时很多人眼里的天价。他还是第一个提醒人们重视软件非法复制问题的人。同时，极具商业头脑的盖茨对自己开发的软件从来不出售专利权，他要求电脑商把电脑与软件捆绑销售，每售一台电脑，电脑商就要付给微软一台电脑的软件费用。如盖茨给 Windows3.0 定价 95 美元，也就是说电脑商每卖出一台电脑，就要付给微软 95 美元。这一精明之举让微软获利极大，只要有人买电脑，微软就一定会有收入。

盖茨有关个人电脑的远见和洞察力一直是微软公司和软件业界成功的关键。盖茨积极地参与微软公司的关键性管理和战略性决策，并在新产品的技术开发中发挥着重要的作用。他将相当多的一部分时间用于会见客户和通过电子邮件与微软公司的全球雇员保持联系。在盖茨的领导下，微软公司拥有长期的发展战略，投入巨额资金用于研发，正是由于微软不断地提高和改进软件技术，才使人们可以更轻松、更经济有效而且更有趣味地使用计算机。

1995 年，盖茨撰写了《未来之路》一书。在书中，他认为信息技术将带动社会的进步。该书在《纽约时报》的畅销书排行榜中连续 7 周位列第一，并在榜上停留了 18 周之久。《未来之路》在 20 多个国家出版，仅在中国就售出 40 多万册。1996 年，为充分利用互联网带来的新商机，盖茨对微软的发展战略进行了调整，同时，他全面修订了《未来之路》，在新版本中，他认为交互式网络是人类通讯史上一个重要的里程碑。1999 年，盖茨撰写了《未来时速》一书，向人们展示了计算机技术如何以崭新的方式解决商业问题。这本书在 60 多个国家以 25 种语言出版。

贵为世界首富的盖茨，在处理个人财富问题上，同样具有别人难以企及的高境界。1986 年微软股票上市，第二年，微软股票暴涨到每股 90.75 美元，31 岁的盖茨成为亿万富翁。有了钱的盖茨并没有为富不仁，而是打算把他的财富捐赠出去。他说："我只是这笔财富的看管人，我需要找到最好的方式来使用它，因为最终我会把我所有的财富都投入到基金会里。"他与艾伦捐资 220 万美元给西雅图湖滨中学，修建了数学中心——艾伦—盖茨大厦。同时，盖茨个人还捐赠 1200 万美元给他父母的母校，捐助 100 万美元给弗罗德·哈特森癌症研究中心。1993 年秋天，他到非洲旅游，当地人民的极度贫困让盖茨感到震惊。在他父亲建议下，他和妻子美琳达捐赠 240 多亿美元建立了一个基金，支持在全球医疗健康和教育领域的慈善事业，希望这些关键领域的科技进步能使全人类都受益。老盖茨说，他的退休生活其乐无穷，他的大部分时间都用在"挥霍"儿子赚来的财富上。截至 2004 年，盖茨—美琳达基金已经将 25 多亿美元用于全球的健康事业，将 14 亿多美元用于改善人们的学习条件。这些善举，为盖茨赢得了好名声。盖茨称，他和妻子发现人类在健康、教育、科研等领域还存在着很多不平等现象，因此，决定将自己的财产用于消除这些不平等现象。他还希望其他有钱人也能够将自己的财产回归社会，用于解决社会不平等问题。

在"只有偏执狂才能生存"的计算机行业摸爬滚打，盖茨固然有着浓重的"软件情结"，而作为一个科技奇才和商业奇才，他的科技视野和商业视野其实非常开阔。他对生物技术也很感兴趣，他是一家专注于蛋白质基体及小分子疗法的公司的董事会成员。他创立了一家公司，开发全球最大的可视化信息资源之一——提供全球公共与私人收藏的艺术和摄影作品的综合性数字文档。他还与蜂窝移动电话的先驱者共同投资成立公司，雄心勃勃地计划发射数百颗近地轨道卫星，为全世界提供双向宽带电信服务。

盖茨于 1994 年 1 月 1 日与美琳达结婚，他们有三个孩子。盖茨夫妇曾经表示，他们死后，只留几百万美元的遗产给自己的孩子，其他财产将全部捐献给慈善事业。有人问美琳达，难道不担心将来孩子们会因此而恨他们吗？美琳达回答道："他们三人现在还小，我现在只能和他们谈谈吃的、穿的东西。将来，他们肯定会得到一些财产，不过我们会等他们长大些再跟他们谈这个。我们相信，如果父母的教育得法，孩子们对待财富的看法不会和我们不同。"盖茨认为，拥有很多不劳而获的财富，对于站在人生起跑线上的子女来说并不是好事，他觉得子女的人生和潜力与出身贫富没有关系。

如今，作为软件业的霸主，盖茨成为新一代美国乃至世界青年崇拜的偶像。他正带领其部下不断创新，以适应人们对计算机软件越来越高的要求。

"许多人都以为生活是由偶然和运气组成的，其实不然，它是由规律和法规组成的。"盖茨根据他自己的个人经历，对人生进行了深入的思考，总结出自己成功的经验，给青少年提出了一系列忠告。这些忠告展示了他敏锐的洞察力、极强的判断力、灵活的适应力、高度的执行力和丰富的人生智慧。这些忠告是：

第一，适应生活。生活是不公平的，要去适应它。命运掌握在自己手中。

第二，成功是你的人格资本。这世界并不会在意你的自尊。这世界指望你在自我感觉良好之前先要有所成就。成功是人生的最高境界，可以改变你的人格和尊严，而自负是愚蠢的。

第三，别希望不劳而获。高中刚毕业的你不会一年挣 4 万美元，也不会成为一个公司的副总裁，并拥有一部装有电话的汽车，直到你将此职位和电话汽车自己挣到手。成功不会自动降临，成功来自积极的努力，你要分解目标，循序渐进，坚持到底。

第四，习惯律己。如果你认为你的老师严厉，等你有了老板再这样想。老板可是没有任期限制的。好习惯源于自我培养。

第五，不要忽视小事。烙牛肉饼并不有损你的尊严。你的祖父母对烙牛肉饼可能有不同的定义，他们称它为机遇。平凡成就大事业。

第六，从错误中吸取教训。如果你陷入困境，那不是你父母的过错，所以不要尖声抱怨，要从中吸取教训。

第七，事事自己动手。在你出生之前，你的父母并非像他们现在这样乏味。他们变成今天这个样子是因为这些年来他们一直在为你付账单，给你洗衣服，听你大谈你是多么"酷"。所以，如果你想消灭你父母那一辈中的"寄生虫"来拯救雨林的话，还是先去清除你房间衣柜里的虫子吧。不要总靠别人活着，要凭借自己的力量前进。

第八，你往往只有一次机会。你的学校也许已经不再分优等生和劣等生，但生活却仍在做出类似区分。在某些学校已经废除不及格分数，只要你想找到正确答案，学校就会给你无数的机会。这和现实生活中的任何事情没有一点相似之处。机遇是一种巨大的财富，机遇也许就那么一次，也许你"没有机会"，但你可以创造。

第九，时间掌握在你自己手中。生活不分学期，你并没有暑假可以休息，也没有几位老板乐于帮你发现自我。自己找时间做吧，决不要把今天的事情拖到明天。

第十，做该做的事。电视并不是真实的生活。在现实生活中，人们实际上得离开咖啡屋去干自己的工作。

第十一，善待身边的人，善待乏味的人。有可能到头来你会为一个乏味的人工作。善待他人就是善待自己，要用赞扬代替批评并主动适应对方。

图书在版编目（CIP）数据

青少年最应了解的世界名人／张曙光主编.—青岛：青岛出版社，2005.8
ISBN 978-7-5436-3454-1

Ⅰ．影… Ⅱ．张… Ⅲ．名人－生平事迹－世界－青少年读物
Ⅳ．K811-49

中国版本图书馆 CIP 数据核字（2005）第 094712 号

书　　名　青少年最应了解的世界名人
主　　编　张曙光
出版发行　青岛出版社
社　　址　青岛市海尔路182号(266061)
本社网址　http://www.qdpub.com
邮购电话　13335059110　　0532－85814750（传真）　　0532－68068026
责任编辑　梁　唯　　**E-mail**：lwff@ sina.com
封面设计　青岛出版设计中心·程皓
版式设计　庄秀华
照　　排　山东水文印务有限公司
印　　刷　青岛新华印刷有限公司
出版日期　2008 年 5 月第 2 版　2012 年 4 月第 8 次印刷
开　　本　16 开(690mm×1000mm)
印　　张　20
字　　数　400 千
书　　号　ISBN 978-7-5436-3454-1
定　　价　28.00 元

编校质量、盗版监督服务电话　4006532017　0532-68068670
青岛版图书售后如发现质量问题，请寄回青岛出版社印刷物资处调换。
电话: 0532-68068629